U0461527

农地规模经营的制度要素研究

以"三权分置"为基础

安子明 著

知识产权出版社
全国百佳图书出版单位
—北京—

图书在版编目（CIP）数据

农地规模经营的制度要素研究：以“三权分置”为基础 / 安子明著 . — 北京：知识产权出版社，2022.7

ISBN 978-7-5130-8164-1

Ⅰ . ①农…　Ⅱ . ①安…　Ⅲ . ①农业用地—土地经营—农地制度—研究—中国　Ⅳ . ① F321.1

中国版本图书馆 CIP 数据核字（2022）第 079435 号

责任编辑：雷春丽　　**责任校对：**潘凤越

封面设计：乾达文化　　**责任印制：**孙婷婷

农地规模经营的制度要素研究

以“三权分置”为基础

安子明　著

出版发行：知识产权出版社有限责任公司　**网　　址：**http：//www.ipph.cn

社　　址：北京市海淀区气象路50号院　**邮　　编：**100081

责编电话：010-82000860转8004　**责编邮箱：**leichunli@cnipr.com

发行电话：010-82000860转8101/8102　**发行传真：**010-82000893 / 82005070 / 82000270

印　　刷：北京九州迅驰传媒文化有限公司　**经　　销：**新华书店、各大网上书店及相关专业书店

开　　本：720mm × 1000mm　1/16　**印　　张：**16.75

版　　次：2022年7月第1版　**印　　次：**2022年7月第1次印刷

字　　数：264千字　**定　　价：**88.00元

ISBN 978-7-5130-8164-1

前　言

本书主要是在2017年度中国法学会资助的“农地规模经营的发展逻辑与制度建构研究——以‘三权分置’为基础”［编号：CLS（2017）C10］课题研究报告基础上完成的，该课题已于2018年以优秀项目成果顺利结项。农地规模经营的制度化探索离不开城镇化这个大背景，因此，本书中关于城乡一体化建设、一二三产业融合发展部分的内容与研究框架来自国家社会科学基金项目“城市治理委员会运行机制研究”（编号：17BFX040）的阶段性研究成果和基础性资料。2019年笔者又参加了陕西省高级人民法院申报的最高人民法院重大司法课题“农村承包地‘三权’分置背景下相关法律适用及审判执行工作机制”（编号：ZGFYZDKT 201906—03），在《土地管理法》和《农村土地承包法》修改后进行了实践调研并对广东省2020年517个农村土地纠纷案件判决进行了分析，调整了原报告中的部分内容。本书是在主持和参加这三个课题研究基础上撰写完成的。

2015年笔者在榆林市中级人民法院行政庭挂职期间，当时的庭长崔利平深感土地案件的复杂性和审判工作梳理法律依据的困难，提议“能否整理出土地权属纠纷处理的明确依据又不脱离政府工作的实际，为法官提供帮助”。这一提议经过多次讨论，之后联合在榆林市人民政府法制办公室工作、在土地实务方面经验丰富的王静同志，大家共同编撰了《集体土地确权政策逻辑与工作规程》《集体土地确权规则与实务指引》《集体土地确权法律、法规与技术规范汇编》三本书。按照计划，还准备专门针对榆林市的实际撰写《集体土地确权工作研究：以榆林市为例的个案分析》，并展开实地调查，但基于种种原因该书的撰写工作被搁置了。尽管当时是基于工作需要大家共同完成了上述工作，但每看到实践中土地确权工作、土地审判工作的各种成本，仍常常于不自觉中冒出“确权之后怎么办”，这类问题困扰着自己。

感谢中国法学会的选题和支持，使我们有机会继续以一种现实关注的心态投入农地规模经营研究。作为课题组成员，崔利平院长和王静处长按照课题设计和分工，还是与过去一起工作时一样参与到本课题的研究中，他们的坦诚与行事风格，总是令人感动和愉快。课题组另一成员王丹红副教授长期关注中国的土地问题，她对土地制度研究的热忱、投入和严谨态度，是减少本项研究出现失误的保障，尤其在对“农地经营保障法立法建议方案”的审校方面倾注了大量的精力与热忱。

在执笔撰写本书的过程中，我指导的硕士研究生刘继忠、白杨、熊政一、马丽培、王坤和王帅做了大量的辅助性工作，尤其在后期撰写期间基本与我同步工作，每天无论早晚都坚持完成当天的资料收集与分析任务。每次看到他们工作到午夜并通过微信传过来的工作成果、看到他们一天天在研究工作中的提升与成长，是我一天中最为欣慰的时候。农地规模经营、农业服务规模化的制度性研究，需要更多的人关注与投入。针对这一重大主题，我因能力所限，目前所做的工作主要是梳理性的，理论的架构明显不足，所以完成的内容多倾向于实务层面，很多重要的理论解构几乎没有展开。

在梳理和分析“三权分置”政策发展过程的基础上，本书围绕农地规模经营的制度要素从如下六个方面展开：

第一，“事实的逻辑：选择农地规模经营的社会和制度动因分析”。通过把集体土地权利结构放置于社会结构中进行考察的方法，建构集体土地权利结构的社会嵌入模型，确定集体土地各种权利在社会中的延展方向，以探寻农地规模经营的社会动因、目前面临的问题及其形成的社会张力。在此基础上，分析集体土地所有权主体、土地承包经营权主体和土地经营主体变化带来的各种问题；分析三种集体土地权利内容与形式的变化对农地规模经营造成的影响，并比对集体土地法定权利体系、学术界的各种争论观点和实践中对集体土地权利的丰富分解方式，为未来农地经营立法奠定经验分析基础。最后确定本书“城乡一体化视野中农地规模经营与农业规模经营”的研究视角，即在制度探索方面需把农地规模经营放置于城乡要素及其流通方式升级的层面上展开观察和研究。

第二，“政策的逻辑：从‘两权分置’到‘三权分置’的集体土地政策供给分析”。研究目的是厘清改革开放以来我国农村土地制度的变化线索和制度供给情况，确定农地经营制度建构的基本方向。为此，本部分通过对“两权分置”制度框架进行总体评述、对“三权分置”改革方案渐进形成过程中的政策按照时间顺序进行梳理，确定农地规模经营的制度化动力和实践发展所形成的制度需求。

第三，“制度性探索：农地规模经营探索中的制度要素与架构分析”。本部分着力于分析、总结各地在农地规模经营方面积累的制度性经验，采用的研究方法是分析81份关于集体土地经营权流转与农地规模经营的规范性文件和工作文件，以从中提取具有共性的经验，并与中央近些年在该领域的总体部署进行比较，使用“同类合并”的方式提炼形成农地规模经营制度建设工具库。具体主要提炼了如下工具库：农村土地流转组织设置工具库、地方集体土地经营权流转方式工具库、地方农地规模经营主体类型表、地方扶持农地规模经营主体的政策工具库、各地土地流转农民保障政策工具库等。通过上述的政策梳理，发现目前形成的农地规模经营政策和制度尚存在失衡问题，亟待从制度上进一步完善。

第四，“制度核心内容：‘三权分置’基础上农地规模经营的制度架构分析”。本部分抓住“土地就是土地，并不存在分散与集中的问题，是设置于土地上的权利过于分散导致了经营与管理的分散”这一客观问题，结合目前的制度失衡的领域，重点分析农地规模经营制度建设的三大基础问题（政府责任、农民保障与所有权实现）、集体土地的法定类型、农地经营主体的结构状况和农地规模经营的行为模式等制度建构中的重大核心问题。尤其在农地规模经营的行为模式方面，本书认为需从“权利分配+要素组合+协同经营”的农地规模经营行为和全产业链的农业服务规模化行为两个层面审视和建构农地规模经营制度，以实现社会结构中延展的农业产业链利益共享来弥补农业生产环节的利润不足，解决农业发展的动力不足、要素流失等问题。农业服务规模化是解决全产业链利益共享的关键方式。

第五，“产业整体探索：整体产业环节中的农业与农地规模经营”。四十余年来，我国在农地规模化经营基础上同时探索了各种层次的农业产业经营模式，在此过程中建设了各种综合经营与发展载体。经过持续积累，目前已逐渐进入一二三产业融合、城乡要素共享、全面市场化嵌入、社会结构性调整的阶段。本部分梳理分析了 14 类农业产业综合经营与发展载体，并进一步分析其核心功能是实现城乡要素流通与共享，基本实现方式是深度市场化并与社会结构变迁相融合，这是制度供给和制度探索的更大平台，同时也是需要关注的领域，涉及农地规模经营如何嵌入市场机制与社会结构这类根本性问题。

第六，“制度建议：农地经营保障法立法建议方案”。基于“农地依法承包后还需对农地经营立法”的总体判断，本部分使用本书的各项研究结论，草拟农地经营保障立法建议方案，作为本研究的制度建设建议方案。

为便于学术交流与提供实务参考，本书把分析的过程性资料作为附录，避免报告正文过于拖沓，欢迎读者查阅。

凡 例

本书中法律、法规、规章和规范性文件名称中“中华人民共和国”省略，其余一般不省略。例如，《中华人民共和国宪法》简称为《宪法》，《中华人民共和国民法典》简称为《民法典》，《中华人民共和国土地管理法》简称为《土地管理法》，《中华人民共和国农村土地承包法》简称为《农村土地承包法》。

题 记

“小规模分散经营制约了资源的优化配置和劳动生产率的有效提高，延缓了农业现代化进程。”

——2015年财政部《关于支持多种形式适度规模经营促进转变农业发展方式的意见》（财农〔2015〕98号）

“保障国家粮食安全始终是头等大事。从国内形势看，随着我国经济由高速增长阶段转向高质量发展阶段，以及工业化、城镇化、信息化深入推进，乡村发展将处于大变革、大转型的关键时期。”

——2018年中共中央、国务院《乡村振兴战略规划（2018—2022年）》

“加快农村土地流转，促进农业规模经营，是转变农业发展方式，发展现代农业，形成城乡社会发展一体化新格局的重要举措。”

——2011年龙岩市《加快农村土地流转促进农业规模经营实施方案》（龙政综〔2011〕102号）

目　录

第一章　问题的提出：历史已进入这个阶段

在计划经济时期，我国的农地经营就是规模化的，当时的基本模式是国家统一计划、政府逐级分解、集体具体组织经营。然而，这种规模化经营效率不高，以至于无法满足全国人民基本的温饱需求。自 1978 年全国逐步展开的家庭联产承包责任制在短期内极大地释放了农业生产力，迅速解决了全国人民基本的粮食需求问题，并同时解放了部分农业劳动力，在一定程度上为后来城市的快速发展奠定了人力资源基础。

然而，以家庭为单位的生产经营模式导致了土地的碎片化和经营的分散化，当农民的生产积极性被这一轮改革释放得差不多时，就面临着如何进一步提升农业生产力的问题。当然，如何改进生产方式、经营方式以更有效地整合与调动各种生产要素就成为农业发展面临的新问题。仅就经营方式来说，是分散经营还是规模经营更有效，一直是中央密切关注的问题。在家庭联产承包责任制于全国全面展开之初，经过数年对实践的观察和分析，1984 年中央一号文件《中共中央关于一九八四年农村工作的通知》就对此前的集体土地承包实践中出现的新现象进行了总结，提出“要鼓励技术、劳力、资金、资源多种形式的结合，使农民能够在商品生产中，发挥各自的专长，逐步形成适当的经营规模”，“鼓励土地逐步向种田能手集中”，“农村经济组织应根据生产发展的需要，在群众自愿的基础上设置，形式与规模可以多种多样”。1986 年中央一号文件《中共中央　国务院关于一九八六年农村工作的部署》进一步明确“随着农民向非农产业转移，鼓励耕地向种田能手集中，发展适度规模的种植专业户”。1987 年《把农村改革引向深入》（中发〔1987〕5 号）认为“个体经济的存在，必将不断提出扩大经营规模的要求”，

“从长远看，过小的经营规模会影响农业进一步提高积累水平和技术水平”，在“目前，在多数地方尚不具备扩大经营规模的条件，应大力组织机耕、灌溉、植保、籽种等共同服务，以实现一定规模效益”的研判基础上，正式决定“在京、津、沪郊区、苏南地区和珠江三角洲，可分别选择一两个县，有计划地兴办具有适度规模的家庭农场或合作农场，也可以组织其他形式的专业承包，以便探索土地集约经营的经验”。由此正式开启了我国新一轮农地规模经营的探索，直至现在。

与农地规模经营探索相伴的还有土地使用权流转的制度性探索。从 1986 年《土地管理法》规定的“任何单位和个人不得侵占、买卖、出租或者以其他形式非法转让土地”的禁止流转，到 1988 年《宪法》修正案增加了“土地的使用权可以依照法律的规定转让”和 1988 年《土地管理法》增加了“国有土地和集体所有的土地的使用权可以依法转让”，开始了集体土地流转的制度性探索。再到 2002 年《农村土地承包法》出台的这一段时间内，党和国家又进行了大量的政策性部署，最终以立法的方式明确了“国家保护承包方依法、自愿、有偿地进行土地承包经营权流转”的制度性规定。2007 年《物权法》的出台则进一步明确了土地承包经营权的用益物权性质，使农地的转包、互换、转让等流转方式具备了法律基础，并为农地的规模化经营提供了法律保障。后经 2008 年《中共中央关于推进农村改革发展若干重大问题的决定》、2012 年《中共中央　国务院关于加快发展现代农业进一步增强农村发展活力的若干意见》、2014 年中共中央、国务院印发《关于全面深化农村改革加快推进农业现代化的若干意见》和中共中央办公厅、国务院办公厅印发《关于引导农村土地经营权有序流转发展农业适度规模经营的意见》等重大部署，农村集体土地“三权分置”的总体改革方案形成，为各地的农地流转与规模经营探索指明了方向。2015 年《全国农业可持续发展规划（2015—2030 年）》提出：“推进农业适度规模经营。坚持和完善农村基本经营制度，坚持农民家庭经营主体地位，引导土地经营权规范有序流转，支持种养大户、家庭农场、农民合作社、产业化龙头企业等新型经营主体发展，推进多种形式适度规模经营。现阶段，对土地经营规模相当于当地户均承包地面积 10—15 倍，务农收入相当于当地二、三产业务工收入的给予重点支持。积极稳妥地推进农村土地制度改革，允许农民以土地经营权入股发展农业产业化经营。”

党的十九大后，2018 年中央一号文件《中共中央　国务院关于实施乡村振兴战略的意见》在总结“三权分置”实践的基础上明确：“完善农村承包地‘三权分置’制度，在依法保护集体土地所有权和农户承包权前提下，平等保护土地经营权。农村承包土地经营权可以依法向金融机构融资担保、入股从事农业产业化经营。实施新型农业经营主体培育工程，培育发展家庭农场、合作社、龙头企业、社会化服务组织和农业产业化联合体，发展多种形式适度规模经营。”并从制度探索方面进一步提出“加快土地管理法修改，完善农村土地利用管理政策体系”的要求。按这项要求，《农村土地承包法》和《土地管理法》等法律被修正，将“三权分置”政策予以法律化，为新一轮的农地经营方式探索提供了法律保障。

至此，经过四十多年的农地规模化经营探索，在当前农村人口大规模进城、国家粮食安全和依法治国等新形势下，尤其是“三权分置”改革方案日渐成熟并被法律化的情况下，建立农地规模经营制度就成为时代的迫切需求。汲取四十多年积累的宝贵经验、确定制度指向的事实基础、梳理事实背后的理论脉络等，是建构农地规模经营制度所面临的基本任务。

本书将在城乡一体化建设、粮食安全、集体土地“三权分置”等基础上尝试分析我国农地规模经营的制度性框架。为完成这一任务，本书采用历史分析、横向比较、政策分析等方法力图接近制度方案，并最终提出农地经营保障法立法框架建议方案把研究结论转变为可能的制度性方案，以供参考。

第二章　事实的逻辑：选择农地规模经营的社会和制度动因分析

第一节　结构与挑战：应对“三权分置”的社会张力

一、“三权分置”基础上的集体土地权利架构

“三权分置”中的三权分别是指农村的集体土地所有权、集体土地承包经营权和集体土地经营权。根据2014年中央一号文件《关于全面深化农村改革加快推进农业现代化的若干意见》明确的“在落实农村土地集体所有权的基础上，稳定农户承包权、放活土地经营权”的政策定位，三权的关系是：集体土地所有权是基础，集体土地承包经营权长期不变，集体土地经营权是可以进入市场流转的权利。集体土地经营权的入市流转决定了三种权利嵌入社会结构的基本方式，而三种权利在集体土地上的展开逻辑则决定了集体土地的使用关系及其在社会实践中的实现方式。根据党和国家政策部署和法律确定的农村集体土地的权利分布状况，集体土地所有权、集体土地承包经营权、集体土地经营权这三种权利衍生形成的权利结构如图2-1所示。

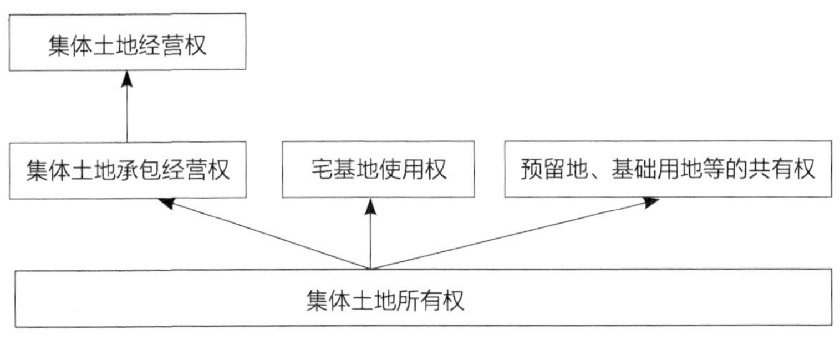

图 2–1 集体土地权利结构

这一权利结构表明，目前的“三权分置”主要是指集体土地所有权、集体土地承包经营权与集体土地经营权三者的分置，其制度目标是通过调整权利结构激活和释放土地资源的新要素，为农业生产经营方式转化和加快城乡一体化建设提供条件。就上述权利结构来看，该轮农地制度改革的重心是从土地承包经营权中分置土地经营权，通过搞活土地经营权实现更高的发展目标。“农地流转就是在农地利益相关主体之间重新进行资源配置，以实现利益相关主体的利益最大化。”[1] 其实，在该权利结构中，还存在另外两种改革的空间，即宅基地使用权的流转问题［该流转有些地方已开始实验与探索，在 2018 年中共中央、国务院印发的《乡村振兴战略规划（2018—2022 年）》中也已有明确的规划方案[2]］；集体经济组织预留地的共有问题，预留地由于没有承包出去，实际在其流转过程中并不是以土地承包经营权为基础的，而是直接以集体土地所有权为基础的。这部分权利将是城乡一体化建设进程中

[1] 丁德昌:《农地产权的制度困境及法治保障》,《河北科技大学学报（社会科学版）》2017 年第 4 期，第 49 页。

[2] 该规划明确:“探索宅基地所有权、资格权、使用权‘三权分置’，落实宅基地集体所有权，保障宅基地农户资格权和农民房屋财产权，适度放活宅基地和农民房屋使用权，不得违规违法买卖宅基地，严格实行土地用途管制，严格禁止下乡利用农村宅基地建设别墅大院和私人会馆。”2018 年 12 月 23 日自然资源部部长“关于《〈中华人民共和国土地管理法〉、〈中华人民共和国城市房地产管理法〉修正案（草案）》的说明”也再次重申：关于宅基地所有权、资格权、使用权“三权分置”问题，2018 年中央一号文件提出“探索宅基地所有权、资格权、使用权‘三权分置’”，一些地方进行了试点探索。考虑到宅基地所有权、资格权、使用权属于重要的民事权益，目前试点面还不够宽，试点时间比较短，尚未形成可复制、可推广的制度经验，各有关方面对“三权分置”的具体界定、相关权利的实现方式等还未形成共识，当前直接确定为法律制度的条件还不成熟，建议待进一步试点探索、总结经验后，通过立法予以规范。

继续深化农村改革的新领域。

二、集体土地“三权分置”所嵌入的社会结构

土地的经营方式是内嵌于一个国家的整体社会结构之中的，社会结构的变化会对土地经营方式和土地政策产生深远的影响。从革命战争时期的“农村包围城市”到1949年的“工作重心向城市转移”，再到1958年基本完成计划经济管理模式下的“城乡二元体制”，构成了1978年改革开放过程中处理城乡发展问题的基本社会格局。1978年建立在集体土地所有权与集体土地承包经营权分置基础上的家庭联产责任制，开启了我国改革开放的闸门，城乡之间的关系也随之发生深刻的变化。其最为明显的标志是城市的发展和扩大与农村人口向城市的转移，这两者是同步进行的，是整体社会结构中的同一发展问题。不过这一问题从农村的角度看是人口的输出，从城市的角度看则是人口的输入，存在这类一体两面的现象。就中国整体社会发展的结构来看，两者其实是一个问题。这也体现在我国的城乡发展政策上的不断调整，直至正式形成“城乡一体化”的建设方案中。就同一社会结构来看，两者是紧密联系、无法分离的，一个方面的问题会影响到另一个方面的发展并最终影响整体的发展质量。

作为城乡发展共同基础的土地问题，注定是牵一发而动全身的问题。脱离农村各种资源的城市化与现代化注定很难健康发展，而脱离城市各种现代信息、资源的农村也注定会没落。就我国社会整体发展而言，城乡同步发展才能互为基础，实现国家的全面发展。因此，探讨农地的制度改革及其规模经营问题，需放置于这样的整体社会结构中展开。

如果把建立在从土地承包经营权中分置出土地经营权基础上的“三权分置”方案放置于城乡要素互动（尤其是人口流动）和现行农村土地制度框架中，我们会看到图2-2所示的这种具有很大弹性空间的制度模式：

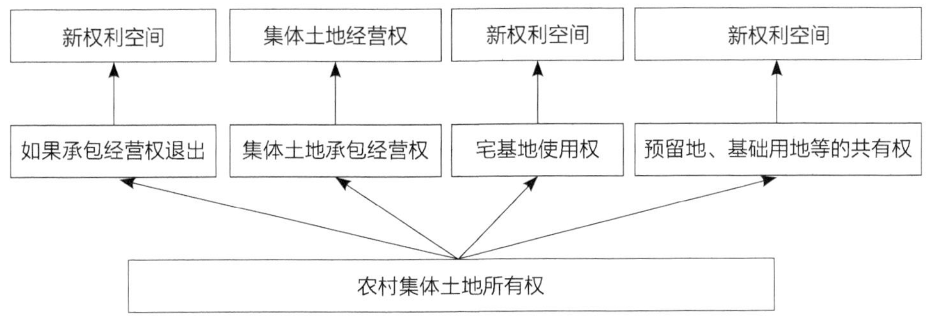

图 2-2　现行集体土地权利结构的延展

在图 2-2 延展的权利结构中，还有三个问题需要从制度和理论上进一步探索：

第一，农民选择放弃集体成员身份加入城镇户籍，退出土地承包经营权后的土地上将不再有承包经营权，而只有集体土地所有权，这部分土地如何流转与经营，在制度上还有待探索。随着城镇化的深入发展，已有并将有更多的农民选择脱离农业生产而进入城镇发展，这会导致以集体成员身份为基础的土地承包经营权面临新的选择：部分农民选择加入城镇，退出承包经营的这部分土地。这部分退出的农地在经营上如何处置，是制度上需要回应的问题。

第二，承包地上的经营权分置出来了，但同样为农民使用的集体土地——宅基地是否也可以分置出来？如果也可以分置出来，那么宅基地将如何经营？就此问题，《中华人民共和国国民经济和社会发展第十四个五年规划和 2035 年远景目标纲要》明确“深化农村宅基地制度改革试点，加快房地一体的宅基地确权颁证，探索宅基地所有权、资格权、使用权分置实现形式”，已形成宅基地所有权、资格权、使用权分置的制度探索方案。

第三，在过去两轮土地承包[1]过程中，法律允许集体经济组织预留的部分土地，还有必要的基础设施用地等并没有发包出去，这些土地在“三权分置”框架下如何处理，尤其是在农地规模化经营中如何处理？

[1] 第一轮承包的时间起算点一般被认为是 1983 年，这一年出台了《中共中央　国务院关于实行政社分开建立乡政府的通知》（中发〔1983〕35 号）结束了人民公社体制，农村家庭联产承包责任制全面实施，承包周期为 15 年；1997 年进入第二轮承包期，周期为 30 年。

上述问题的解决方案是在“三权分置”制度框架下建立一定的弹性空间，以此为基础可以根据社会需求的变化，使制度探索保持进一步解决深层问题的某种张力或缓冲区域。

三、城乡人口从业结构变化对农地经营及深层发展结构的影响

改革开放四十多年来，农村人口逐渐向城市转移。从 2013 年以来“城乡发展一体化迈出新步伐，5 年间 8000 多万农业转移人口成为城镇居民”[1]。农村人口的城市转移，改变了这部分人的从业方式和收入来源渠道，使得城市人口增加的同时农村直接从事农业生产的人口在减少；此外，城市的发展也引发了农业生产方式的深刻变化，即农业生产借助城市的各种资源逐步实现转型升级。在这个看似规整的逻辑中，仅就农地的经营来看，实际上存在很大的风险。

（一）农地经营模式面临挑战

农村人口的城市转移在一定程度上抽空了过去以家庭联产承包责任制方式进行农地经营的人口基础，表现为直接从事农业的劳动力大量减少，致使该制度下的农地经营方式面临挑战。从《农村土地承包法》实施以来至“三权分置”改革方案正式出台的十多年间，其中 2002—2011 年我国城镇化率以平均每年 1.35% 的速度发展，城镇人口平均每年增长 2096 万人。2011 年，城镇人口比重达到 51.27%，比 2002 年上升了 12.18 个百分点，城镇人口为 69 079 万人，比 2002 年增加了 18 867 万人；乡村人口为 65 656 万人，减少了 12 585 万人。[2] 从更长的时段来看，趋势更加明显：1995—2015 年，城镇家庭户数和家庭户人口数总体稳步增长，前者从 1.01 亿户增长到 2.32

---

[1] 2018 年中共中央、国务院《乡村振兴战略规划（2018—2022 年）》。

[2] 国家统计局人口司：《人口总量平稳增长　就业局势保持稳定——从十六大到十八大经济社会发展成就系列报告之三》，http://www.stats.gov.cn/ztjc/ztfx/kxfzcjhh/201208/t20120817_72839.html，访问日期：2018 年 3 月 16 日。

亿户，年均增长 4.2%；后者从 3.41 亿人增长到 6.81 亿人，年均增长 3.5%。[1] 这正是 2014 年出台《关于农村土地征收、集体经营性建设用地入市、宅基地制度改革试点工作的意见》对“三权分置”进行全面部署的城乡变迁的基本背景。在城镇化过程中，城镇增加的家庭户数中大部分是从农村进城的原农户，这部分家庭在农村承包的集体土地中何去何从面临着新的选择。从农村向城市的大规模人口转移，使农地经营问题上形成如下的紧张关系：（1）基础性关系是农村的人地矛盾，因第二轮土地承包是对第一轮土地承包的确认，于是沿袭了在小地块上的承包关系，规模化经营无法展开，加上土地本身数量有限，农民束缚在土地上无法提高收益、改善生活水平，所以进城务工成为合理的选择。（2）现代工商业的产出值远远高于小块经营的传统农业的产出值，农民从农业中转向城市工商业寻求更大的发展空间，属于市场经济下自然的流动。（3）农村青壮劳动力向城市的转移，直接导致农业劳动力不足，土地撂荒在各地都开始出现，造成耕地闲置现象。（4）农民进城直接导致城市用地紧张和城市扩大，因为劳动力的富足推动了城市工商业的发展，工商业的发展需要更多的土地，城市居民收入的提高又引发了对住房更高的需求，部分进城务工的农民也逐渐加入城市购房队伍，这些都刺激了城市房地产业的发展。（5）农民长年在外务工或者经过积累直接在城市安家，使农村宅基地的制度基础出现了松动，农村宅基地也开始在民间流转。

以上基本是当代农民进城务工的行为选择逻辑和城乡社会结构的变化逻辑，农民的行为选择直接动摇了我国前两个阶段所确定的农村土地政策的基础，即在土地问题上“包而不产”“包而脱产”或“包而少产”，使建立在“产”基础上的农村土地承包制度面临严峻的考验。“专家认为，我国常住人口城镇化率距离发达国家 80% 的平均水平还有很大差距，也意味着巨大的城镇化潜力，将为经济发展持续释放动能”[2]，如何将这种压力转化为经济社会发展持续的动能，这一问题客观上需要探索农村土地制度的新的出路。

---

[1] 任正委：《中国城镇家庭户数量、“家庭户城镇化率”变动及其贡献因素分析（1995 ~ 2015）》，《西北人口》2018 年第 3 期，第 54 页。

[2] 陈炜伟：《我国城镇化率升至 58.52%》，《农村 · 农业 · 农民（A 版）》2018 年第 3 期，第 8 页。

（二）农地闲置或者撂荒严重

土地撂荒成为农民的选择。由于经营规模小、效益差、成本高，农产品出售得不到社会平均利润，使农民失去了务农的积极性。而随着劳动力市场的开放，以及农业与非农产业之间较大的收入差距，越来越多的农民往城市迁移，不过因为土地还具有一定的保障功能，绝大多数农民不愿放弃土地承包经营权。再加上土地使用权流转不畅，小规模经营农民的理性选择就是兼业经营或将土地撂荒外出打工。土地撂荒问题是严重的，它造成大量的土地浪费，下面是几组地方调查数据，能够反映“三权分置”改革方案出台前的这一问题：

> 临县总面积 2979 平方公里，总人口 62 万，现有行政村 628 个，自然村 234 个，现有耕地 141.2 万亩，地势起伏较大，属典型的黄土丘陵沟壑区。许多农村农田杂草丛生，梯田棱坍塌，任凭雨水冲刷。白文镇吴家湾行政村有 1643 人，耕地 2478 亩。劳动力纷纷外出打工，留守在家的老、妇、幼仅有 400 多人，实际耕种的土地约 300 多亩，不足总耕地的 20%。城庄镇甘草沟自然村 223 口人，耕地 468 亩，但只能在房前屋后和地势较平坦的田地里见到农作物，有效的耕种面积不足 80 亩。❶
>
> 南漳县武安镇夏家湾村有劳动力 870 个，常年外出务工达 600 多人。近三年，该村在镇信用社存款 10 万元以上的农户增加到 68 户，其中 80% 以上为务工收入。该村干部分析，农民外出务工，年劳动平均收入在 2 万元左右，是在家种田收入的 5 倍以上。该村卢姓夫妻两人去年劳务收入达 7.5 万元，他的父母在家种地 4 亩，养猪两头，加上国家补贴总收入 5000 多元，还占不到他俩打工收入的 8%。❷
>
> 刘国平在江西调研发现，农户需种植水稻面积 60 亩，才能与外出务工的收入相当，这就是规模效应，否则每户 3 ~ 5 亩薄田，即使将保护

❶ 曹勤顺：《对农村耕地撂荒现象的思考》，《国土资源》2013 年第 1 期，第 84 页。

❷ 姚扶有：《遏制农村土地撂荒须综合给力》，《人民政协报》2012 年 5 月 21 日第 6 版。

价提得再高也作用不大。[1]

《人民政协报》记者奚冬琪2013年调研发现，四川、江西、重庆的一些农村耕地撂荒越来越严重，大春耕地撂荒面积2%～20%，小春耕地撂荒面积高达20%～80%。江西省宜黄县统计局透露，该县26万多亩耕地中全年性抛荒的保守估计已高达到12%，另外还有大量耕地是三季种两季，两季种一季。[2]

我国农村耕地全年撂荒、季节性撂荒和隐性撂荒预计超过1亿亩，其中全年撂荒超过3000万亩，相当一个浙江省的耕地规模。四川大竹县撂荒比例甚至达到45%。[3]

2007年全国耕地面积为18.26亿亩，比1996年减少1.25亿亩，年均减少约1100万亩。[4]

（三）在总人口相对不变的情况下，从事非农工作的人口在增加，粮食安全面临压力

由于农村青壮劳动力转入城市工商业，客观上形成种地人口减少而购粮人口增加的局面，这使我国粮食安全问题日渐突出，持续增加粮食进口就成为必然的选择。其结果是："粮食供求将长期处于紧平衡状态；农产品进出口贸易出现逆差，大豆和棉花进口量逐年扩大；主要农副产品价格大幅上涨，成为经济发展中的突出问题。从中长期发展趋势看，受人口、耕地、水资源、气候、能源、国际市场等因素变化影响，上述趋势难以逆转，我国粮食和食物安全将面临严峻挑战。"[5]其形成原因主要是消费需求呈刚性增长、耕地数量逐年减少、水资源短缺矛盾凸现、供需区域性矛盾突出、品种结构性

---

[1] 刘国平：《农地撂荒并非仅因种粮效益低》，《粮油市场报》2012年10月13日第B03版。

[2] 马永欢：《完善管理机制　避免耕地撂荒》，《中国土地》2013年第7期，第36页。

[3] 程晓兵、方银来：《我国农村耕地撂荒原因及对策研究》，《现代农业科技》2015年第10期，第343页。

[4] 《国家粮食安全中长期规划纲要（2008—2020年）》。

[5] 《国家粮食安全中长期规划纲要（2008—2020年）》。

矛盾加剧、种粮比较效益偏低、全球粮食供求偏紧等七个方面[1]，其中有四个原因与土地和城市化有关。

从我国的发展阶段来看，城市化是我国现阶段的主题和发展方向。城市化问题从人的角度来说，就是农民进城，适应城市生活，变成城市居民，提升城市总体发展水平的过程。农民进城的直接后果有两个：一是种粮食的人减少了，而吃饭的人没有减少（随着人口增长和平均寿命的延长，实际上是增多了）；二是城市为增加就业，需要工商业、服务业迅速发展以提供更多的就业机会，同时大量农村人口进城，对住房需求也在迅速增加，这些问题的解决都要以土地为基础。在土地总量不可能增加的条件下要解决人地紧张问题，就只好通过提高土地利用率来寻找办法，即进行土地制度改革以加速土地流转。

中国城市的快速发展对土地的需求急速增加，主要体现为基础设施建设用地（如高速公路直接深入乡村占用土地）、工商业用地、房地产用地和公益事业用地等。这些用地，除部分基础设施和厂矿企业建设等直接深入农村占用集体土地外，随着城市的扩大，在城市周边与集体土地形成冲突。这也是我国城市发展与集体土地最为激烈的冲突区域，并主要以土地征收和拆迁的形式表现出来。此中矛盾的根本点是集体土地不得入市和只有国有土地才可以上市流转，这造成其中的巨额差价，为社会稳定埋下了隐患。在过去城市快速扩展的三十多年中，《土地管理法》的补偿标准是不得超过前三年平均年产值的 20 倍[2]，这与土地的市场价值往往差距较大，这引发了一系列矛盾，尤其是在城郊、城中村最为突出。

在这样的整体格局下，不能重走以大量人力投入实施农业经营的老路，为解决人口转移后农地的闲置与撂荒问题以及沉重的粮食安全压力，需要寻找提高农地经营效益的其他途径。对于如何提高农地的经营效益，在现代社会条件下有很多种选择，其中规模化经营是重要的一种方式，而规模化经营方式本身也存在多样化的具体实现方式。

---

[1] 《国家粮食安全中长期规划纲要（2008—2020 年）》。

[2] 2019 年修改的《土地管理法》才把这一标准调整为区片综合地价，不再只以产值作为衡量农地补偿价格的标准。

四、农地规模经营内生动力缺乏

资本、技术、信息等的现代化是我国现阶段社会的整体特征，农地经营也需要同步的现代化才能为整体社会的协调发展奠定基础。过去建立在城乡二元分割基础上的各种制度体制还没有消除，成为阻碍农地经营现代化的因素，再加上农村人口向城市转移等因素，这对于各种要素尤其是技术、资本和信息等要素流入农地经营领域很不利。客观上需要新的社会主体或者提升现有社会主体在这些领域的能力。

1. 家庭联产承包责任制造成的土地碎片化，不利于现代农业技术的应用

当年实施家庭联产承包责任制之初，采用“按人承包、肥瘦搭配、远近插花”的原则进行“分地”是公平的，这有利于调动农民种田的积极性。但时移世易，现在农地承载的目标任务与当年相比虽然没有发生根本变化，但其他条件则已发生巨大变化。数据显示，我国 2.2 亿农户的户均农地经营规模不到 0.6 公顷，农地资源分散必然难以满足现代农业的规模化发展要求。[1]当年“分地”方式“使得农户所拥有的土地呈现出地块数量多、地块面积小、地块距离远近不一的特征，在某种程度上加剧了土地的碎片化程度”[2]。“农地细碎化提高了机械的物质费用，降低了粮食生产的劳动生产率、土地生产率和成本产值率。由此可见，现阶段土地地块分散、难以集中，中国即使拥有与国外相同的机械设施，也无法发挥同样的效用。”[3]这一问题于 20 世纪 80 年代中期即受到重视，尤其是经济发达地区则率先开始了农地规模化的

[1] 姚长林：《日本脱离农地零碎化实践及对中国的启示》，《世界农业》2018 年第 6 期。

[2] 郧宛琪、朱道林、梁梦茵：《解决土地碎片化的制度框架设计》，《地域研究与开发》2015 年第 4 期，第 112 页。

[3] 郧宛琪、朱道林、梁梦茵：《解决土地碎片化的制度框架设计》，《地域研究与开发》2015 年第 4 期，第 112 页。

探索。[1]

2. 长期的城乡二元分割体制还没有完全消除，农地经营的融资问题较为困难

长期以来，在我国城乡二元结构和城乡发展差距背景下，农村大量的劳动力、资本、土地等要素流向了城市，城市获得了快速发展，从城市流向农村的要素却很少，农村失去了发展基础，以致城乡差距越拉越大。城乡要素的非均衡配置，使农村和城市不能同步协调发展，农村成为发展的短板，这与我国实现农业农村现代化的目标相矛盾。[2]这基本描述了“我国城乡二元结构的形成与固化”条件下的城乡格局。

3. 人口的转移，尤其是年轻人的转移，使信息技术在农地经营中的应用面临挑战

“2015 年农业部统计资料显示，中国农村外出劳动力中 16 ~ 40 岁占 39.4%，大于 40 岁占 61.0%，而农村生产经营劳动力中有 40% 为妇女，39% 为老人，仅有 20% 左右的农村劳动力为青壮年男性，而农村生产经营劳动力的平均年龄为 47 岁。可以看出，中国农业生产的青壮年劳动力严重缺乏，农村劳动力存在着明显的弱质化特点。”[3]“对小农户而言，由于土地经营规模有限，农户依靠农业生产获取收入的资源有限，而在外从事非农行业所获得的收入则相对更高，因此小农户中的青壮年以及知识和技能水平更高的劳动力往往最先外流，这导致农业经营粗放问题日益严重，小农户家庭在农业生产过程中的劳动力边际产出率下降，甚至出现小农户弃耕罢种现象，这与我国农业农村现代化的发展背道而驰。”[4]“农村人力资本流失严重，留守在农村的

---

[1] 早在 1982 年温州就出现了农户自发转让土地的现象。在这一年，温州有 400 个种田能手，受让粮田 533.33 公顷，成了专业户、万元户。1985 年，浙江全省承包 0.67 公顷以上土地的种粮大户有 3.2 万个，经营耕地面积 3 万公顷。参见郧宛琪、朱道林、梁梦茵:《解决土地碎片化的制度框架设计》,《地域研究与开发》2015 年第 4 期，第 113 页。

[2] 郭素芳:《城乡要素双向流动框架下乡村振兴的内在逻辑与保障机制》,《天津行政学院学报》2018 年第 3 期，第 33−34 页。

[3] 姚长林:《日本脱离农地零碎化实践及对中国的启示》,《世界农业》2018 年第 6 期，第 156 页。

[4] 王亚华:《什么阻碍了小农户和现代农业发展有机衔接》,《农村经营管理》2018 年第 4 期，第 16 页。

农业从业人员整体文化水平偏低，对农业技术的掌握仍停留在传统经验基础之上，对地区性的农业技术与知识培训热情度不高。”[1]

上述问题已是各地在推进农地规模经营工作中普遍意识到并着力解决的问题。如上海市宝山区出台的《宝山区农业集体规模经营扶持政策实施细则》、杭州市出台的《农村土地承包经营权流转和规模经营专项资金管理办法》等从2007年就开始从规范化的层面着手解决农地规模经营中资金问题；从现有的100个省市的农地规模经营政策部署分析看，建立“土地流转信息平台”并逐步升级和普及已是普遍做法，各地甚至在此方面进行了各种专门投入，并作为考核地方工作的其中一项指标着力破解和部署，整体方案体现在《乡村振兴战略规划（2018—2022年）》中。

第二节　权利配置状况：集体土地权利主体变化与农地规模经营

我国集体土地上相关权利主体的变化是与城市化、工业化、商业化和信息化发展密切相关的。从1978年至今四十多年间，我国社会结构发生了巨大变化，农村集体土地的发包分别于20世纪80年代和90年代进行过两次，而集体土地上的各种权利主体则发生了非常复杂的变化。从农地规模经营的角度观察，集体土地上的三种权利主体正在分别发生变化，并面临着新的挑战。

一、所有权主体的变化

集体土地所有权者是村集体、村民小组和乡镇集体。经过四十多年的发

[1] 石华灵：《我国农业3.0模式的全产业链分析、问题与对策研究》，《农村金融研究》2018年第3期，第65页。

展，我国农村中的这三个主体已发生非常巨大的变化，这与1961年形成的“队为基础，三级所有”的所有权主体模式已有很大不同。东南沿海的很多乡镇甚至村集体早已不是传统意义上的乡镇和乡村，随着近二十年城市的大规模发展，城市郊区的乡镇和村集体也与偏远的乡镇和村集体不同。这样，从大的分类上，至少目前可以区分为已工业化或商业化的乡镇和村集体、城郊与城中村的乡镇和村集体、落后地区的乡镇和村集体。当我们讨论农地规模经营时，实际上更多地指落后地区的乡镇和村集体，因为前两者的土地已经或者即将转化为国有土地，或者因为工业化或商业化已无地可供规模化经营，后者则因为人口的大量输出而出现了土地撂荒或空置，且土地面积较大，具有规模化经营的基本条件。至少，我们需要在城市规划区以外讨论土地的规模化经营才具备基本的条件，这也是一个具有可操作性的区分标准，但还不得不考虑前述三种基本的分类。

目前，集体经济组织在农地所有权方面的虚化问题，不仅已成为学界和实务工作中的共识，而且已在深刻影响着未来农地规模经营的发展，使其面临新的选择。例如，作为农地的所有权者或土地的发包方，基于制度的原因，其在把自己土地的承包经营权转给承包户后，无权从承包户中取得任何土地收益。其后果是，所有权者并不维护和提升自己的所有物（土地），而纯粹在履行一种法律上的用途管制职能，也无力进行土地经营水平提升的各种配套建设，甚至连维护都没有动力和力量；而当承包户对土地大量撂荒时，作为土地所有权者的集体经济组织往往无动于衷。所有权者的虚置问题，随着更多的农民进入城市生活、乡村在人口上的空心化，将面临更难解决的新问题。其主体的虚化，也导致很难明确其未来在农地规模化经营中的权利和责任等。

集体经济组织作为经营单位将逐渐虚拟化，这是在未来制度设计中不得不考虑的问题。发达地区的部分乡村已表现出这样的趋势，其转为行政单位或公共管理单位的趋势在加强；而在落后地区则因为乡村力量的减弱，日渐需要政府各方面的支持，乡村集体经济组织已在很大程度上成为落实政府各项支持的组织，实际上也正在行政化，即成为行政权的末端执行单位。随着农地规模化和农业规模化所产生的新的甚至力量更加强大的经济组织，势必会出现在同一土地上多个经济组织并存的现象，经济职能转移至规模化经营主体，而保留在乡村集体经济组织手上的职能却在日趋行政化和公共化。

“农村土地制度改革是统筹城乡发展、促进新农村建设、健全城乡发展一体化体制机制的必然选择。随着农业规模化、专业化、现代化经营的推广，以及大量工商资本进入农村投资，将带动农村地区水利、供电、通信、教育和卫生等基础设施建设”，“同时，通过推进农村土地制度改革，逐步破解城乡土地二元结构，推进城乡要素平等交换”，[1] 在如此宏大的改革任务下，集体土地所有权者的任何变化都会影响到改革的成效。

二、土地承包经营权主体的变化

土地承包经营权主体是农户家庭及其成员（村民）。（合作社）集体土地承包经营权历来被看作一种身份权，具有明显的保障性，这是我国集体土地制度的重要特点。这种特点的基础是“村民身份”，其中未言明的更深层次的基础则是“村民是以农为业”的，即以一种农业经营的职业定位村民的身份。而当村民的职业这一深层次的基础发生变化时，其身份基础也随之变化，进而影响到整体土地经营制度的运营效果。

农民职业身份的变化，必然会直接影响到承包经营权的各项权能的实现方式和实效。就城中村和城郊农村的村民来说，这部分主体大多已经或者即将因为土地的国有化而发生身份的变化，即原来的村民身份转化为城市居民的身份；工业化和商业化地区的农村，则因为土地的非农化，并因为外来人口对本地区的贡献等，身份变化更加复杂（如变化为房东、股东等），至少已很少从事农业生产或者本地已不具备从事农业生产的基本条件；在落后地区的农村，由于长期的人口输出，人口结构和身份发生了深刻变化，尤其是年轻一代，返乡从业的人已在逐渐减少，他们已成为城市化的主力军。这种状况，正是我国目前选择农地规模化经营政策最为重要的社会基础。

---

[1] 辜胜阻、吴永斌、李睿：《当前农地产权与流转制度改革研究》，《经济与管理》2015 年第 4 期，第 6 页。

人们很早就认识到，“农村剩余劳动力转移是土地流转与规模经营的前提条件。没有农村劳动力的大量转移，土地制度的任何调整和变革都无法改变人地比例紧张的矛盾，也无法在农地规模经营上取得实质性进展”[1]。这是农地制度改革中最为复杂的领域，尤其是在农地规模经营领域，涉及的问题更加复杂。主要原因在于这一主体在四十余年一直处于变动之中，其直接表现是逐步从乡村转移至城镇谋生，随之出现了从早期的“盲流”“打工仔”“打工妹”到后来的“农民工”“民工”“进城务工人员”，再到现在的“城市建设者”“兼业人员”等称谓，以至于我们现在都很难界定“村民”“农民”这种身份。最后只能勉强按照法定的标准界定土地承包经营主体，即村民身份。但法定的标准与实际的标准已在很大程度上出现不一致，如法律的标准是建立在“以农为业”的基础之上的，而实际上则是很多进城或者城中村、城郊村的农民已不再“以农为业”，其与乡村的联系除了亲情等因素外，在法律上则主要是一种村民的身份了。

“粮食生产不仅是解决粮食需求问题，更是解决农民就业问题的重要途径和手段。中国农业人口规模巨大，通过城镇化减少农业人口将是一个渐进的过程，在这个过程中必须保障农民的就业和收入。”[2]这个“渐进的过程”所包含的农民身份变化、粮食生产经营方式、新型城镇化等各种过渡性的历史内容，对制度需求的灵活性和多样性将是农地规模经营制度探索中最为复杂的部分。

三、“三权分置”结构中的主体变化与权利分配模型

集体土地上的三种权利对应着三种权利主体，“三权分置”的过程实质上是一次权利或资源的再分配过程，仅就三权范围内的变化结构看，已表现为如下的逻辑过程。

土地承包经营权和土地经营权是从集体土地所有权中分化出来的权利，

---

[1] 何宏莲、韩学平、姚亮：《黑龙江省农地规模经营制度性影响因素分析》，《东北农业大学学报（社会科学版）》2011 年第 6 期，第 15 页。

[2] 《中国的粮食安全白皮书》。

其分化过程是：集体土地所有权者通过发包的方式，把土地承包经营权分解至集体经济组织的农户，农户再把自己的土地承包经营权中的土地经营权流转至土地经营者，土地经营者行使土地经营权从事农地经营。这个看似简单的过程，其实包含着复杂的权利与资源的分配和平衡关系。

在第一层次的关系中，村集体经济组织把自己的土地所有权分置出土地承包经营权给农户（集体成员），农户可以通过经营集体的土地获得土地的收益，同时，意味着村集体经济组织"失去"了直接经营自己土地的权利（土地分散后，整体安排、经营土地的权利）。仅从权利义务平衡的角度看，承包集体土地的农户（集体成员）应需向所有权者承担一定的义务以补偿所有权者，但这在制度设置和实践中已很少发生。在2002年前，村集体经济组织还可以从农户缴纳的公粮中作一些提留（向农民收取的"三提五统"即公积金、公益金、管理费提留和五项乡镇统筹），算是所有权的一种实现方式。此后，随着提留的取消，农户不再向村集体承担所有权实现的义务，集体土地的所有权包含的各类权能实际上已转移至农户，农户获得了较为完整的土地保障权；而作为所有权者的村集体经济组织则转化为乡村事务的管理者，已无法实现自己的土地所有权，只不过还在执行着政府和国家的各项土地管制任务。

在如上的制度配置框架中，土地经营权从承包经营权中分离出来，是在农户与其他主体之间展开的，而作为所有权者的集体经济组织则主要是起到了背书的作用。农户与土地经营者之间的权利转移，无论方式如何变化，其根本的权利义务平衡结构是不变的，即农户把土地的直接经营权转移给土地经营者，所获得的是土地经营者所支付的一定对价（土地经营者向农户履行的义务），土地经营者所获得的是自己从经营中所产出的剩余收益。这一权利义务结构得以实现的基础是：土地在一段时间产出不变的情况下，因农户不愿意再直接经营土地，而把土地经营权转让给新的土地经营者，两者共享土地经营收益，实现两者的双赢；在经营者能够有效提高土地产出的情况下，即比农户自己经营的收益要高，农户从新的土地经营者那里获得自己经营条件下的所有收益，而土地经营者则获得了提高部分的收益。这种经营模型使得在没有任何人受损的情况下，至少有一个人的收益增加了，这符合经济学上的帕累托定律。这一理想模型得以实现的关键点，是新的土地经营者能够有效提高农地产出，其产出要达到不但能够保证农户权利的实现还要保证自己获得收益的程度。农地的规模化经营就是作为实现该理想模型的方式被提上了日程的。

在这一结构中，新的土地经营者只对农户承担义务、给予对价，而不直接对集体土地的所有权者承担直接的义务、给予对价（《农村土地经营权流转管理办法》第 7 条规定“土地经营权流转收益归承包方所有，任何组织和个人不得擅自截留、扣缴”）；相反，所有权者也不对新土地经营者承担义务，大家只是在执行国家的土地用途管制制度的层面上进行对话。这一权利结构存在明显的失衡，不利于农地长期效益的实现，即当所有权者在自己所有的土地上失去收益之后，其无须对该土地进行长远的投入和关注，其也无力和无心去建设、维护各种土地经营所必需的公共设施、配套设施。[1]“农地规模流转涉及多方利益相关者，不仅包括流出方的农户家庭和流入方的规模经营主体，还包括政府决策监管部门以及流转地农村社区。各方利益相关者通过利益联结构成一个有机的共生体，其共生利益的形成机理在于内在相互矛盾与冲突的利益平衡。”[2]

---

[1] 这一土地长期维护任务，实际上逐渐转移为政府的责任，集体土地所有权主体则在这一领域因为能力不足等而退出。例如，2019 年 12 月 10 日自然资源部发布的《自然资源部关于开展全域土地综合整治试点工作的通知》(自然资发〔2019〕194 号）规定“乡镇政府负责组织统筹编制村庄规划，将整治任务、指标和布局要求落实到具体地块，确保整治区域内耕地质量有提升、新增耕地面积原则上不少于原有耕地面积的 5%，并做到建设用地总量不增加、生态保护红线不突破”，就把这类任务明确交给了“乡镇政府”。“到 2020 年，全国试点不少于 300 个，各省（区、市）试点原则上不超过 20 个”；“整治验收后腾退的建设用地，在保障试点乡镇农民安置、农村基础设施建设、公益事业等用地的前提下，重点用于农村一二三产业融合发展。节余的建设用地指标按照城乡建设用地增减挂钩政策，可在省域范围内流转。”显然，这一看似对农地综合整治的任务安排，其实又与城镇用地需求紧密结合起来。作为集体土地的所有权者，在这个试点方案中只是“要统筹各类项目和资金，整合相关审批事项，建立相关制度和多元化投入机制，发挥农村集体组织作用”。2019 年修正的《土地管理法》第 36 条也明确了农地的整体整治责任主体为各级人民政府，即“各级人民政府应当采取措施，引导因地制宜轮作休耕，改良土壤，提高地力，维护排灌工程设施，防止土地荒漠化、盐渍化、水土流失和土壤污染。”

[2] 李灿：《农地规模流转中的利益相关者绩效考量：冲突、平衡与共生》，《江西财经大学学报》2017 年第 3 期，第 74 页。

如果以模型的方式把我国目前的集体土地上的权利结构及其相互转换的关系展示出来，会是如图 2–3 所示的这样一种状况：

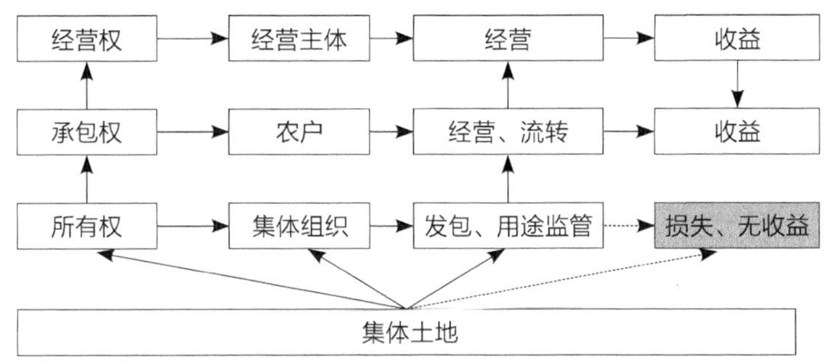

图 2–3　目前我国集体土地权利分配模型

注：图中虚线所示的逻辑是，按照《农村土地承包法》第 14 条的规定，发包方享有的权利是："(一) 发包本集体所有的或者国家所有依法由本集体使用的农村土地；(二) 监督承包方依照承包合同约定的用途合理利用和保护土地；(三) 制止承包方损害承包地和农业资源的行为；(四) 法律、行政法规规定的其他权利。" 并不包含明确的收益权，而发包过程中的支出、监督和制止等所发生的损耗，并不能通过发包行为获得的收益予以补平，而且还需要承担《农村土地承包法》第 15 条规定的如下义务："(一) 维护承包方的土地承包经营权，不得非法变更、解除承包合同；(二) 尊重承包方的生产经营自主权，不得干涉承包方依法进行正常的生产经营活动；(三) 依照承包合同约定为承包方提供生产、技术、信息等服务；(四) 执行县、乡 (镇) 土地利用总体规划，组织本集体经济组织内的农业基础设施建设；(五) 法律、行政法规规定的其他义务。" 这些义务的履行，如 "为承包方提供生产、技术、信息等服务"，同样会产生一定的成本。

这是一种失衡的权利分配模型。其失衡之处在于集体土地所有权者不能从自己的土地上获得收益。此处的失衡导致如下各种后果：(1) 集体经济组织到底是集体土地的所有权者，还是执行国家法律和政策的管理者或者社区的管理者？其角色更像后一种。(2) 土地集体所有被转换为一种按份共有，集体经济组织变成了按份共有者集体议事的组织。(3) 集体经济组织的无收益，意味着其无力承担土地整体经营的维护费用等，如基础设施的建设与维护费；由于其没有正式的国家机构法定身份，其不具备履行用途管制的基本手段和条件。当两者都似是而非的时候，不仅该组织很尴尬，而且土地的整体保护和质量提升也失去了直接责任主体和权利主体。失去了从总体上安排、保护、维护土地整体价值提升的所有权者后，分散的农户无力承担土地整体价值提升的任务；土地经营者受制于经营时限和单个力量薄弱，也很难有动力和能力承担土地整体价值提升的任务。

这一失衡的结构，客观上需要新的主体去填补。就填补方式而言，分散的农户没有力量为土地经营者提供这些服务，所有权者又无能力也无动力承担。因此，弥补这一失衡的选择就只能是：（1）把集体经济组织转化为公共事务管理者，其经费由国家承担，成为不得营利的公权组织；（2）让集体经济组织从承包户和经营者的利益中实现自己的所有者权益；（3）由国家或者社会承担这一任务。❶

因此，村集体经济组织、农户、土地经营者、政府成为制度结构中各方权利义务主体，他们各自的行为方式是制度结构中能否实现制度效益的重心，其各自权利义务的分配方案则是催动制度生成的基础力量。

第三节　变量：权利形式与内容的变化与农地规模经营

在多大范围上确认新的权利形式与权利内容，不仅涉及制度创新的问题，更决定着农地规模经营的运作方式。“三权分置”改革方案的出台和理论的形成，显然会影响到集体土地权利形式与内容的变化。近些年来，关于这方面的讨论是法学界关注的热点之一，为鼓励新的农地经营主体和保障农民权益，各地的探索实践也“创设”了名目繁多的新权利形式，其中有些内容应予以重视。

一、集体土地的法定权利体系

从1978年以来，我国集体土地上的法定权利类型不断丰富，尤其是《物权法》出台后，已基本形成集体土地的法定权利体系。

---

❶ 其实，在实践中已有不少地方政府主动承担了该任务，即由政府出资进行中低产田改造、土地平整，或者建设农地经营必需的基础设施、配套设施。当然，其出资方式各地存在不同，有的是直接投资，有的是以奖励、补贴的方式，有的则是以政策扶持或者融资优惠的方式，等等。

按照我国现行法律的规定，从农村集体土地所有权首先分置出来的是土地承包经营权，由农村集体经济组织成员享有，带有身份保障权的特点；土地承包经营权在“三权分置”框架下，又分置出土地经营权。就权利关系而言，宅基地使用权也是从农村集体土地所有权中分置出来的，在其上是否能够再分置出其他权利形态，目前正在试点和探索之中。[1] 以此为主体框架，又衍生出以集体土地所有权为基础的其他相关权利，如征收土地补偿权、优先承包权、土地承包经营权的继承权，以及法律规定的集体所有的土地使用权的抵押等权利。

从以上框架来看，宅基地使用权这么多年在法律上基本没有演化出新的权利形态；集体土地上的建设用地使用权由于受政府的严格管制，也没有形成新的权利形态。从功能上来看，前者由农户居住使用，后者则倾向于集体公用，问题似乎就到此为止，所以没有演化出新的权利形态。而土地承包经营权则是发展的重点，至今已形成自身的权利体系，因为这种权利使土地能够产出效益，是“经营性质”的。既然要经营，就要有效益，为了追求更高的效益，就只能不断调整经营行为，因此在一个领域必须不断求变或者需要不断适应新的经营条件，以提高效益。

在 2002 年《农村土地承包法》颁布之前直至现在，我们还是一直强调土地承包经营权的重要性，一直确保承包年限并确保其继承性。从根源来说，当年把土地发包给各农户，起因是计划经济时的集体劳动挫伤了农民的种田积极性，发包之后农民的种田积极性提高，农地的经营产出因之提升。但随着城乡联系越来越紧密，工商业的发展为农民提供了更多职业选择的机会，部分进城务工的农民种田积极性有所下降，由于过去制度安排的基础在变化，那么如何提高农地的经营水平和产出效益就面临着挑战。简单些说，从土地承包经营权中分置出土地经营权，就是为了解决这个问题。正如有学者所总结的那样，“三权分置”的目的就是“为非农身份主体携带资本进入农业生产提供渠道，满足当前不同阶层农民生存与发展多层次需要，变‘农地

[1] 即宅基地使有权流转，“完善土地经营权和宅基地使用权流转机制”，“深入推进农村土地征收、集体经营性建设用地入市、宅基地制度改革试点”，具体参见 2016 年国务院印发的《国务院关于深入推进新型城镇化建设的若干意见》（国发〔2016〕8 号）

农民用’为‘农地全民用’，‘均田承包’为‘规模经营’，进一步解放‘人’和‘地’，构建一个以‘集体所有、农户承包、多元经营’为特征的新型土地制度”[1]。随着工商业的发展和市场日趋成熟，新分置出来的土地经营权已不能像过去那样仅靠提高经营者的积极性来提高经营水平和产出效益了，而需要通过资本、技术、信息、人才等各种要素在更高层次上组合、流通来提高了。为了实现这一目标，土地经营权还需继续分解，以为各种要素的流通与组合提供条件。

二、学术界对集体土地权利形式与内容的多视角分析

对上述法定权利结构及其变化等问题研究、讨论和分析，一直是学术界尤其是法学界关注集体土地的重点领域，大家主要致力于寻找能够更好地提高农地经营水平和产出效益的权利方案。早在20世纪90年代，就有人提出对农村土地承包经营进行分别赋权，把农地权利理解为一种“权利束”，认为在家庭联产承包责任制的框架下，农村集体土地产权结构被分解为三种权利：其一是土地所有权，其二是承包权，其三是经营权。[2]后来这种分类方式被用以区分三方主体——集体、承包户、第三主体（公司、联营、使用户等）。[3]法学界则有人直接提出三权分离。[4]到2014年，中央一号文件《关于全面深化农村改革加快推进农业现代化的若干意见》对“三权分置”作出了政策性表述：“在落实农村土地集体所有权的基础上，稳定农户承包权、放活土地经营权，允许承包土地的经营权向金融机构抵押融资。”对这一突破性的制度创新获得政策支持，大多学者持支持观点，认为“三权分置”是解

[1] 张力、郑志峰：《推进农村土地承包权与经营权再分离的法制构造研究》，《农业经济问题》2015年第1期，第80页。

[2] 冯玉华、张文方：《论农村土地的“三权分离”》，《经济纵横》1992第9期。

[3] 高圣平：《新型农业经营体系下农地产权结构的法律逻辑》，《法学研究》2014第4期。

[4] 例如，张红宇早在2002年就提出农地产权结构被分解为三种权利：其一是所有权；其二是承包权；其三是经营权（使用权）。参见张红宇：《中国农地调整与使用权流转：几点评论》，《管理世界》2002年第5期。2013年，张红宇进一步界定了“三权分离”的制度内涵，参见张红宇：《农村土地制度需要大的改革和创新》，《农村工作通讯》2013年第18期。

决当前农地“产权困境”的有效探索，符合产权激励的内在要求，兼顾社会“公平”与“效率”，是当前经济发展“新常态”下建设现代农业的创新实践。[1]也有少部分学者提出了对“三权分置”的理论担忧，认为“法律逻辑颠倒了，政策阐释有疑问”，需要从整体性思维“重新审视和构建农地权利体系”，使土地承包经营权成为“真正的财产性权利”，充实其成员权属性。[2]

关于“三权分置”的架构体系，法学界提出了三种不同的学说：一是“集体所有权＋土地承包权＋土地经营权”的架构分置主张，该类学说采用经济学界的观点，也与中央近年来的政策文件及2018年修正的《农村土地承包法》相一致，形成“集体所有权、土地承包权、土地经营权的三元权利体系”。其中，集体所有权是基础，土地承包权是农户维持集体经济组织成员身份的重要内容，土地经营权是包含占有、使用、受限处分、经营收益权能的一种用益物权，三种权利之间是一种双层“母权与子权”的关系。[3]二是“集体所有权＋土地承包经营权＋农业经营主体的土地经营权”的架构分置主张，以承包土地经营主体的不同来界定土地的权利形态，认为对于承包方农户而言权利无须进行分置，其权利还是土地承包经营权，进入承包关系的其他农业主体其权利可称作农业经营主体的土地经营权。[4]三是“集体所有权＋土地承包经营权＋土地承包权＋土地经营权”的四权分置架构，认为集体土地所有权与土地承包经营权是作为物权的基础性权益，承包权变为农民集体经济组织成员的身份权利，而经营权则作为一种债权受流转合同的保护。[5]

学界对“三权分置”中集体土地所有权的属性存在不同的观点。有人认为“三权分置”中集体所有权有别于传统集体所有权，其权能集中表现

---

[1] 耿宁、尚旭东:《产权细分、功能让渡与农村土地资本化创新——基于土地“三权分置”视角》,《东岳论丛》2018年第9期，第162页。

[2] 吴义龙:《“三权分置”论的法律逻辑、政策阐释及制度替代》,《法学家》2016年第4期。

[3] 肖卫东、梁春梅:《农村土地“三权分置”的内涵、基本要义及权利关系》,《中国农村经济》2016第11期。

[4] 高圣平:《承包土地的经营权抵押规则之构建——兼评重庆城乡统筹综合配套改革试点模式》,《法商研究》2016第1期。

[5] 楼建波:《农户承包经营的农地流转的三权分置——一个功能主义的分析路径》,《南开学报（哲学社会科学版）》2016第4期。

为处分权能：设定承包权，或者在承包权、经营权消灭时对农地进行全面支配；承包权具有两权分置下所有权和土地承包经营权的部分权能；经营权则具有土地承包经营权的部分权能。[1]对集体土地所有权的争议是长期的，总体认为农民集体土地所有权的权能残缺不全，甚至被人戏称为“影子所有权”[2]。为此，学界从权利属性角度提出，“农地所有人只是国家实行家庭承包制的政策框架下，对土地进行承包的具体落实者和执行者”[3]。也有学者认为，针对农地所有权的“虚化”状况，对农地所有权权能应在法律上复位。[4]理论上，农民集体有法定的所有权，有权对自己的土地进行占有、使用、收益、处分。但是，事实是，集体土地所有权的收益权利与处分权利不断弱化甚至被取消。[5]因此，不少学者主张要把集体土地所有权的“所有”落到实处，认为农地所有权是财产权，“收益”是其固有属性，包括通过直接利用农地获得收益和在农地上设立他物权获得收益。农地所有权人将土地使用权转让他人，该所有权人应该享有土地在被使用过程中产生的增值。[6]这种争论后来基本统一于党的十八届三中全会通过的《中共中央关于全面深化改革若干重大问题的决定》的政策上，即认为对承包权与经营权进行政策上的分离，并对两束权利分别赋权，即承包农户对承包土地享有承包权即占有、使用、收益和流转权，经营农户对所流入的土地的经营权拥有抵押权和担保权，这样既有利于承包户将承包地放心地流转，也有利于经营户以经营权的收益权做抵押和担保，获得金融支持，从事现代农业。[7]

---

❶ 李国强:《论农地流转中“三权分置”的法律关系》,《法律科学》2015 年第 6 期。

❷ 白呈明:《走出农地所有权困境的现实选择》,《当代法学》2002 第 9 期，第 3 页。

❸ 朱小平:《虚化所有权：我国农地制度变迁的突破口》,《改革与战略》2011 年第 7 期，第 93 页。

❹ 朱显荣:《完善我国农地所有权问题研究》,《武汉大学学报（哲学社会科学版）》2008 第 1 期，第 119 页。

❺ 温世扬、林晓镍:《农村集体土地产权的法律思考》,《法制与社会发展》1997 年第 3 期；邓大才:《论农村土地所有权的归属》,《财经问题研究》2002 年第 2 期。

❻ 陈怡竹:《论农村集体土地所有权的失落与回归》,《科技信息》2008 年第 22 期。

❼ 刘守英:《中共十八届三中全会后的土地制度改革及其实施》,《法商研究》2014 年第 2 期。

在《物权法》出台前后，对土地承包经营权的属性分析，学界有物权说和债权说两种争议。持物权说的又可分为三种主张，即“用益物权说”“权利用益物权说”和“用益物权行使方式说”。持用益物权说的学者坚持认为，土地承包权或土地经营权与土地承包经营权一样都是用益物权。但因为其与承包权共同指向同一所有权的占有、使用、收益权能，使得这一观点在逻辑结构上有违反一物一权原则的弊端。[1]持权利用益物权说的学者将作为被抵押客体的土地承包经营权或土地经营权界定为一种权利的用益物权（或二级用益物权），其所指向的用益物权为土地承包权，但此种观点欠缺法律上的逻辑自洽性。持用益物权行使方式说的学者将土地承包权界定为用益物权，而将作为被抵押的客体土地承包经营权或土地经营权界定为承包权的实现方式，进而形成土地所有权—土地用益物权（承包权）—用益物权的出租（经营权的流转）—经营权出租的收益—收益的流转（转让、入股、质押等）的权利表现束。[2]持债权说观点的学者认为，土地承包经营权是基于农村集体经济组织与农户之间订立的合同而确立，其在本质上是一种联产承包的合同关系，基于合同的相对性，该项权利不能对抗第三人。因此，基于联产承包合同而取得的土地承包经营权具有债权属性。[3]主要理由是土地承包经营权的权利期间的短期性，转让过程中承包人尚不具备自主权，需经得发包人同意。[4]

此外，对“土地承包经营权是否是土地承包权和土地经营权的结合”这一问题，有人认为，土地承包经营权“是单一的独立的用益物权形态，不是承包权和经营权两者相加”[5]；也有人持不同观点，认为土地承包权包含于土地承包经营权之中会导致土地承包经营权的功能超载，妨碍土地承包经营权的有序流转，影响承包人土地权益保护[6]；还有人从权利属性上提出承包权是

---

❶ 李国强:《论农地流转中“三权分置”的法律关系》,《法律科学》2015 第 6 期。

❷ 刘征峰:《农地“三权分置”改革的私法逻辑》,《西北农林科技大学学报》2015 年第 5 期。

❸ 中国社会科学院法学研究所物权法研究课题组:《制定中国物权法的基本思路》,《法学研究》1995 年第 3 期。

❹ 江平主编《中国土地立法研究》，中国政法大学出版社，1999，第 309 页。

❺ 温世扬:《农地流转：困境与出路》,《法商研究》2014 年第 2 期。

❻ 丁文:《论土地承包权与土地承包经营权的分离》,《中国法学》2015 年第 3 期。

成员权和财产权，具有收益和处分的权能；而土地经营权则是以土地承包经营权为存在基础的派生权利，其本身是债权❶，试图从权能上理清土地承包经营权与土地经营权的关系。而把土地承包经营权与土地经营权的关系以“用益物权－次级用益物权”❷架构的方式解决的主张，似更有说服力。

另外，也有研究认为土地经营权存在理论缺陷，提出“既认为‘土地经营权’派生于土地承包经营权（母权），但又赋予子权（‘土地经营权’）以母权尚不具有的权能，这本身就是一个悖论”❸；作为用益物权的土地承包经营权不能再派生出与其性质相似的用益物权，“同一物上不能并存两个以上内容相近的用益物权”❹。有学者甚至认为，土地经营权根本就不是一项独立的权利，经营权只是权能，而“不是独立的民事权利”❺，将土地承包经营权改称为承包权“不但和宪法、物权法规定的农民权利不一致，和数十年来的政策文件不一致”❻，等等。

上述处于变动、争议和探索中的对集体土地权利形式与内容的各种观点，需要在制度探索中予以回应，实际上这些讨论中包含了农地规模经营制度建设的基础性理论问题。经比较发现，更合理的农地“三权”的分置路径应当是，在具有“总有”性质的集体土地所有权之上创设具有成员权性质的土地承包权，借此将集体土地所有权改造为可在实践中经由个人支配的产权形态；将原承包经营权更名为经营权，使之成为去身份化后的用益物权。❼这种主张已于2018年修正的《农村土地承包法》中有所体现。

---

❶ 吴兴国:《承包权与经营权分离框架下债权性流转经营权人权益保护研究》,《江淮论坛》2014年第5期。

❷ 姜楠:《农地三权分置制度法律问题研究》，博士学位论文，吉林大学，2017，第42页。

❸ 单平基:《“三权分置”理论反思与土地承包经营权困境的解决路径》,《法学》2016年第9期，第58页。

❹ 陈小君:《我国农村土地法律制度变革的思路与框架——十八届三中全会〈决定〉相关内容解读》,《法学研究》2014年第4期，第12页。

❺ 申惠文:《农地三权分离改革的法学反思与批判》,《河北法学》2015年第4期，第3页。

❻ 孙宪忠、张静:《推进农地三权分置的核心是经营权物权化》,《光明日报》2017年2月14日第11版。

❼ 陈胜祥:《农地“三权”分置的路径选择》,《中国土地科学》2017年第2期。

三、实践中对集体土地权利形式与内容的各种表述

由于工作和实践中人们往往并不严格区分法定权利、自由、管理用语、政策用语等之间的差别，习惯于把这些不同领域的概念混同使用，往往把权利与能力、利益混同，使我们很难在实践中提炼地方政府在工作中已总结多少关于集体土地方面的权利。再加上近些年随着依法治国深入人心，尤其是政府工作人员对公权力“法无授权不可为”和公民“法无禁止即自由”的基本法治内涵的意识增强，为鼓励、支持公民从事某些事务推动社会发展，把本来公民可以自由去做的事情以“……权利”“有权……”等方式进行引导，使集体土地上权利的实践形态非常复杂，其中有些可能是需要上升为法定权利由法律进行保障的权利形态，在梳理和提炼方面还是很有挑战的。还有就是，经济学上所使用的产权、财产权、股权等概念也存在混同。

与法定的权利相比，自由使用的权利是要通过市场、社会规则来实际获取的，能否得到并没有保障，是博弈的结果；而法定的权利则不同，具备法律设定的条件，就需要予以保障。例如，“农民退休权”如果写进法律，只要农民满足法律设定的条件，他就可以退休，并享受法律设定的权利内容。法定的权利之外所说的权利，往往属于公民自由的权利的范畴。

2018年修正的《农村土地承包法》明确规定了土地经营权，那么具备法定条件享有该项权利的主体依据法律所设定的各项权利内容将受到法律保护。

集体土地权利在地方的工作实践中有各种表述，本书对81份地方农地流转和规模经营的相关规范性文件中的不同表述进行了提取并作了基本的归类，这些表述中包含农地规模经营未来制度化建设的实践性要素：将集体土地权利以“收益、权益”为标准来划分，具体包括土地承包权益、土地经营权益、流转权益、经营所得收益、土地规模经营收益、农业规模经营收益等；将集体土地权利以“产权”为标准来划分，具体包括农村综合产权、农村集体产权、集体土地产权、农田水利设施产权、设施农业地面建筑物产权、农业科研成果产权等；此外，还有以股权、权能为标准进行划分的方式。将“土地经营权”进行细化，可分解为农村土地经营权、村集体机动地经营权、

经营主体再流转土地经营权、农业生产管理设施经营权、承包耕地经营权、农村牧区土地草原流转经营权、离农人口土地承包经营权、“四荒地”承包经营权、茶园经营权、粮田经营权等；将“集体土地流转权”进行细化，可分解为土地流转优先权、土地经营权再流转优先权、优先续约权等。

实践中对集体土地权利的各种分解一直在持续，以 2018 年 9 月出台的《乡村振兴战略规划（2018—2022 年）》为例，其中涉及的各类集体土地权利表述方式就有：“农村集体产权”“农村产权”“农民对集体资产股份的占有、收益、有偿退出及抵押、担保、继承等权能”“农村集体产权权能”“林权”“集体林权”“商品林经营自主权”“农业水权”“用水权、排污权、碳排放权”“农村水利工程产权”“集体收益分配权”“农村集体经营性建设用地出让、租赁、入股权能”“宅基地所有权、资格权、使用权”“农户资格权和农民房屋财产权”“宅基地和农民房屋使用权”“集体经营性建设用地使用权”等。这些关于集体土地权利的概念，基本能够与各地规范性文件中的表述有一定的对应性，但又有所增加和变化。例如，我国全国人大目前还没有在法律中规定“碳排放权”，2020 年生态环境部出台的《碳排放权交易管理办法（试行）》则正式使用该概念并以此为核心概念制定了该规章，此外，该概念主要出现于政府的工作文件和工作实践中。再如，《水法》只出现过一次“取水权”，而没有出现过“水权”概念，国务院发布的《取水许可和水资源费征收管理条例》中使用过三次“取水权”概念，也没有使用过“水权”这个概念。也就是说，“取水权”是个法定概念，而“水权”则不是，但工作和实践中则大量使用“水权”这个概念。“水权”这个概念将来能否在立法中作为一种权利进行设置？或者实践中所使用的“水权”是否与法定的“取水权”相等？这些问题涉及非常复杂的法理与情理、法律规范与社会规范、工作规范的关系问题。

第四节　视角选择：城乡一体化视野中农地规模经营与农业规模经营

一、要素及其流通方式的升级是城乡一体化的基本途径

城乡统筹发展、城乡一体化建设是国家的总体部署，也是我国社会发展的总体趋势，因此，农地规模经营需放置于这样的大背景下分析。农地规模经营是新农村建设和乡村振兴计划的重要内容。城乡一体化建设的战略思路，最为基础的内容是通过城乡的要素性互补，为乡村振兴注入城市的活力和现代要素，推动乡村的发展；乡村则为城市提供人力、土地、旅游休闲、农产品等基础要素；两者要素的互补在各方面畅通之日，其实就是城乡一体化建成之时。

按照国家新型城镇化建设的目标，到 2030 年我国城镇化率将达到 70%。与这一目标不断接近相伴的是，我国的社会结构也将发生根本性的转变。第一阶段是“乡村包围城市”阶段，即农村人口占据多数，大多数人生活在农村，这一阶段已经过去；第二阶段是人口向城市汇集，城镇化率达到 70%，乡村出现了空心化，同时也出现了土地闲置的问题；第三阶段，城市要素向乡村流通的各种制度樊篱逐步解除，农地规模经营的条件逐渐成熟；第四阶段，城乡要素流通自由，城乡一体化建设目标实现。

在这个过程中，农地规模经营发生在第三阶段，即随着城市的发展和人口的转移，优质要素汇集于城市，而乡村出现了人口的空心化和土地的闲置，城市发展有效提升的空间变小，客观上需要城乡一体化，即发展乡村就得发展城市，发展城市就必须发展乡村。在这样的逻辑模型和背景下，农地的规模经营就必须考虑城市因素的进入，最为简单的事例也是最为基础的需求是：70% 的人口集中于城市从事各类行业而不从事农业生产，如此下去粮食供给会受到较大影响，因此，要经营好城市，就必须经营好农村；而农村

人口的减少则使土地相对空置，就需要新的力量填充，在城乡二元结构下，其填充的主力将是城市要素。因此，农地的规模经营和城市要素如何介入，将是需要重点考虑的问题。

二、农地规模经营与农业规模经营的关系

农地规模经营与农业规模经营之间是方式与目标的关系，农地规模经营只是农业规模经营的其中一种方式，且是其中程度较高的一种方式。农地规模经营其实是一种要素集中式的经营模式，一般理解为土地连片的经营模式，但其实这只是最初的简单理解，在实践中则表现为各种生产要素的均等规模分布，经营方式丰富多样；而农业规模经营则不限于土地的连片经营，它是通过要素整合实现的，是比农地规模经营更高的经营模式。也就是说，农地规模经营是为农业规模经营服务的。按照一般的理解，农地规模经营是为了通过增加土地规模的集约经营来获取更多的利润，但在实践中，部分地方也有不改变家庭经营模式，而是通过要素重新组合的方式实现农业规模化经营的，取得了规模效益，如“公司 + 基地 + 农户”的产业发展形式就是为了实现农业规模经营的目的。[1]

这两种经营模式是不同的层次的经营模式，脱离农业规模经营单纯扩大农地经营规模，往往会导致产业的单一化，很难持续发展，最终也会影响整体效益的实现，且抗风险、适用变化的能力较弱。为解决这些问题，还需以更宏大的视野把农地经营与农业经营放置于整体社会结构中去观察与分析。

---

[1] 这种通过对现实观察所得出的结论，也是较准确的现状描述。“农业部统计数据显示，截至2016年6月底，全国承包耕地流转面积达到4.6亿亩，超过承包耕地总面积的1/3，在一些东部沿海地区，流转比例已经超过1/2。全国经营耕地面积在50亩以上的规模经营农户超过350万户，经营耕地面积超过3.5亿多亩……截至2016年10月底，全国依法登记的农民合作社达174.9万家，入社农户占全国农户总数的43.5%。”参见李佳:《农业部：全国承包耕地流转比例已超过三分之一》，http://news.cnr.cn/native/city/20161117/t20161117_523274803.shtml，访问日期：2021年3月20日。

三、城乡经营视野中的农业规模经营与农地规模经营

城乡经营视野实际上是把农业产业链放置于整个社会结构中进行观察的一种思维方式或者分析角度，而不是孤立地分析农业产业链中某些要素或环节。仅就农业生产这一个环节来说，无论其产量多高、效率多高，这一环节的利润都有限，如果一直在这个单环节中谋求提升农业水平进行布局，是很难取得突破性成绩的。城乡经营即城乡一体化建设，是国家战略层面的问题，无论是农业规模经营还是农地规模经营，如果脱离了这一总体战略布局，都将失去基本的方向而发生失误。城乡一体化建设的实质是通过城乡整体要素的提升实现国家整体发展，这是根本性问题。

2015年，中共中央办公厅、国务院办公厅印发的《深化农村改革综合性实施方案》提出："鼓励农民合作社发展农产品加工业务，创新农业产业链组织形式和利益联接机制，构建农户、合作社、企业之间互利共赢的合作模式，让农民更多分享产业链增值收益。"党的十九大后，该种思维主导了《乡村振兴战略规划（2018—2022年）》的制定工作，把农业经营、乡村振兴放置于城乡结构中、全产业链条中进行布局和规划。在目标设定上即体现了这种发展思维："到2022年，乡村振兴的制度框架和政策体系初步健全。国家粮食安全保障水平进一步提高，现代农业体系初步构建，农业绿色发展全面推进；农村一二三产业融合发展格局初步形成，乡村产业加快发展，农民收入水平进一步提高。"并提出："依托现代农业产业园、农业科技园区、农产品加工园、农村产业融合发展示范园等，打造农村产业融合发展的平台载体，促进农业内部融合、延伸农业产业链、拓展农业多种功能、发展农业新型业态等多模式融合发展。加快培育农商产业联盟、农业产业化联合体等新型产业链主体，打造一批产加销一体的全产业链企业集群。推进农业循环经济试点示范和田园综合体试点建设。加快培育一批'农字号'特色小镇，在有条件的地区建设培育特色商贸小镇，推动农村产业发展与新型城镇化相结合。"

中共中央、国务院印发的《乡村振兴战略规划（2018—2022年）》针对

“农产品阶段性供过于求和供给不足并存，农村一二三产业融合发展深度不够，农业供给质量和效益亟待提高”等问题，从城乡产业链角度进行了如下部署：

（1）把握城乡发展格局发生重要变化的机遇，培育农业农村新产业新业态，打造农村产业融合发展新载体新模式，推动要素跨界配置和产业有机融合，让农村一二三产业在融合发展中同步升级、同步增值、同步受益。

（2）坚持城乡融合发展。坚决破除体制机制弊端，使市场在资源配置中起决定性作用，更好发挥政府作用，推动城乡要素自由流动、平等交换，推动新型工业化、信息化、城镇化、农业现代化同步发展，加快形成工农互促、城乡互补、全面融合、共同繁荣的新型工农城乡关系。

（3）顺应城乡居民消费拓展升级趋势，结合各地资源禀赋，深入发掘农业农村的生态涵养、休闲观光、文化体验、健康养老等多种功能和多重价值。遵循市场规律，推动乡村资源全域化整合、多元化增值，增强地方特色产品时代感和竞争力，形成新的消费热点，增加乡村生态产品和服务供给。实施农产品加工业提升行动，支持开展农产品生产加工、综合利用关键技术研究与示范，推动初加工、精深加工、综合利用加工和主食加工协调发展，实现农产品多层次、多环节转化增值。

（4）鼓励行业协会或龙头企业与合作社、家庭农场、普通农户等组织共同营销，开展农产品销售推介和品牌运作，让农户更多分享产业链增值收益。

培育以企业为主导的农业产业技术创新战略联盟，加速资金、技术和服务扩散，带动和支持返乡创业人员依托相关产业链创业发展。整合政府、企业、社会等多方资源，推动政策、技术、资本等各类要素向农村创新创业集聚。

（5）研发绿色智能农产品供应链核心技术，加快培育农业现代供应链主体。加强农商互联，密切产销衔接，发展农超、农社、农企、农校等产销对接的新型流通业态。实施休闲农业和乡村旅游精品工程，发展乡村共享经济等新业态，推动科技、人文等元素融入农业。强化农业生产性服务业对现代农业产业链的引领支撑作用，构建全程覆盖、区域集成、配套完备的新型农业社会化服务体系。

第三章　政策的逻辑：从“两权分置”到“三权分置”的集体土地政策供给分析

第一节　历史逻辑：“两权分置”的制度框架评述

“两权分置”是相对于1956年到1978年这段历史中农村计划经济模式而言的，在这段历史中，农村的集体土地所有权者既是经营主体又是管理主体，所有权的各项权能皆集中于所有权主体和政府。而1978年在“两权分置”基础上展开的家庭联产承包责任制，使部分经营权从所有权中分离出来，即土地承包经营权从所有权中分离出来以家庭为单位从事经营。这种模式后来通过各种实践总结和政策探索，最终于2002年以《农村土地承包法》的方式固定下来。该法是在当时“为稳定和完善以家庭承包经营为基础、统分结合的双层经营体制，赋予农民长期而有保障的土地使用权，维护农村土地承包当事人的合法权益”而制定的，目的在于“促进农业、农村经济发展和农村社会稳定”。在权利主体上，明确“农村集体经济组织成员有权依法承包由本集体经济组织发包的农村土地”，而排除了农村集体经济组织成员以外的主体，使集体土地承包经营权成为农村集体经济组织成员享有的一种身份权；在土地的用途方面，严格限制于农业范围即“用于农业的土地”，“未经依法批准不得将承包地用于非农建设”。但该法同时也为后来的“三权分置”留下了法律空间，即该法第10条规定“国家保护承包方依法、自愿、有偿地进行土地承包经营权流转”，第32条规定“通过家庭承包取得的土地承包经营权可以依法采取转包、出租、互换、转让或者其他方式流转”，为实践中各地的探索奠定了法律基础。在流转用途上严格限制于“土地的农业用途”，并要求“受让方须有农业经营能力”，同时设定了“在同等条件下，本集体经济组织成员享有优先权”。

2018年修正的《农村土地承包法》第9条规定“承包方承包土地后，享有土地承包经营权，可以自己经营，也可以保留土地承包权，流转其承包地的土地经营权，由他人经营”，该条明确了土地经营权的地位。该法第10条则明确了土地经营权人的地位，“保护土地经营权人的合法权益，任何组织和个人不得侵犯”。该法第二章设置了“土地承包经营权的保护和互换、转让”作为第四节的标题，专门规定土地承包经营权的流转事宜；并专设第五节“土地经营权”，基本的立法思路是把土地经营作为一种民事行为进行规定，其核心是流转合同的规范化，这显然是《物权法》上把土地经营权作为用益物权和债权对待的延续。本次修法的重点是以“三权分置”改变过去“两权分置”的制度架构，以深化农村土地制度改革，适应农村生产关系提出的新要求。

第二节　政策现状：“三权分置”的政策形成过程

2013年，党的十八届三中全会重申土地承包经营权中的土地承包权和土地经营权分离，从党的最高文件层面正式确定“三权分置”的改革决策，这也成为我国新一轮农村土地体制改革的基本方向。“三权分置”是在20世纪80年代“两权分置”基础上的深化改革方案。2014年，中央一号文件《关于全面深化农村改革加快推进农业现代化的若干意见》对“三权分置”进一步表述为“在落实农村土地集体所有权的基础上，稳定农户承包权、放活土地经营权”。学界长期关于农村土地承包经营权属性的公私法争论，至此也逐渐开始超越公私法之争，而把更多的研究精力转向对中国社会自身逻辑的关注。

从“两权分置”到“三权分置”，我国自1978年以来进行了长期的实践探索，其间经过总结形成了大量的制度性探索文件，当时是为了解决实践中遇到的问题，但同时为建立农地经营制度积累了宝贵的经验。从总体上看，该类制度性探索经历了四个阶段，现整理如下：

第一阶段（1979—1993 年）农地三权分置政策的初步探索。以坚持和完善家庭联产承包责任制为主要任务，从农地使用权的绝对禁止转让到法律确立农户土地使用权可依法转让。

第二阶段（1994—2006 年）农地三权分置政策的进一步探索。明确实行以家庭承包责任制为基础，统分结合的双层经营体制，正式通过法律的形式保障农户的土地承包经营权和农地流转权利。

第三阶段（2007—2013 年）。自 2007 年起，农民种地不用上缴农业税，农地经营权和所有权完成了相对的分离，这标志着家庭联产承包责任制向家庭承包责任制的过渡，也标志着所有权和经营权相对而言的真正分离。[1]

第四阶段（2014—2018 年）正式提出农地三权分置。2014 年后农地政策虽然整体仍然坚持家庭承包经营模式，但是，在所有权和经营权分离的基础上准备推进农地所有权、承包权和经营权三权分离的进程。[2]

以上四个阶段“三权分置”的具体政策演变过程如表 3-1 所示。

表 3-1　1979—2018 年“三权分置”的政策演变过程

演变阶段	时间	文件名称	关联内容
第一阶段（1979—1993 年）	1979	《中共中央关于加快农业发展若干问题的决定》	集体所有、家庭经营的农地制度开始渐次取代公社型集体所有制
	1983	《当前农村经济政策的若干问题》	高度评价了家庭联产承包责任制并全面推行，提出统分结合的双层经营体制

❶ 杨正万:《农地三权分置：政策变迁、理论前沿和规范设计》,《贵州民族大学学报（哲学社会科学版）》2018 年第 4 期，第 133 页。

❷ 杨正万:《农地三权分置：政策变迁、理论前沿和规范设计》,《贵州民族大学学报（哲学社会科学版）》2018 年第 4 期，第 133 页。

续表

演变阶段	时间	文件名称	关联内容
第一阶段（1979—1993年）	1984	《中共中央关于一九八四年农村工作的通知》	农地使用权绝对禁止转让的政策有了松动的迹象。通知指出，鼓励土地逐步向种田能手集中。社员在承包期内，因无力耕种或者转营他业而要求不包或少包土地的，可以将土地交给集体统一安排，也可以经集体同意，由社员自找对象协商转包，但不能擅自改变集体承包合同的内容
	1986	《中华人民共和国民法通则》	首次提出“承包经营权”的概念，界定为“财产权”，同时规定“土地不得买卖、出租、抵押或者以其他形式非法转让”
	1986	《中华人民共和国土地管理法》	明确规定了土地的承包经营权受法律保护，同时规定土地不得买卖、侵占、出租或者以其他形式非法转让
	1988	《中华人民共和国土地管理法》（修正）	增加了“国有土地和集体所有的土地的使用权可以依法转让”的规定
	1988	《中华人民共和国宪法修正案》	明确规定了土地的使用权可以依照法律的规定转让
	1993	《中华人民共和国宪法修正案》	确认了家庭联产承包责任制的法律地位
	1993	《中华人民共和国农业法》	稳定家庭联产承包责任制，完善统分结合的双层经营体制。规定农民对承包地的转包、转让、优先承包和继承权。明确了农地可以经发包方同意转让给第三者
	1993	《中共中央　国务院关于当前农业和农村经济发展的若干政策措施》（中发〔1993〕11号）	1. 在原定的承包期到期之后，再延长三十年不变，提倡在承包期内实行“增人不增地、减人不减地”。 2. 少数第二、第三产业比较发达，大部分劳动力转向非农产业并有稳定收入的地方，可以从实际出发，尊重农民的意愿，对承包土地作必要的调整，实行适度的规模经营。 3. 在坚持土地集体所有和不改变土地用途的前提下，经发包方同意，允许土地的使用权依法有偿转让
	1993	《中共中央关于建立社会主义市场经济体制若干问题的决定》	在坚持土地集体所有的前提下，延长耕地承包期，允许继承开发性生产项目的承包经营权，允许土地使用权依法有偿转让

续表

演变阶段	时间	文件名称	关联内容
第二阶段（1994—2006年）	1995	《国务院批转农业部关于稳定和完善土地承包关系意见的通知》（国发〔1995〕7号）	明确了农户对农地流转的权利： 1. 建立土地承包经营权流转机制。在坚持土地集体所有和不改变土地农业用途的前提下，经发包方同意，允许承包方在承包期内，对承包标的依法转包、转让、互换、入股。 2. 土地承包经营权流转的形式、经济补偿，应由双方协商，签订书面合同，并报发包方和农业承包合同管理机关备案。 3. 各地要制定土地承包经营权转让费最高限额。债务人不得以土地抵顶债款。 4. 在二、三产业比较发达、大部分劳动力转向非农产业并有稳定收入、农业社会化服务体系比较健全的地方，在充分尊重农民意愿的基础上，可以采取多种形式，适时加以引导，发展农业适度规模经营
	1995	国务院批转农业部《关于稳定和完善土地承包关系的意见》（国发〔1995〕7号）	1. 明确了可以建立农地转让的机制。 2. 延长土地承包期和进行必要的土地调整时，不得随意提高承包费。 3. 保护继承人的合法权益。承包人以个人名义承包的土地（包括耕地、荒地、果园、茶园、桑园等）、山岭、草原、滩涂、水面及集体所有的畜禽、水利设施、农机具等，如承包人在承包期内死亡，该承包人的继承人可以继续承包，承包合同由继承人继续履行，直至承包合同到期
	1995	《中华人民共和国担保法》	进一步具体明确了农地转让的方式，即农地可以抵押
	1997	《中共中央办公厅　国务院办公厅关于进一步稳定和完善农村土地承包关系的通知》（中办发〔1997〕16号）	少数经济发达地区，农民自愿将部分“责任田”的使用权有偿转让或交给集体实行适度规模经营，这属于土地使用权正常流转的范围，应当允许
	1998	《中华人民共和国土地管理法》（修订）	1.农民集体所有的土地由本集体经济组织的成员承包经营，在土地承包经营期限内，对个别承包经营者之间承包的土地进行适当调整的，必须经村民会议2/3以上成员或者2/3以上村民代表的同意，并报乡（镇）人民政府和县级人民政府农业行政主管部门批准。 2. 农民集体所有的土地，可以由本集体经济组织以外的单位或者个人承包经营，从事种植业、林业、畜牧业、渔业生产

续表

演变阶段	时间	文件名称	关联内容
第二阶段（1994—2006年）	1999	国务院办公厅转发国务院三峡工程建设委员会办公室、移民开发局《关于做好三峡工程库区农村移民外迁安置工作若干意见的通知》（国办发〔1999〕99号）	迁入地人民政府要给外迁农村移民及时颁发土地承包经营权证，落实土地承包权、生产自主权和经营收益权
	1999	《中华人民共和国宪法修正案》	正式确立以家庭承包经营为基础、统分结合的双层经营体制的法律地位
	2000	《国务院办公厅关于重庆市巫山县部分乡镇铲苗种烟违法伤农事件的情况通报》（国办发〔2000〕41号）	要尊重和切实保障农民的土地承包权和生产经营自主权
	2001	《国务院关于印发中国妇女发展纲要和中国儿童发展纲要的通知》（国发〔2001〕18号）	农村妇女享有与居住地男子平等的土地承包权、生产经营权、宅基地分配权、土地补偿费、股份分红等权利
	2001	《中共中央关于做好农户承包地使用权流转工作的通知》（中发〔2001〕18号）	1. 在承包期内，农户对承包的土地有自主的使用权、收益权和流转权，有权依法自主决定承包地是否流转和流转的形式。 2. 土地使用权的流转应当是有偿的。土地流转的转包费、转让费和租金等，应由农户与受让方或承租方协商确定，流转的收益应归农户所有，任何组织和个人不得擅自截留、扣缴。 3. 中央不提倡工商企业长时间、大面积租赁和经营农户承包地，地方也不要动员和组织城镇居民到农村租赁农户承包地。 4. 外商在我国租赁农户承包地，必须是农业生产、加工企业或农业科研推广单位，其他企业或单位不准租赁经营农户承包地。已经租赁承包地的，要进行清理，加以规范
	2002、2009	《中华人民共和国农村土地承包法》	1. 正式通过法律的形式保障农户的土地承包经营权和农地流转权利。 2. 集体土地承包经营权是农村集体经济组织成员享有的一种身份权

续表

演变阶段	时间	文件名称	关联内容
第二阶段（1994—2006年）	2002	《农业部关于贯彻落实〈中共中央关于做好农户承包地使用权流转工作的通知〉的通知》（农经发〔2002〕5号）	家庭联产责任制向家庭承包经营转变。农村土地归农民集体所有，实行农户家庭承包经营，允许土地使用权合理流转，不得进行买卖
	2003	《中华人民共和国农村土地承包经营权证管理办法》（农业部令第33号）	1. 农村土地承包经营权证是农村土地承包合同生效后，国家依法确认承包方享有土地承包经营权的法律凭证。农村土地承包经营权证只限承包方使用。 2. 承包期内，承包方采取转包、出租、入股方式流转土地承包经营权的，不须办理农村土地承包经营权证变更。采取转让、互换方式流转土地承包经营权的，当事人可以要求办理农村土地承包经营权证变更登记。因转让、互换以外的其他方式导致农村土地承包经营权分立、合并的，应当办理农村土地承包经营权证变更
	2003	《中共中央　国务院关于促进农民增加收入若干政策的意见》（中发〔2004〕1号）	稳定农业生产，促进农业增收，保护农民的土地承包经营权（此后连续多年发布关于“三农”问题的一号文件）
	2005	《农村土地承包经营权流转管理办法》（农业部令第47号）	1. 承包方有权依法自主决定承包土地是否流转、流转的对象和方式。任何单位和个人不得强迫或者阻碍承包方依法流转其承包土地。 2. 农村土地承包经营权流转收益归承包方所有，任何组织和个人不得侵占、截留、扣缴。 3. 承包方自愿委托发包方或中介组织流转其承包土地的，应当由承包方出具土地流转委托书。委托书应当载明委托的事项、权限和期限等，并有委托人的签名或盖章。没有承包方的书面委托，任何组织和个人无权以任何方式决定流转农户的承包土地。 4. 农村土地承包经营权流转的受让方可以是承包农户，也可以是其他按有关法律及有关规定允许从事农业生产经营的组织和个人。在同等条件下，本集体经济组织成员享有优先权。受让方应当具有农业经营能力。 5. 承包方与受让方达成流转意向后，以转包、出租、互换或者其他方式流转的，承包方应当及时向发包方备案；以转让方式流转的，应当事先向发包方提出转让申请。 6. 受让方将承包方以转包、出租方式流转的土地实行再流转，应当取得原承包方的同意

续表

演变阶段	时间	文件名称	关联内容
第三阶段（2007—2013年）	2008	《中共中央关于推进农村改革发展若干重大问题的决定》（中发〔2008〕16号）	“发展多种形式的适度规模经营。有条件的地方可以发展专业大户、家庭农场、农民专业合作社等规模经营主体”，指明了农业规模化经营的发展方向
	2012	《坚定不移沿着中国特色社会主义道路前进 为全面建成小康社会而奋斗——在中国共产党第十八次全国代表大会上的报告》	发展多种形式规模经营，构建集约化、专业化、组织化、社会化相结合的新型农业经营体系，加快发展现代农业
	2013	习近平总书记在视察武汉农村综合产权交易所时提出[1]	深化农村改革，完善农村基本经营制度，要好好研究农村土地所有权、承包权、经营权三者之间的关系
	2013	《中共中央关于全面深化改革若干重大问题的决定》	以“三权分置”完善农地所有权和承包经营权分离的权利结构： 1. 重申土地承包经营权的土地承包权和土地经营权分离，开启了新一轮农村土地权利制度改革。 2. 赋予农民对集体资产股份占有、收益、有偿退出及抵押、担保、继承权。 3. 完善产权保护制度，健全归属清晰、权责明确、保护严格、流转顺畅的现代产权制度
	2013	中央农村工作会议	坚持农地的集体所有权、保障农户的土地承包权、放活土地经营权
第四阶段（2014—2018年）	2014	中共中央、国务院印发《关于全面深化农村改革加快推进农业现代化的若干意见》（中发〔2014〕1号）	将“三权分置”进一步表述为“在落实农村土地集体所有权的基础上，稳定农户承包权、放活土地经营权”

[1] 朱道林:《“三权分置”的理论实质与路径》,《改革》2017年第10期，第117页。

续表

演变阶段	时间	文件名称	关联内容
第四阶段（2014—2018年）	2014	中共中央办公厅、国务院办公厅印发《关于引导农村土地经营权有序流转发展农业适度规模经营的意见》（中办发〔2014〕61号）	坚持农村土地集体所有，实现所有权、承包权、经营权三权分置，引导土地经营权有序流转。土地经营权被正式列入农村土地制度改革层面，将农地三权分置确立为实现农地规模化经营的具体政策措施
	2014	《国务院办公厅关于引导农村产权流转交易市场健康发展的意见》（国办发〔2014〕71号）	现阶段通过市场流转交易的农村产权包括承包到户的和农村集体统一经营管理的资源性资产、经营性资产等，以农户承包土地经营权、集体林地经营权为主，不涉及农村集体土地所有权和依法以家庭承包方式承包的集体土地承包权，具有明显的资产使用权租赁市场的特征
	2014	《国务院批转发展改革委关于2014年深化经济体制改革重点任务意见的通知》（国发〔2014〕18号）	探索农村土地集体所有制的有效实现形式，落实集体所有权、稳定农户承包权、放活土地经营权，引导承包地经营权有序流转，赋予承包地经营权抵押、担保权能，扩大农村承包土地确权登记范围
	2014	《国务院关于进一步推进户籍制度改革的意见》（国发〔2014〕25号）	1. 土地承包经营权是法律赋予农户的用益物权，集体收益分配权是农民作为集体经济组织成员应当享有的合法财产权利。 2. 进城落户农民是否有偿退出“三权”，应根据党的十八届三中全会精神，在尊重农民意愿前提下开展试点。现阶段，不得以退出土地承包经营权、宅基地使用权、集体收益分配权作为农民进城落户的条件
	2014	《不动产登记暂行条例》	“下列不动产权利，依照本条例的规定办理登记：（一）集体土地所有权；……（四）耕地、林地、草地等土地承包经营权”
	2015	《中共中央　国务院关于加大改革创新力度加快农业现代化建设的若干意见》（中发〔2015〕1号）	推进农村集体产权制度改革，推进农村土地制度改革试点。抓紧修改农村土地承包方面的法律，明确现有土地承包关系保持稳定并长久不变的具体实现形式，界定农村土地集体所有权、农户承包权、土地经营权之间的权利关系

续表

演变阶段	时间	文件名称	关联内容
第四阶段（2014—2018年）	2015	《深化农村改革综合性实施方案》	在农村耕地实行所有权、承包权、经营权“三权分置”的基础上，按照依法自愿有偿原则，引导农民以多种方式流转承包土地的经营权，以及通过土地经营权入股、托管等方式，发展多种形式的适度规模经营
	2015	《关于财政支持建立农业信贷担保体系的指导意见》（财农〔2015〕121号）	财政出资建立的农业信贷担保机构，对从事粮食生产和农业适度规模经营的新型经营主体的农业信贷担保余额不得低于总担保规模的70%
	2015	《国务院关于开展农村承包土地的经营权和农民住房财产权抵押贷款试点的指导意见》（国发〔2015〕45号）	以落实农村土地的用益物权、赋予农民更多财产权利为出发点，深化农村金融改革创新，稳妥有序开展“两权”抵押贷款业务，有效盘活农村资源、资金、资产，增加农业生产中长期和规模化经营的资金投入
	2015	《深化农村改革综合性实施方案》	1. 落实集体所有权，就是落实“农民集体所有的不动产和动产，属于本集体成员集体所有”的法律规定，明确界定农民的集体成员权，明晰集体土地产权归属，实现集体产权主体清晰。稳定农户承包权，就是要依法公正地将集体土地的承包经营权落实到本集体组织的每个农户。放活土地经营权，就是允许承包农户将土地经营权依法自愿配置给有经营意愿和经营能力的主体，发展多种形式的适度规模经营。 2. 在农村耕地实行所有权、承包权、经营权“三权分置”的基础上，按照依法自愿有偿原则，引导农民以多种方式流转承包土地的经营权，以及通过土地经营权入股、托管等方式，发展多种形式的适度规模经营。 3. 鼓励和支持工商企业发展适合企业化经营的现代种养业、农产品加工流通和农业社会化服务，向农业输入现代生产要素和经营模式。探索建立工商资本农地租赁风险保障金制度
	2015	《中共中央 国务院关于落实发展新理念加快农业现代化实现全面小康目标的若干意见》（中发〔2016〕1号）	提出“稳定农村土地承包关系，落实集体所有权，稳定农户承包权，放活土地经营权，完善‘三权分置’办法，明确农村土地承包关系长久不变的具体规定”。强调以适度规模经营来实现农业现代化

续表

演变阶段	时间	文件名称	关联内容
第四阶段（2014—2018 年）	2016	《国务院关于深入推进新型城镇化建设的若干意见》（国发〔2016〕8 号）	鼓励试点地区有序建立进城落户农民农村土地承包权、宅基地使用权、集体收益分配权依法自愿有偿退出机制
	2016	《农村承包土地的经营权抵押贷款试点暂行办法》（银发〔2016〕79 号）	1. 农村承包土地的经营权抵押贷款试点坚持不改变土地公有制性质、不突破耕地红线、不损害农民利益、不层层下达规模指标。 2. 符合本办法第 6 条、第 7 条规定条件、通过家庭承包方式依法取得土地承包经营权和通过合法流转方式获得承包土地的经营权的农户及农业经营主体（以下称借款人），均可按程序向银行业金融机构申请农村承包土地的经营权抵押贷款
	2016	《国务院关于实施支持农业转移人口市民化若干财政政策的通知》（国发〔2016〕44 号）	1. 维护进城落户农民土地承包权、宅基地使用权、集体收益分配权。地方政府不得强行要求进城落户农民转让在农村的土地承包权、宅基地使用权、集体收益分配权，或将其作为进城落户条件。支持引导其依法自愿有偿转让上述权益，促进有能力在城镇稳定就业和生活的常住人口有序实现市民化，并与城镇居民享有同等权利。 2. 要通过健全农村产权流转交易市场，逐步建立进城落户农民在农村的相关权益退出机制
	2016	《关于完善农村土地所有权承包权经营权分置办法的意见》	坚持农村土地集体所有，严格保护农户承包权，任何组织和个人都不能取代农民家庭的土地承包地位，都不能非法剥夺和限制农户的土地承包权。加快放活土地经营权，在依法保护集体所有权和农户承包权的前提下，平等保护经营主体依流转合同取得的土地经营权，保障其有稳定的经营预期。围绕正确处理农民和土地关系这一改革主线，不断探索农村土地集体所有制的有效实现形式
	2016	《中共中央　国务院关于稳步推进农村集体产权制度改革的意见》	1. 围绕深化以所有权、承包权、经营权“三权分置”为重点的农村土地制度改革，服务完善农村基本经营制度，更好地维护农民集体、承包农户、经营主体的权益。 2. 落实农民的土地承包权、宅基地使用权、集体收益分配权和对集体经济活动的民主管理权利，形成有效维护农村集体经济组织成员权利的治理体系
	2016	《国务院办公厅关于完善支持政策促进农民持续增收的若干意见》（国办发〔2016〕87 号）	实行农村土地所有权、承包权、经营权分置并行。有效维护进城落户农民土地承包权、宅基地使用权、集体收益分配权，支持引导其依法自愿有偿转让上述权益

续表

演变阶段	时间	文件名称	关联内容
第四阶段（2014—2018 年）	2016	《国家人口发展规划（2016—2030 年）》（国发〔2016〕87 号）	顺应农民保留土地承包权、流转土地经营权的意愿，实行所有权、承包权、经营权分置并行，探索建立进城落户农民土地承包权、宅基地使用权、集体收益分配权维护和自愿有偿退出机制
	2016	《中共中央 国务院关于深入推进农业供给侧结构性改革 加快培育农业农村发展新动能的若干意见》（中发〔2017〕1 号）	大力培育新型农业经营主体和服务主体，通过经营权流转、股份合作、代耕代种、土地托管等多种方式，加快发展土地流转型、服务带动型等多种形式规模经营。深化农村集体产权制度改革，落实农村土地集体所有权、农户承包权、土地经营权“三权分置”办法，加快推进农村承包地确权登记颁证，扩大整省试点范围
	2017	《“十三五”促进就业规划》（国发〔2017〕10 号）	支持部分试点地区开展农村承包土地的经营权抵押贷款试点
	2017	《农业部关于加快推进农村承包地确权登记颁证工作的通知》（农经发〔2017〕1 号）	已向中央提交基本完成报告的省份要结合确权成果应用转化，推进农村集体产权制度改革和“三权分置”有序实施；加快建立健全承包合同网签及承包合同取得权利、登记记载权利、证书证明权利的土地承包经营权登记制度；加快农村承包地确权登记颁证数据的入库、汇交、更新与应用，推进信息应用平台建设和使用；妥善处理未确权等遗留问题和群众信访问题
	2017	《2017 年政务公开工作要点》（国办发〔2017〕24 号）	加大强农惠农政策公开力度，深入解读承包土地“三权分置”、农村产权制度改革、农村集体资产清产核资、农业补贴、农村劳动力转移就业、农民工返乡创业等政策措施，通过编印操作手册、组织专题培训、驻村干部讲解等方式，真正让农民群众看得到、听得懂。推动地方政府及时公开农村土地承包经营权确权登记颁证等工作进展情况，方便农民群众知情、参与和监督
	2017	《国务院批转国家发展改革委关于2017年深化经济体制改革重点工作意见的通知》（国发〔2017〕27 号）	1. 细化和落实农村土地“三权分置”办法，培育新型农业经营主体和服务主体。开展土地经营权入股发展农业产业化经营试点。全面开展农村集体资产清产核资，明晰产权归属，稳妥有序、由点及面推进农村集体经营性资产股份合作制改革。 2. 稳妥推进农村承包土地的经营权和农民住房财产权抵押贷款试点

续表

演变阶段	时间	文件名称	关联内容
第四阶段（2014—2018年）	2017	《决胜全面建成小康社会 夺取新时代中国特色社会主义伟大胜利——在中国共产党第十九次全国代表大会上的报告》	深化农村土地制度改革，完善承包地“三权”分置制度，保持土地承包关系稳定并长久不变，第二轮土地承包到期后再延长30年
	2017	《中华人民共和国农村土地承包法修正案（草案）》	将土地承包经营权分解为土地承包权和土地经营权
	2018	《中共中央 国务院关于实施乡村振兴战略的意见》（中发〔2018〕1号）	全面完成土地承包经营权确权登记颁证工作，实现承包土地信息联通共享。完善农村承包地“三权分置”制度，在依法保护集体土地所有权和农户承包权前提下，平等保护土地经营权。农村承包土地经营权可以依法向金融机构融资担保、入股从事农业产业化经营。实施新型农业经营主体培育工程，培育发展家庭农场、合作社、龙头企业、社会化服务组织和农业产业化联合体，发展多种形式适度规模经营
	2018	《农业部关于大力实施乡村振兴战略加快推进农业转型升级的意见》（农发〔2018〕1号）	完善农村承包地“三权分置”制度，在依法保护集体土地所有权和农户承包权前提下，平等保护土地经营权。推动落实农村承包土地经营权可以依法向金融机构融资担保、入股发展农业产业化经营政策。加强土地经营权流转交易市场规范建设，研究建立土地经营权流转合同网签备案制度。建立健全工商企业等社会资本流转土地经营权的资格审查、项目审核和风险防范制度。加强农村土地承包调解仲裁体系建设，完善纠纷调处机制。维护进城落户农民土地承包权，引导其依法自愿有偿转让
	2018	《2018年农村经营管理工作要点》（农办经〔2018〕1号）	完善承包地“三权分置”制度。在依法保护集体所有权和农户承包权的前提下，平等保护土地经营权。保持农村土地承包关系稳定并长久不变，研究制定落实土地承包期再延长30年的政策。推动修订农村土地承包法，完善农村土地流转管理办法，健全工商企业等社会资本流转土地经营权的资格审查、项目审核和风险防范制度。继续开展土地承包权有偿退出、土地经营权抵押贷款试点

续表

演变阶段	时间	文件名称	关联内容
第四阶段（2014—2018年）	2018	《中华全国供销合作总社关于深入贯彻落实中央一号文件大力推动乡村振兴的实施意见》（供销经字〔2018〕7号）	围绕促进适度规模经营，加快打造更加完备的农业社会化服务体系。顺应农村土地“三权分置”改革、第二轮土地承包到期后再延长三十年的新形势，发挥供销合作社综合服务优势，积极创新和优化服务供给，加快打造综合性、规模化、可持续的为农服务体系，推进适度规模经营，促进农业农村现代化
	2018	《中华人民共和国农民专业合作社法》（2017年修订）	适应农民财产多样化和土地承包经营权“三权分置”的发展趋势，允许以土地经营权、林权等作价出资
	2018	《农业农村部对十三届全国人大一次会议第1167号建议的答复》（农办议〔2018〕311号）	1. 完善“三权分置”法律法规，加快农村土地承包法等相关法律修订完善工作。 2. 配合完善农村土地承包法律政策，按时保质完成承包地确权登记颁证工作，健全监管机制，引导土地经营权有序流转，加快健全新型农业经营主体政策扶持体系，切实推进农地制度完善和现代农业发展
	2018	《农业农村部关于政协十三届全国委员会第一次会议第0732号（农业水利096号）提案答复的函》（农办案〔2018〕82号）	完善“三权分置”法律法规，加快农村土地承包法等相关法律修订完善工作，认真研究农村集体经济组织、家庭农场等相关法律问题，研究健全农村土地经营权流转、抵押贷款和农村土地承包权退出等方面的具体办法。下一步，农业农村部将继续推动相关工作，按时保质完成承包地确权登记颁证工作，健全监管机制，引导土地经营权有序流转，完善农村承包地法律法规体系
	2018	《乡村振兴战略规划（2018—2022年）》	全面完成土地承包经营权确权登记颁证工作，完善农村承包地“三权分置”制度，在依法保护集体所有权和农户承包权前提下，平等保护土地经营权。建立农村产权交易平台，加强土地经营权流转和规模经营的管理服务。加强农用地用途管制
	2018	《国家发展改革委办公厅关于总结推广第二批国家新型城镇化综合试点阶段性成果的通知》（发改办规划〔2018〕1453号）	探索农民权益自愿有偿退出机制。维护进城落户农民土地承包权、宅基地使用权、集体收益分配权，支持引导其依法自愿有偿转让上述权益。完善农村承包地“三权分置”，在依法保护集体所有权和农户承包权前提下，平等保护并进一步放活土地经营权，允许入股从事农业产业化经营。完善农村土地征收制度，缩小征地范围，规范征地程序

第三节　制度需求：“三权分置”基础上农地规模经营制度化的动力

《中华人民共和国国民经济和社会发展第十四个五年规划和2035年远景目标纲要》对农地规模化经营在制度上提出更高的要求：“依法保障进城落户农民农村土地承包权、宅基地使用权、集体收益分配权，建立农村产权流转市场体系，健全农户‘三权’市场化退出机制和配套政策”，“建立健全城乡统一的建设用地市场，统筹推进农村土地征收、集体经营性建设用地入市、宅基地制度改革”，“巩固完善农村基本经营制度，落实第二轮土地承包到期后再延长30年政策，完善农村承包地所有权、承包权、经营权分置制度，进一步放活经营权。发展多种形式适度规模经营，加快培育家庭农场、农民合作社等新型农业经营主体，健全农业专业化社会化服务体系，实现小农户和现代农业有机衔接。深化农村宅基地制度改革试点，加快房地一体的宅基地确权颁证，探索宅基地所有权、资格权、使用权分置实现形式。积极探索实施农村集体经营性建设用地入市制度”。

“三权分置”作为一种指导土地制度改革的重要理论，它是“既符合马克思土地产权理论逻辑、也遵循中国土地制度变革历史逻辑的一种重要理论创新”[1]。但其付诸实践并以制度化的方式建构起来，还有很多问题需要进一步研究和分析。无疑，土地经营权分离出来后，为土地流转提供了法理基础，“土地经营权是‘三权分置’改革的主要抓手，核心是搞活农村土地经营权，通过促进农村土地流转，带动农村资源要素合理配置，推动土地适度规模经营，促进农业现代化实现。”[2]其基本逻辑思路是：土地经营权流转为农地规模化经营提供条件，农地规模经营使用效率得到提高，遇到的农业发展

[1] 熊金武：《农村土地三权分置改革的理论逻辑与历史逻辑》，《求索》2018年第4期，第86页。

[2] 王锋：《新时期中国农地制度变革及三权分置完善研究》，《中国集体经济》2018年第34期，第59页。

问题得到解决。尽管实践中早就有土地承包经营权流转的实践，甚至 2002 年的《农村土地承包法》中也为该流转提供了法律依据，但作为一种过去没有使用过的“土地经营权”，这是一种将通过法律设定的新型权利，必须按照权利自身运行的社会规律和已有的类似社会实践去判断和验证其合理性及将来可能出现的各种情况。任何制度设计一旦付诸实施，都会随着时间和社会实践的不断挑战而面临新的制度性困局，因此，在制度设计之初，需要慎之又慎。

土地经营权在社会主体之间的流转是否一定会导致农地规模经营的结果，农地的规模经营是否就是农地的集中连片经营，甚至规模经营是否就是最有效率的经营模式等问题，都需要未来的制度予以回答。权利是通过法律对社会关系的调整而确认的，就土地经营权而言，是实践中因城市化进程加速、从事农业经营的人减少且原来以家庭为单位的农地经营者对农地的依赖减小而出现的，但无论是粮食安全的需要还是环境改善的需要都使农地作为基础性资源的地位越发重要。建立在土地经营权基础上的农地规模经营方案如果转化为法律上的制度，至少需要明确如下问题：需要农地规模经营的主体是哪些？哪些农地适宜规模经营？哪些主体为规模经营供地？由分散经营到规模经营的制度程序是什么？在土地流转和规模经营中的权利义务如何配置？这些问题都需要在制度构建之前予以回答。

第四节　社会需求：基于对农村土地经营需求的社会调查分析

2021 年 1 月中旬，笔者在参加最高人民法院重大司法课题研究的过程中，组织人员对农村土地经营需求进行了一次网络社会调查，专门设计了调查问卷，通过互联网进行了随机调查，共计收回有效问卷 672 份。现对调查结果做如下分析。

一、调查对象年龄分布情况

672 位调查对象以 20 ~ 30 岁的年轻人为主（这或许与年轻人网络使用程度较高有一定关系），约占 69%，30 ~ 40 岁的约占 19%，40 ~ 50 岁的约占 7%，50 岁以上的约占 4%，如图 3-1 所示。这种调查对象年龄分布情况，使本次调查成为主要反映中青年尤其是青年对农地经营、承包地纠纷等问题态度的调查，分析结果更具未来趋势性的特点。

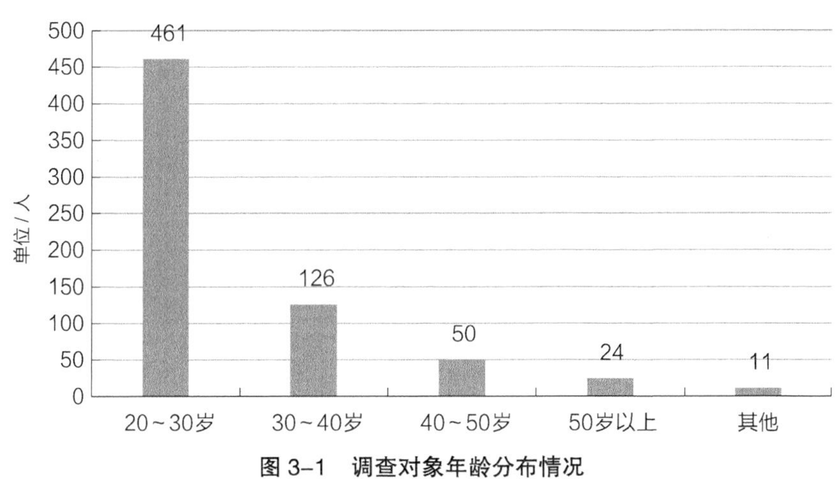

图 3-1　调查对象年龄分布情况

二、调查对象职业分布情况

与年龄分布情况相一致，本次调查的职业分布情况以大学生为主，占 46%，企业人员占 18%，国家机关人员占 13%，事业单位人员占 8%，农民占 3%，其他人员占 12%，如图 3-2 所示。总体上看，大学生和企业人员关注并主动填写调查问题，共同占比接近 20 ~ 30 岁人员接受调查的比例，这一结果反映出未来一段时期在农地使用方面的某些趋势。调查对象分布在除西藏自治区、台湾省、香港特别行政区、澳门特别行政区之外的 30 个省份，具有一定的代表性。由于本次调查是从陕西省发起，所以陕西省接受调查的人员最多。

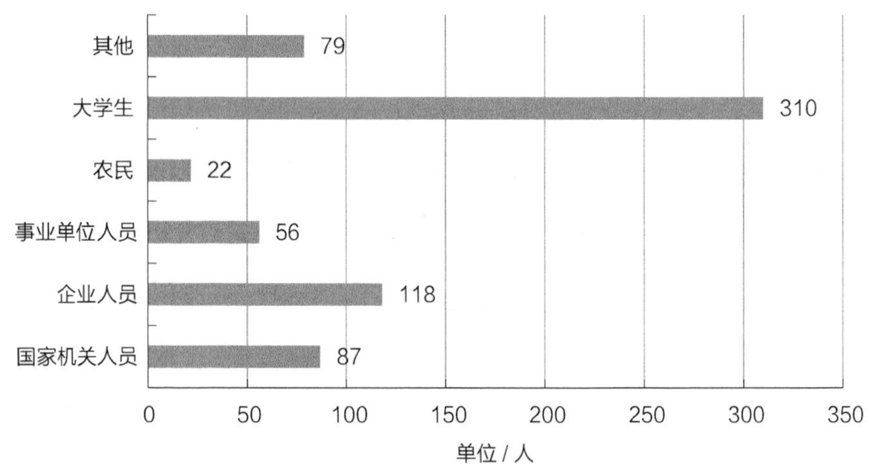

图 3–2 调查对象职业分布情况

三、调查结果分析

我们的调查问卷主要设置了七个问题，下面对这七个问题的调查结果逐一进行分析。

（一）对“您有在农村取得一块土地从事经营的意愿吗”的调查结果分析

如图 3–3 所显示的调查结果，有意愿在农村取得土地从事经营的占 40%，这是一个很高的比例，尤其是在以中青年为调查对象主体的调查中，意味着中青年中 40% 的人在关注甚至有意愿经营或参与经营农村土地。这个结果的代表性如果接近全国的真实状况，它也可能是农村集体土地流转的巨大社会基础，使“三权分置”制度的实施具备了较大的社会发展空间。

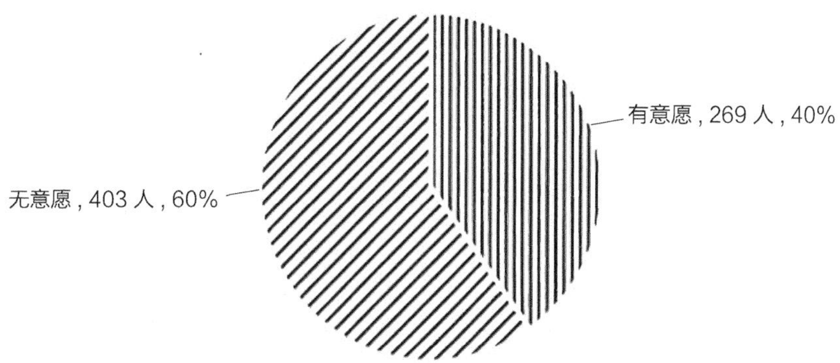

图 3-3　“您有在农村取得一块土地从事经营的意愿吗”的调查结果

（二）对“您觉得谁适合在农村经营土地”的调查结果的分析

如图 3-4 所显示的调查结果，分别有 33% 的人认为农村土地最适合农业合作社和农户经营，持此态度的人合计达到 66%；另外，认为适合技术人员经营的达到 20%，适合企业经营的占 13%。农业农村部发布的《新型农业经营主体和服务主体高质量发展规划（2020—2022 年）》（农政发〔2020〕2 号）显示，截至 2018 年底，全国家庭农场达到近 60 万家，其中县级以上示范家庭农场达 8.3 万家。全国依法登记的农民合作社达到 217.3 万家，是 2012 年底的 3 倍多，其中县级以上示范社达 18 万多家。全国从事农业生产托管的社会化服务组织数量达到 37 万个。另据对该规划的权威解读资料显示，截至 2019 年底全国家庭农场超过 70 万家，依法注册的农民合作社 220.1 万家，覆盖了 50% 左右的农户，从事农业生产托管的社会化服务组织数量 42 万个，[1] 该领域表现出较快的发展态势。随着该规划要求的“按照主体多元、形式多样、服务专业、竞争充分的原则，加快培育各类服务组织，充分发挥不同服务主体各自的优势和功能”的发展定位和农村集体产权制度改革的展开，农民、农户、合作社、企业、农业社会化服务组织等之间的关系会越复杂。这些正在展开和未来会迅速形成的新发展形态，无论是对制度需求还是对法律适用都提出新的要求。

---

[1] 孔祥智：《〈新型农业经营主体和服务主体高质量发展规划（2020—2022 年）〉解读一：促进新型农业经营主体和服务主体高质量发展》，http://www.gov.cn/zhengce/2020-03/23/content_5494703.htm，访问日期：2022 年 4 月 20 日。

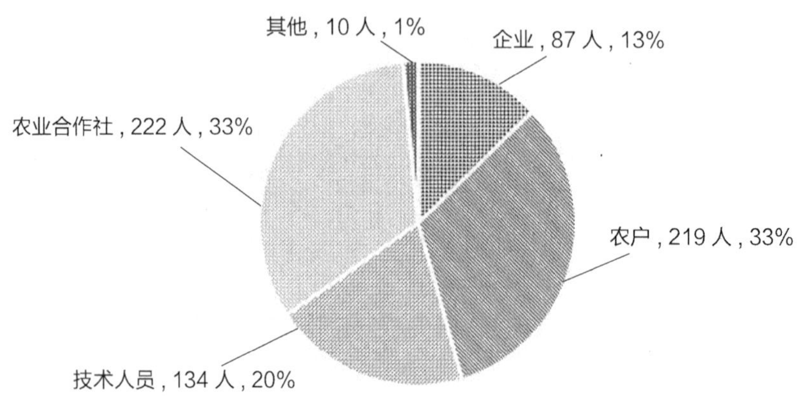

图 3-4 “您觉得谁适合在农村经营土地”的调查结果

（三）对“您觉得农村土地通过哪种方式流转较好”的调查结果的分析

就农村集体土地流转方式而言，本部分选择容易引发纠纷的“入股”方式和其他地方常规的“转包”“租赁”三种方式进行调查，结果显示：认为“入股”方式较好的占 29%；认为“转包”方式较好的占 27%；认为“租赁”方式较好的占 40%；其他占 4%，如图 3-5 所示。[1]“入股”方式与农业合作社有直接关系甚至“入股”方式是农业合作社获取土地经营权的主要方式，这是与传统农业经营模式和土地经营模式不同的新型模式，如何在制度供给上满足实践发展的需求，是当下较为急迫的事情。

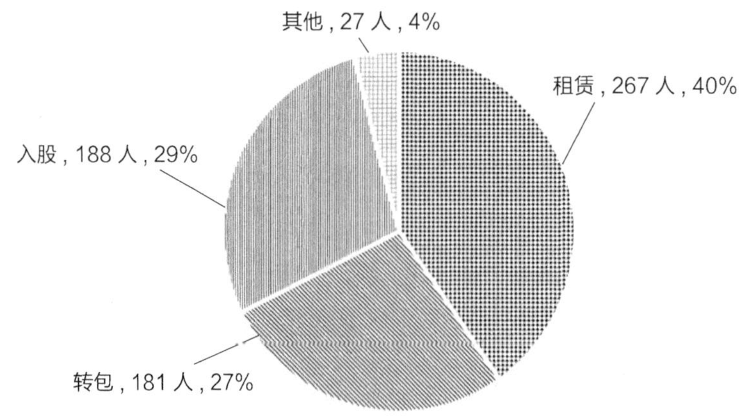

图 3-5 “您觉得农村土地通过哪种方式流转较好”的调查结果

---

[1] 在本次调查中有 9 人没有提交问卷，因此，本次调查是以 663 份问卷为基数进行分析的。

（四）对“您如果获得一块农地或者参与农地经营，您认为经营多长时间合适”的调查结果的分析

对此问题的回答，如图 3-6 所示，33% 的调查对象选择“10 年”，25% 的调查对象选择“可继承”，23% 的调查对象选择“3 年”，18% 的调查对象选择“20 年”，其他的占 1%。[1] 这一问题的设计带有要求调查对象进行预期并对未来进行规划的特点，总体上看，10 年以上的长期经营是基本的预期，这也与《土地管理法》和《农村土地承包法》延长承包期的调整相一致。另外，课题组在实地调研过程中发现，有部分农地经营大户不愿意长期租赁土地，更愿意两年或三年一签合同，这样能够调整地价，农户也容易接受，对于经营大户来说，则容易租赁到土地进行经营。这种情况一般是种植庄稼进行粮食生产的情形，而对于综合经营则不适宜，后者对农地经营的周期要求则更长。

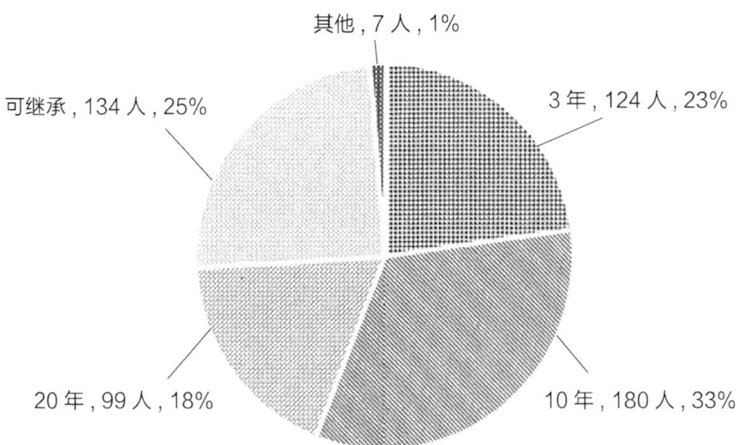

图 3-6 “您如果获得一块农地或者参与农地经营，您认为经营多长时间合适”的调查结果

---

[1] 本次调查收回有效问卷 544 份，考虑到 544 份问卷具有一定的代表性，因此，本次调查是以 544 份问卷为基数进行分析的。

（五）对“您如果获得一块农地，最想用于哪方面”的调查结果分析

综合经营问题非常复杂，课题组在完成本课题期间实地调研了5家综合经营的合作社，合作社往往综合了农业种植、养殖、观光旅游、休闲养生、会议培训等功能于一体，结构十分复杂，其中合作社与村组的关系、与创业发起人的关系、与村民的关系、与政府扶持的关系、与各种市场主体的关系、与外聘管理人员的关系等叠加在一起，极易发生纠纷。例如，广东2020年有不少因这些问题没有处理好而出现纠纷诉至法院的案件。这种现象是我国农村农地产权制度改革过程中出现的新发展形态，值得从制度供给和审判实践等方面展开深入、持续的研究。

2016年12月发布的《中共中央　国务院关于深入推进农业供给侧结构性改革 加快培育农业农村发展新动能的若干意见》（中发〔2017〕1号）提出："支持有条件的乡村建设以农民合作社为主要载体、让农民充分参与和受益，集循环农业、创意农业、农事体验于一体的田园综合体，通过农业综合开发、农村综合改革转移支付等渠道开展试点示范。"2017年发布的《财政部关于开展田园综合体建设试点工作的通知》（财办〔2017〕29号）确定了河北、山西、内蒙古、江苏、浙江、福建、江西、山东、河南、湖南、广东、广西、海南、重庆、四川、云南、陕西、甘肃18个省份开展田园综合体建设试点。

就本次调查结果而言，愿意选择以"综合经营"方式进行农地经营的调查对象达到了61%的绝对比例，而选择"种粮"的则只有9%，其实"经营农庄"的选项也包含"综合经营"的内容，只是更具体一些，其占比也达到了23%，如图3-7所示。也就是说，本次调查结果显示有80%以上的人支持综合经营。按照这样的比例预测，从更长远的角度看，类似粮食安全这种国家战略安全层面的大问题的解决，将来也需在综合经营的范畴下寻找新的解决方式，这中间肯定需要政府的各种介入和监管，而不能单纯依靠市场来解决。

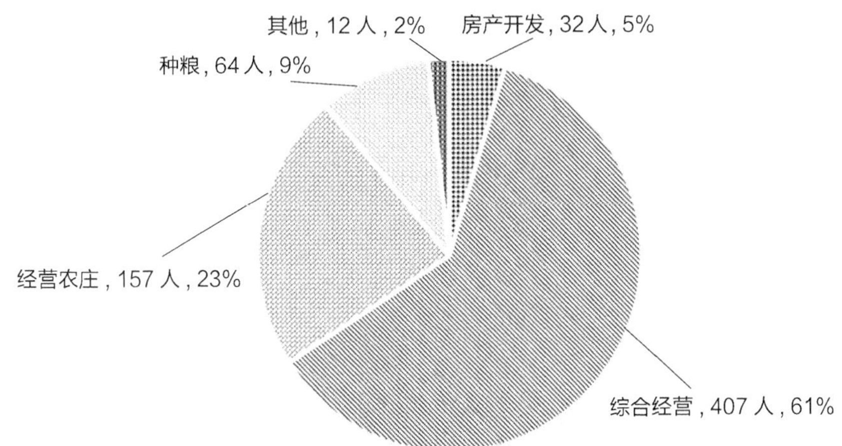

图 3-7　“您如果获得一块农地，最想用于哪方面”的调查结果

（六）对“如在经营中发生纠纷，您会优先选择哪种方式解决”的调查结果的分析

在农地经营过程发生纠纷会优先选择何种方式解决问题，调查结果显示：“协商”约占 61%，“诉讼”约占 22%，“仲裁”约占 8%，“政府裁决”约占 8%，如图 3-8 所示。这个结果说明，农地经营中的纠纷，被调查对象还是对法院的审判寄予了较高的期望，但从另一个方面来说，法院在该领域的任务也就相应地变大了。就化解纠纷的期望值而言，被调查对象对法院化解纠纷的期望值是对政府化解纠纷期望值的近 3 倍。

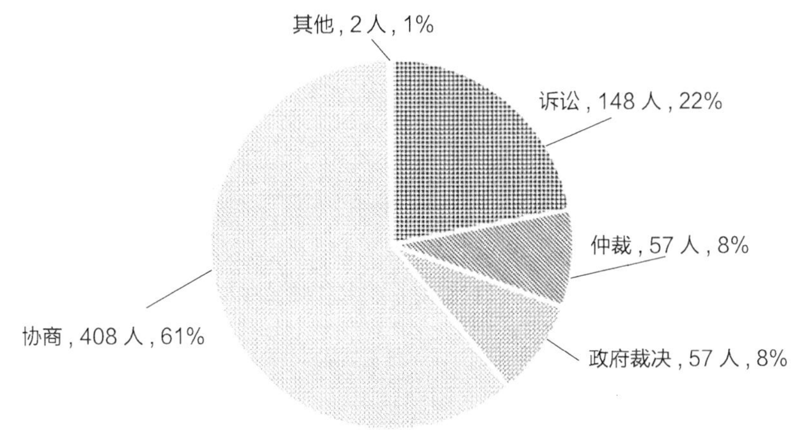

图 3-8　“如在经营中发生纠纷，您会优先选择哪种方式解决”的调查结果

（七）对“当前农户承包地纠纷，最易发生在哪些方面”的调查结果的分析

本次调查有 193 名调查对象认为最易发生纠纷的领域是“农民身份”，一定程度上说明他们在生活中多少遇到过或听说过此类纠纷。而 168 人选择“入股”，可能是基于对“入股”背后复杂关系和运作方式“望而生畏”作出的判断，如图 3-9 所示。❶

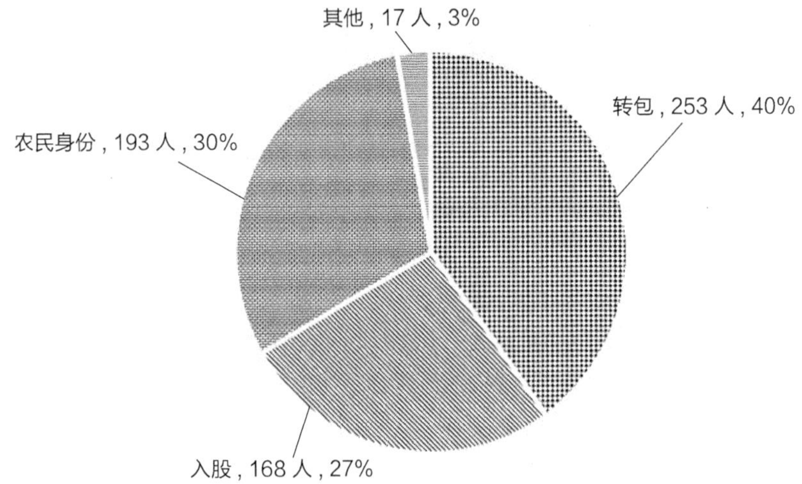

图 3-9 “当前农户承包地纠纷，最易发生在哪些方面”的调查结果

❶ 本次调查收回有效问卷 631 份，考虑到 631 份问卷具有一定的代表性。因此，本次调查是以 631 份问卷为基数进行分析的。

第四章　制度性探索：农地规模经营探索中的制度要素与架构分析

2018 年修正的《农村土地承包法》和 2019 年修正的《土地管理法》确立了“三权分置”的制度架构，把农地流转后的经营问题交给了社会，而没有为流转后的规模化经营提供具体的法律规范，留出了极大的探索空间。其实，农地的规模化经营也需要明确的法律保障，尤其在我国城镇化依然处于高速发展的过渡时期，如何使流转后的农地使用于农业生产并同时满足城市发展的用地需求以及流转过程中出现的各种城乡要素流通等问题，都不是这两部法律所能够承载和解决的，还需要新的制度探索和实践经验的总结。

“农村土地制度改革是加快推进农业规模化、专业化，保障国家粮食安全的必经之路。”[1] 为此，我国各地在该方面的探索已持续近四十年，尤其是近十多年来，已逐渐形成很多具有制度性的方案，值得认真总结和提炼。从对 81 个地方样本的分析来看，已基本在有意无意之间形成了“目标”—“激励”—“行动”—“责任”的框架过程。当然，目前的框架还存在种种不足，如传统小农经济的文化传统向现代产业经济文化的转变、每一部分内容的规范化、总体方案的内部均衡等问题还有很大的探索空间。非正式制度具有自发生成性、非强制性、广泛渗透性和长期持续性特征，往往构成正式制度的实施基础，对行为规则起着拓展、限制和细化作用。[2] 各地通过对地方实践进行总结所形成

---

❶ 辜胜阻、吴永斌、李睿：《当前农地产权与流转制度改革研究》，《经济与管理》2015 年第 4 期，第 6 页。

❷ 斯韦托扎尔·平乔维奇：《产权经济学：一种关于比较体制的理论》，蒋琳琦译，经济科学出版社，1999，第 4-6 页。

的各种政策性做法，为未来农地规模经营制度化的探索提供了基础。

第一节　样本选择和基本情况

一、样本选择情况

（一）样本选择与分析说明

选择中央和各地关于农地规模经营的规范性文件和工作性文件。这些文件都是集中对农地规模经营进行统一规定或部署的文件，经过筛选，中央共计有9份，地方共计有81份。

文件的制定时间跨度主要集中于2005—2017年，原因是2005年之前地方很少有对农地规模经营进行统一部署的文件（1994年的浙江省是例外）。

从选出来的文件看，主要是以“意见”“规划”“办法”等方式体现出来的，在法律属性上属于政府规范性文件的范畴（目前还收集不到地方性法规或政府规章的样本，主要原因是现阶段无论是农地流转还是农地规模经营都还没有被纳入立法的视野范围，还停留于政策探索阶段）。就其内容来说，多是把土地流转与规模化经营两者放置于同一文件中规定，在两者的权重上往往是以土地流转为主，农地规模经营为辅的结构体现出来。其中原因是土地流转是现阶段各地的重点工作，而规模经营还缺乏足够的实践积累且表现形态变化多样，在同一地方较难进行统一规定，而表现为鼓励为主的政策取向。

样本的分析指标是从所有样本内容提炼出来的，是各样本内容具有共性的方面。第一级指标是：农地流转和规模经营的目标任务、农地流转和规模经营的组织机构设置、农地流转和规模经营的方式、农地规模经营的主体、农民保障措施等。第二级指标是：对各第一级指标之下继续分类，如目标任务继续分解为量化目标、机构建设目标、确权登记目标、土地流转方向目标等。部分指标达到了第三级，情况往往较为复杂，在分析时采用分类表格的方式把各种类型提炼展示出来。

这种样本选择方式有其局限性，即停留于各地文件分析的层面，近似于规范分析，实证性相对较弱。为弥补该局限，报告中对部分重要的指标情况，延伸至具体地方的实践数据和具体执行情况，以从某些侧面检验各种规范的实施效果。

（二）样本分析结论评述

从地方的 81 个农地规模经营方案和中央的 9 个部署性文件来看，其基本的内容主要包括目标任务、管理与组织主体、农地流转规则、经营主体培育、规模经营政策扶持和农民保障 6 个方面，很多地方还注意到社会服务系统的建设等问题。但这个结构模式是存在明显失衡的治理结构，例如，缺乏明确的绩效考核（各方主体的考核）环节，激励机制主要是对土地经营主体有激励；在执行和服务环节对权力主体授权不明确，虽然有些地方的文件中意识到对农民保障的基础性地位，但往往缺乏有效的保障措施，尤其是很多地方对该方面基本不涉及。这就导致各地共同形成的制度性框架出现内部不均衡的情况，难以长期有效运转，需要不断调整，这对农地规模经营的良性发展是不利的。

“如果希望人们放弃，就得给人们回报”，这是一个最为基本的规则。但在农民以流转土地经营权的方式放弃对农地的直接经营后，其所获得的回报其实处于风险之中，过于一厢情愿的土地流转目的，存在很大的基础性社会风险，即退出的农民所得到的回报是否达到其不退出土地的程度，或者是否高于其不退出的收益，这是衡量农地规模经营过程是否成功的重要指标之一。同时，必须有可行的、稳妥的保障措施。

在现阶段，大力扶持土地经营者显然有其必要性。他们不仅承载着提高农地产出效益的任务，还承担着回报退出农民的义务。在这个逻辑中，存在一个悖论：因为土地经营者目前能力较弱，所以才大力扶持；但正因为其能力弱，反使其退出时需承担更大的风险。

从国家责任和社会整体责任的角度看，无论是农民的退出还是土地经营者的经营，都承载着整体性的任务，即保障国家的粮食安全。为此，国家和社会都需为他们的付出承担责任。

另外，从各地的政策来看，在激励措施方面，主要是对土地经营者的激励，而缺乏对农民的激励和对政府的激励，也缺乏对集体土地所有者的激励。从政策逻辑来看，把这种激励假设为“只要土地流转了，规模经营了，他们各方就会获得更高的回报”。这种假设是缺乏充分根据的，甚至是危险的，例如，激励结果中的非农化问题、经营失败问题等。

在目标设置上，各地几乎全部是农地流转的目标，基本没有发现规模经营的出产目标，也没有体制机制的建设目标。农地规模经营是生产方式的重大变革，其影响是全局性的，目标的单一性，导致的后果是严重的。如土地流转到经营主体手上后农地被非农使用等问题，则会影响到改革目标的实现。

目前，还存在缺乏动员、没有意识到社会氛围的重要性等问题，需要从思想上、认识上重视新的发展观念甚至文化。

二、中央农地规模经营的政策方案分析

经过多年的探索，为引导农村土地（指承包耕地）经营权有序流转、发展农业适度规模经营，2014 年 11 月中共中央办公厅和国务院办公厅出台了《关于引导农村土地经营权有序流转发展农业适度规模经营的意见》（中办发〔2014〕61 号），这是一个对农地规模经营相对较为详细的工作方案。该意见明确指出发展适度规模经营的基本社会背景是，在我国工业化、信息化、城镇化和农业现代化进程中，“农村劳动力大量转移，农业物质技术装备水平不断提高，农户承包土地的经营权流转明显加快”，发展适度规模经营已成为必然趋势。而适度规模经营的作用则是“土地流转和适度规模经营是发展现代农业的必由之路，有利于优化土地资源配置和提高劳动生产率，有利于保障粮食安全和主要农产品供给，有利于促进农业技术推广应用和农业增效、农民增收”。指导思想是“坚持农村土地集体所有，实现所有权、承包权、经营权三权分置，引导土地经营权有序流转，坚持家庭经营的基础性地位，积极培育新型经营主体，发展多种形式的适度规模经营，巩固和完善农村基本经营制度”，“使农业适度规模经营发展与城镇化进程和农村劳动力转移规模相适应，与农业科技进步和生产手段改进程度相适应，与农业社会化服务水平提高相适应”。

为落实前述文件，随后财政部出台了《农业综合开发推进农业适度规模

经营的指导意见》（财发〔2015〕12号）和《关于支持多种形式适度规模经营促进转变农业发展方式的意见》（财农〔2015〕98号）两份指导意见，农业部也曾于2016年底组织“有关省、自治区、直辖市农业（农牧、农村经济）厅（委），部机关有关司局，有关单位”召开了培育新型经营主体发展农业适度规模经营座谈会。这些文件代表了我国目前对农地规模经营的整体部署框架，其中包含着各种制度性探索的方案。

其基本的框架内容与逻辑如下：通过确权稳定农村土地承包关系，在此基础上规范引导土地经营权有序流转，然后培育新型的农业经营主体，并建立农业社会化服务体系。应该说，这是一个思路非常明晰的路线图，其中已形成一些可以制度化的内容和方案。例如，土地流转的用途管制、工商企业租赁农户承包地按面积实行分级备案与监管等。其包含的基本要素如下：

1. 在稳定农村土地承包制度的基础上寻找农地规模经营的道路

稳定土地承包关系的制度性做法是土地承包经营权登记制度，该制度包括承包合同取得权利、登记记载权利、证书证明权利的土地承包经营权登记等制度，目的是奠定土地经营权流转和农地适度规模经营的基础。

2. 通过农村土地经营权流转，为农地规模经营提供条件

在该方面的制度性做法主要是：（1）在流转方式上，可采用转包、出租、互换、入股等方式流转承包地，并要求向发包方备案。（2）建立土地流转监测制度，提出县、乡、村三级服务和管理网络的体制，建设农村土地承包经营纠纷调解仲裁体系，以“化解土地承包经营流转纠纷”。（3）在土地流转后如何进行规模经营方面，没有提出制度的方案，主要是提出“创新规模经营方式”，“通过农民的合作与联合、开展社会化服务等多种形式，提升农业规模化经营水平”。（4）在粮食补贴方面，提出把补贴的重点逐渐转移至粮食生产规模经营主体，尚未形成制度性的方案。（5）土地流转用途管制制度方面，主要是提出了严禁借土地流转进行非农建设的要求，具体措施则是停发补贴等方式，尚没有具体的制度性方案。

3. 培育新型农业经营主体是重点

在该方面的具体措施有：（1）把家庭农场作为培育重点。（2）集体经营方式重点发展以承包地入股组建土地股份合作组织。（3）农业产业化龙头企业等

涉农企业重点从事农产品加工流通和农业社会化服务，带动农户和农民合作社发展规模经营，通过农业示范园区引导各类经营主体共同出资、相互持股，发展多种形式的农业混合所有制经济。（4）扩大对家庭农场、专业大户、农民合作社、龙头企业、农业社会化服务组织的扶持资金规模。（5）建立资格审查、项目审核、风险保障金制度，对租地条件、经营范围和违规处罚等作出规定，工商企业租赁农户承包地要按面积实行分级备案，严格准入门槛，加强事中、事后监管。（6）在财政补助、吸引金融资本、部门项目支持等方面主要进行高标准农田建设。

4. 农业社会化服务体系

这体现了某种市场化的治理思路，其主要举措有：（1）培育各类涉农类经营性服务组织，并发展农产品现代物流服务业，政府购买农业公益性服务，农业经营和土地经营的大户全程托管。（2）把土地经营人员纳入国家实用人才培养计划，实施现代青年农场主计划和农村实用人才培养计划。（3）供销合作社的社会化方案，即“推动供销合作社农产品流通企业、农副产品批发市场、网络终端与新型农业经营主体对接，开展农产品生产、加工、流通服务”，“鼓励基层供销合作社针对农业生产重要环节，与农民签订服务协议，开展合作式、订单式服务，提高服务规模化水平”。

5. 通过农业产业化经营推进农地规模经营

其主要举措有：（1）延伸产业链条，对农户与市场之间的所有产业链条给予扶持。（2）引导工商企业进入农地规模经营领域，“采取订单农业、‘企业 + 合作社’‘企业 + 农户’等模式，带动农户发展规模化生产”。（3）采用股权投资基金、股权引导基金等方式，引导社会资本投入农业综合开发，共同扶持壮大农业产业化龙头企业。

总体上来看，这些作为指导性意见，距离制度化的程度还较远，尚停留于实践总结层面，属于工作部署层面的文件，缺乏对深层次问题的制度性回应。例如，从文件的侧重点上看，主要关注的是规模经营的方面，而对土地流转后的农民保障问题则关注明显不足。修改后的《土地管理法》和《农村土地承包法》确认了土地经营权的法律地位，为农地规模化经营和规模化服务提供了法律条件，但对规模化经营则缺乏进一步的规范，还需要在现有经验总结的基础上进行新的制度化探索。

三、地方农地规模经营的工作方案评述

2014 年 11 月，中共中央办公厅和国务院办公厅出台了《关于引导农村土地经营权有序流转发展农业适度规模经营的意见》（中办发〔2014〕61 号），随后财政部于 2015 年 6 月和 7 月制定了配套实施意见，地方的执行性意见还要稍微滞后一点。总体上看，中央的总体部署是在总结地方多年的探索实践基础上制定的，而中央的总体部署出台后，地方又根据中央的部署对自己的工作进行调整。这样，2015 年之前，基本是地方的探索阶段，此后则进入中央总体部署与地方探索并进的阶段（因为中央文件中还是鼓励和支持地方继续探索和创新的）。本部分的分析是建立在对地方 81 份关于农地规模经营的政策性文件和工作文件基础上的，具体样本见附录 A.1 中央、地方农地规模经营政策文件。本部分的分析分为两部分，即对 2015 年之前地方的探索和 2015 年之后地方落实中央部署这两个阶段的地方农地规模经营政策进行分析，目的是从中提取制度建构的地方经验。这些样本主要集中于 2005 年以后，因为 2005 年 3 月 1 日农业部发布的《农村土地承包经营权流转管理办法》实施，该办法基本确定了农地承包经营权流转的规则，后被各地在制定土地流转工作方案时所遵循。这样，各地在土地流转方面的探索就集中于 2005 年之后，并在该办法的框架内展开，新突破则很少。实际上，该办法是在 2005 年之前地方长期的探索基础上总结而成的。因此，从整体上看，在 2005 年之前是地方对土地流转进行探索的时期，而之后则主要是执行《农村土地承包经营权流转管理办法》的时期，但在该办法的基础上有所探索，且探索进程明显放缓。这一放缓过程直到“三权分置”的整体改革方案出台，才继续从更加深刻的层面展开。

通过对各地文件的总体情况进行梳理可以发现，各地的探索性文件主要涉及农地规模经营的目标任务、农地流转的机构设置、土地流转的基本规则、土地经营主体的培育、农地（业）规模经营扶持政策等几个方面，少数地方还涉及对农民的保障等内容，这构成了地方探索的基本框架。

对各地的政策性探索中的制度性要素分析，在方法上采用“同类合并”的

方式展开，目的在于寻找全面的制度要素，而非考察各种要素出现的频次，为寻找全面的制度方案提供基础；同时，对各类要素进行分类，从其形成的制度结构角度进行分析，从逻辑上、理论上和实践上分析其缺失，以此发现需要完善的领域。

第二节　待调整的目标：农地流转与规模经营的目标任务

由于当时的工作重点、地域特点等因素，各地在确定农地流转和规模经营的目标时，主要集中于确定土地流转的阶段性目标，而对农地规模经营的目标则只是在量化上有所体现，很少涉及规模经营的质量性目标或内涵性目标。即使如此，这种目标导向的工作方式还是取得了巨大的进展，仅近十年的时间就已使我国过去农地分散经营的状况发生了扭转性的变化。根据对 81 个地方资料的分析，各地在农地流转和规模经营目标设定方面，主要体现为四类：第一类是量化目标，第二类是机构建设目标，第三类是确权登记目标，第四类是土地流转方向目标。关系到粮食安全和耕地保护方面的量化目标则是国家的硬性要求，也是近几年各地的工作重点。[1]

一、农地流转与规模经营的量化目标

各地非常重视这类阶段性工作的量化目标设定，如果这些目标真的能够如期实现，则 2020 年大多地方的农地规模经营率就会超过 50%，过去以家庭联产承包经营的分散状况将发生根本性扭转，而以“三权分置”为基础的农地改革

---

[1] “确保到 2020 年永久基本农田保护面积不低于 15.46 亿亩。大规模推进高标准农田建设，确保到 2022 年建成 10 亿亩高标准农田，所有高标准农田实现统一上图入库，形成完善的管护监督和考核机制。加快将粮食生产功能区和重要农产品生产保护区细化落实到具体地块，实现精准化管理。加强农田水利基础设施建设，实施耕地质量保护和提升行动，到 2022 年农田有效灌溉面积达到 10.4 亿亩，耕地质量平均提升 0.5 个等级（别）以上。”参见 2018 年 9 月中共中央、国务院印发的《乡村振兴战略规划（2018—2022 年）》。

方案的土地经营权将主导我国的农地经营。对工作内容进行量化，是一种重要的管理方式，但在《农村土地承包法》把土地流转以合同的方式交给社会处理的情况下，各地在土地流转工作部署中确定了大幅度的流转量化目标，此中还是有很多问题值得研究和分析。各地的土地流转与经营规模化目标设定情况如表 4–1 所示。

表 4–1　各地土地流转与农地规模经营量化目标设置情况

时间和地点	土地流转与农地规模经营量化目标设置情况
2017 年成都市	确保 2020 年全市新型职业农民超过 10 万人，农业职业经理人超过 2 万人，农村土地适度规模经营率达 80%。2017 年对全市农用地流转规模达到 1000 亩以上的业主及其项目进行一次核实认定
2016年内蒙古自治区乌兰察布市	2016 年内各地必须建成县乡村三级农村牧区土地草原流转（农村产权交易）管理服务中心（站）。到 2020 年，全市土地经营规模化率达到 50% 以上
2015 年辽宁省葫芦岛市	到 2016 年，经营土地面积 30 亩以上主体数量显著增加，到 2017 年，全市农村土地流转率力争达到全省平均水平
2015 年河北省保定市	力争 2015 年我市土地流转率提高 6 个百分点，到 2016 年初步达到全省平均水平
2014 年河北省石家庄市	到 2017 年，全市农村土地流转率力争达到 30% 以上，城郊现代都市农业区域带农村土地流转率力争达到 50%，“四个新市镇”农村土地流转率力争达到 80% 以上
2014 年河北省衡水市	力争到 2017 年，土地流转率达到 34.7%；2020 年，土地流转率达到 41.3%
2014 年河南省驻马店市	2014 年底适度规模经营面积占全市耕地面积的 30%，2015 年底适度规模经营面积占全市耕地面积的 40%，2016 年底适度规模经营面积占全市耕地面积的 50%
2013 年湖南省湘潭市	到 2013 年底，确保我市耕地流转面积累计达 60 万亩以上，流转比例达 36% 以上；到 2015 年，流转比例达 50% 以上
2013 年河北省邯郸市	全市农村土地流转率每年增长 3 个百分点以上，到 2015 年，土地流转面积达到 220 万亩以上，流转率达到 25% 以上，其中规模经营面积达到 160 万亩以上，规模经营率达到 70% 以上
2012 年浙江省杭州市	力争到“十二五”期末，全市以土地流转为主要形式的规模经营面积达到 120 万亩以上
2012 年河南省开封市	到 2015 年，全市土地流转面积达到 150 万亩，2020 年达到 300 万亩

续表

时间和地点	土地流转与农地规模经营量化目标设置情况
2012年福建省三明市	到2015年，全市农村耕地承包经营权流转面积达80万亩，占农户家庭承包总面积的35%左右；50亩以上适度规模经营面积占流转总面积的50%以上，占家庭承包耕地面积的20%左右
2012年湖北省随州市	经过3～5年的努力，全市土地流转率达到30%，规模经营面积达到60万亩（不含主城区发展控制范围的土地）
2012年甘肃省天水市	力争“十二五”末期，全市农村土地流转面积达80万亩以上，流转率达到14%以上
2011年辽宁省辽阳县	力争到2013年末，全县土地流转率达30%以上，各经营主体的产业规模明显提高
2011年山东省青岛市	到2012年，全市农村土地适度规模经营总面积占耕地面积的比重达到15%左右；到2015年，全市农村土地适度规模经营总面积占耕地面积的比重达到30%以上
2010年广西壮族自治区南宁市	通过5～10年的努力，使全市农村土地承包经营权流转面积和农业规模经营面积（100亩以上）比2010年有较大幅度增长
2010年贵州省毕节市	到2010年底，土地流转合同签订率占土地流转面积的50%以上
2009年重庆市石柱土家族自治县	2009年，全县农村土地流转达到18%以上，规模经营达到16%以上
2009年浙江省金华市	力争到2009年底，各县（市、区）均建立农村土地承包纠纷仲裁委员会。到2012年底，土地流转和规模经营的比例明显提高，农业土地资源得到有效配置：经济发达地区土地流转比例达到50%以上，其他地区土地流转比例达到30%以上；全市农业规模经营（100亩以上）率达到25%以上；主导产业、特色优势产业规模经营率达到60%以上。到2020年底，全市农业主导产业、特色优势产业基本实现规模经营
2009年黑龙江省鸡西市	2009年全市农村土地规模经营面积160万亩。其中，鸡东县30万亩，密山市60万亩，虎林市70万亩。2010年全市农村土地规模经营面积达到205万亩。其中，鸡东县35万亩，密山市80万亩，虎林市90万亩。2011年全市农村土地规模经营面积达到260万亩。其中，鸡东县40万亩，密山市120万亩，虎林市100万亩。2012年全市农村土地规模经营面积达到330万亩。其中，鸡东县50万亩，密山市160万亩，虎林市120万亩
2008年河南省平顶山市	全市土地流转面积2010年达到50万亩，2010—2015年每年增加20万亩，2015年达到150万亩
2008年安徽省宣城市	到2010年，全市水稻、小麦规模经营面积达到6万亩、经济作物规模经营面积达到4万亩、烟叶规模经营面积达到2万亩、水面养殖规模经营面积达到15万亩、林地营林规模经营面积达到41万亩、畜牧养殖类规模经营占地面积达到1000万平方米（合1.5万亩）

续表

时间和地点	土地流转与农地规模经营量化目标设置情况
2007 年湖北省武汉市	力争在未来 5 年，全市农村土地规模经营面积占农村土地面积的 40% 以上
2007 年重庆市	到 2012 年，全市农村土地规模经营在“一圈”内达到 30% 以上，“两翼”达到 20% 以上。农业产业化经营整体水平处于西部地区前列
2006 年上海市宝山区	2007 年全区实行集体规模经营面积不少于 2 万亩，粮食作物全部实行集体规模经营
2006 年浙江省宁波市	市级特色农业产业基地的规模经营率应达到 80% 以上

资料来源：《成都市人民政府办公厅关于推广“农业共营制”加快农业用地适度规模经营的实施意见》（成办函〔2017〕83 号）、《乌兰察布市人民政府办公厅关于印发引导农村牧区土地草原经营权有序流转发展农牧业规模经营实施意见的通知》（乌政办字〔2016〕43 号）、《葫芦岛市人民政府办公室关于印发葫芦岛市加快农村土地承包经营权流转促进农业规模经营发展实施方案的通知》（葫政办发〔2015〕49 号）、《保定市人民政府办公厅关于加快推进农村土地经营权流转促进农业适度规模经营的实施意见》（保政办发〔2015〕8 号）、《石家庄市人民政府关于进一步推动农村土地承包经营权流转促进农业规模经营发展的意见》（石政发〔2014〕30 号）、《衡水市人民政府办公室关于规范农村土地经营权流转促进农业适度规模经营的意见》（衡政办〔2014〕15 号）、《驻马店市人民政府办公室关于印发驻马店市农业适度规模经营三年行动计划的通知》（驻政办〔2014〕122 号）、《湘潭市人民政府办公室关于推进农村土地承包经营权流转培育农业规模经营主体的意见》（潭政办发〔2013〕33 号）、《邯郸市人民政府关于进一步加快农村土地承包经营权流转促进农业规模经营的意见》、《杭州市农村土地承包经营权流转和规模经营项目及资金管理办法（试行）》（杭财农〔2012〕177 号）、《开封市人民政府关于加快推进农村土地承包经营权流转促进适度规模经营的实施意见》（汴政〔2012〕99 号）、《三明市人民政府关于推进农业适度规模经营的实施意见》（明政文〔2012〕84 号）、《随州市人民政府关于促进农村土地承包经营权流转发展农业适度规模经营的意见》、《天水市人民政府关于进一步加快农村土地承包经营权流转促进农业规模经营的意见》（天政发〔2012〕115 号）、《辽阳县人民政府关于印发加快推进农村土地承包经营权流转促进规模经营发展的实施意见的通知》（辽县政发〔2011〕121 号）、《青岛市人民政府关于加快推进农村土地适度规模经营的意见》（青政字〔2011〕1 号）、《中共南宁市委、南宁市人民政府关于稳步推进农村土地承包经营权流转和促进农业规模经营发展的意见》（南发〔2010〕36 号）、《毕节地区行政公署关于加快推进农村土地承包经营权流转促进土地规模经营的意见》（毕署发〔2010〕3 号）、《石柱土家族自治县人民政府办公室关于加快农村土地流转促进规模经营发展的意见》、《金华市人民政府关于加快土地流转促进规模经营的意见》（金政发〔2009〕19 号）、《鸡西市人民政府印发鸡西市农村土地规模经营发展规划的通知》（鸡政发〔2009〕10 号）、《平顶山市人民政府关于加快推进农村土地承包经营权流转促进规模经营的实施意见》（平政〔2008〕55 号）、《宣城市人民政府关于进一步加快农村土地流转推进农业适度规模经营的意见》（宣政〔2008〕1 号）、《武汉市委办公厅、市政府办公厅关于引导农村土地承包经营权流转推进土地规模经营的意见》（武办发〔2007〕1 号）、《重庆市人民政府办公厅关于加快农村土地流转促进规模经营发展的意见（试行）》（渝办发〔2007〕250 号）、《上海市宝山区人民政府办公室关于转发宝山区加快土地流转推进农业规模经营实施意见的通知》（宝府办〔2006〕61 号）、《宁波市人民政府关于进一步推进农村土地承包经营权流转加快发展规模经营的意见》（甬政发〔2006〕108 号）。

二、机构建设目标

只有少数地方设置了农地流转和规模经营的机构建设目标，如表 4–2 所示，但实际上近十年来，各地在该领域的机构建设不仅多样而且十分迅速，具体见本书下文的统计和分析。在大规模机构建设的过程中，如果没有明确的机构建设目标或制度要求，可能会导致一定程度的混乱。

表 4–2　各地土地流转与规模经营机构设置目标情况

时间和地点	土地流转与规模经营机构设置目标情况
2016 年内蒙古自治区乌兰察布市	2016 年年内各地必须建成县乡村三级农村牧区土地草原流转（农村产权交易）管理服务中心（站）
2009 年山东省枣庄市	确保 2009 年底前全部完成服务平台网络体系建设，形成市、区（市）、乡镇三级农村土地流转服务网络体系

资料来源：《乌兰察布市人民政府办公厅关于印发引导农村牧区土地草原经营权有序流转发展农牧业规模经营实施意见的通知》（乌政办字〔2016〕43 号）、《枣庄市人民政府办公室关于建设农村土地流转服务平台促进农村土地适度规模经营的意见》（枣政办发〔2009〕4 号）。

三、确权登记目标

这类目标设定，主要集中于 2014 年和 2015 年，而这两年正是国家部署并要求完成集体土地确权任务的时期，各地具体确权登记目标如表 4–3 所示。

表 4–3　各地集体土地确权工作目标设置情况

时间和地点	各地确权登记目标设置情况
2015 年云南省昆明市	确保 2017 年全市基本完成农村土地承包经营权确权登记工作
2015 年云南省迪庆藏族自治州	确保到 2017 年底全州基本完成农村土地承包经营权确权登记颁证工作。从 2015 年起到 2020 年，全州培训新型职业农民 1000 人。2020 年力争全州认定家庭农场达到 50 个以上
2015 年福建省福州市	2015 年完成福清市整市，罗源县飞竹镇和闽清县雄江镇 2 个乡镇，及闽侯县白沙镇新坡村等 10 个村农村土地承包经营权确权登记颁证工作试点任务并同步全面推开，2017 年基本完成全市确权登记颁证工作目标任务

续表

时间和地点	各地确权登记目标设置情况
2015 年福建省漳州市	2015 年完成漳浦县南浦乡和东山县前楼镇、其他县（市、区）各 2 个村的确权登记颁证试点工作并适时全面推开，2017 年全市基本完成确权登记颁证工作
2015 年安徽省蚌埠市	2015年全市整体推进农村土地承包经营权确权登记颁证工作，力争用一年时间基本完成确权登记颁证工作任务。力争 2016 年底建成市县乡互联互通的农村土地承包经营权信息管理平台。力争到2020年，通过引导土地流转，全市规模经营面积占土地流转总面积的50% 以上；200 亩以上规模经营运用农业科技知识和信息化手段服务生产全程，粮食等农作物生产主要环节全面实现机械化，规模经营主体的综合生产能力、经济效益显著提升，土地产出率高于当地平均水平 10% 以上。力争到2020年，全市发展农民合作社3000家，入社农户占全市总农户 60% 以上，市级以上示范合作社达 150 家以上，成立农民合作社联合社 5 家以上
2015 年甘肃省	用 3 年左右时间基本完成确权登记颁证工作任务，妥善解决农户承包地块面积不准、四至不清等问题

资料来源：《中共昆明市委办公厅、昆明市人民政府办公厅印发关于引导农村土地经营权有序流转发展农业适度规模经营的实施意见的通知》（昆办发〔2015〕19 号）、《中共迪庆州委办公室、迪庆州人民政府办公室印发〈关于引导和规范农村土地经营权流转发展农业适度规模经营的实施意见〉的通知》（迪办发〔2015〕21 号）、《福州市人民政府关于引导农村土地经营权有序流转发展农业适度规模经营的实施意见》（榕政综〔2015〕311 号）、《漳州市人民政府办公室关于引导农村土地经营权有序流转发展农业适度规模经营的实施意见》（漳政办〔2015〕75 号）、《中共蚌埠市委办公室、蚌埠市人民政府办公室印发〈关于引导农村土地经营权有序流转发展农业适度规模经营的实施意见〉的通知》、《中共甘肃省委办公厅、甘肃省人民政府办公厅关于引导农村土地经营权有序流转发展农业适度规模经营的实施意见》。

四、土地流转方向目标

少数地方在目标设定上明确了土地流转至新的规模经营主体的方向，如表 4-4 所示，其实这是不言自明的目标，近十年在农地规模经营方面发展最为复杂、形式最为多样的领域就是农地规模经营主体的培育问题。因此，其他地方尽管很少提及这一类型的目标，但实际上这一领域正是各地目前工作

的重心所在。❶

表 4–4　各地土地流转方向目标设置情况

时间和地点	各地的土地流转方向
2014 年河北省	鼓励土地经营权向专业大户、家庭农场、农民合作社等新型农业经营主体流转
2013 年山西省太原市	促进农村土地向种粮大户、农民专业合作社和农业龙头企业集中，传统农业向都市现代农业、分散经营向集约化经营转变，实现规模化生产、集约化经营和品牌化销售
2012 年安徽省阜阳市	鼓励支持发展规模种植、养殖，培育农业产业化龙头企业

资料来源：《河北省人民政府办公厅关于加快农村土地经营权流转促进农业适度规模经营的意见》（冀政办〔2014〕6 号）、《太原市人民政府关于加快农村土地承包经营权流转引导发展适度规模经营的意见》（并政发〔2013〕6 号）、《阜阳市人民政府办公室关于印发阜阳市鼓励支持规模经营发展现代农业暂行办法的通知》（阜政办〔2012〕25 号）。

第三节　发展中的管理主体：农地流转与规模经营的管理与服务主体设置情况

2005 年农业部出台的《农村土地承包经营权流转管理办法》是农地流转和规模经营的转折点，现在收集到的各地农地规模经营的政策性文件和工作性文件主要发生在 2005 年以后，2005 年之前的地方政策，只有 1994 年的浙江省出现过一次。

就土地经营权流转和规模经营的管理主体和服务机构的设置情况看，至目前为止，除了对《农村土地承包经营权流转管理办法》和《农村土地承包法》

❶ 根据《农业部对十二届全国人大四次会议第 6329 号建议的答复》（农办议〔2016〕310 号），截至 2015 年底，全国家庭承包耕地流转面积达到 4.47 亿亩，占家庭承包经营耕地总面积的 33.3%，流转合同签订率达到 67.8%，农户承包地规范有序流转的机制初步建立。此外，据国家统计局《农村经济持续发展 乡村振兴迈出大步——新中国成立 70 周年经济社会发展成就系列报告之十三》记载，2018 年全国家庭承包耕地流转面积超过 5.3 亿亩。农村土地流转助推农业规模化发展。2016 年第三次全国农业普查结果显示，耕地规模化耕种面积占全部实际耕地耕种面积的比重为 28.6%。

《农村土地承包经营纠纷调解仲裁法》规定的“从事农村土地承包经营权流转服务的中介组织”和“农村土地承包仲裁机构”进行细化外，各地还进行了更为形式多样的探索。

一、土地流转组织机构

土地流转是农地规模经营的前提条件，从2005年以来经过十多年的探索，各地在组织土地流转、土地流转服务方面进行了形态多样的尝试，其中包含很多创新要素，为将来农地规模经营制度构建提供了宝贵的工具选择库，如表4-5所示。

表4-5　农村土地流转组织设置工具库

机构名称	设置形态	时间和地点
农村产权交易中心	县（区）建设集土地流转指导、农村产权登记评估、金融抵押贷款、合同公证、纠纷仲裁等服务功能为一体的机构	2015年庆阳市
土地流转服务中心（站）	1. 乡镇设置； 2. 县、乡（镇、街道）两级设置； 3. 县、乡（镇、街道）村（站）三级设置； 4. 市、县、乡（镇、街道）村（站）四级设置	2006年宁波市、2007年武汉市、2008年平顶山市、2009年台州市、2011年眉山市、2011年吕梁市、2012年随州市、2012年长治市、2013年湘潭市、2014年赣州市、2015年兴安盟、2015年葫芦岛市、2015年昆明市等
“农业综合服务中心＋土地流转管理服务中心”	各镇（街道）	2013年上海市青浦区
农村土地流转服务大厅	县、乡（镇）设置	2009年枣庄市、2011年运城市、2012年临汾市
土地流转服务窗口	设置于政务服务大厅	2009年铜陵市
“土地流转服务中心＋交易大厅”	县乡两级设置	2013市太原市、2012年开封市、2013年邯郸市
农村土地流转中介组织	社会化	2009年宣城市
社会中介组织和农村经纪人	社会化	2015年漳州市

续表

机构名称	设置形态	时间和地点
土地流转信息员	村级设立农村土地流转服务信息员	2013 年湘潭市、2015 年保定市
农村综合产权交易市场、县级农村产权交易监督管理机构	县设置	2015 年鞍山市
农业、农机、科研等涉农部门与规模经营主体联系点	定点设置	2006 年宁波市、2008 年安庆市
农村土地承包管理信息数据库和管理信息系统	全省统一	2017 年海南省
农村土地流转服务平台和农村土地流转信息数据库	市级	2011 年运城市
土地流转信息库	不明确	2015 年庆阳市
农业发展服务中心	乡（镇）设置	2012 年开封市
农村土地承包经营权流转办公室	市级设置	
农村土地流转服务体系和信息平台	县（市、区）乡（镇）村	2008 年宣城市、2010 年毕节地区、2009 年辽阳市、2009 年广元市、2009 年金华市、2010 年南宁市、2010 年山西省、2011 年辽阳县
“农村土地流转信用合作社 + 农村土地承包经营权流转储备库”	农户存入的土地可由合作社直接经营，也可由合作社与农业龙头企业合作经营	2013 年太原市
国有农业总公司（或土地流转服务总公司）	县（区）建立总公司，各乡（镇）相应建立分公司，村设立流转信息员	2011 年眉山市
土地流转价值评估专家库	县（区）设置	
土地托管公司或“土地银行”	市、县（区）设置	2015 年福州市
农业信贷担保平台	省级设置	2015 年湖北省
农业专家大院	“专家团队 + 科技推广团队 + 农业职业经理人团队”上下互通的农业科技服务体系	2017 年成都市
“农业服务超市”	依托基层农业综合服务站，搭建综合平台，采取“菜单式”公示服务项目、内容、质量、价格等，为各类经营业主提供“一站式”的农业综合服务	

二、土地纠纷仲裁机构

2002年《农村土地承包法》规定了农村土地承包经营纠纷的仲裁问题，但没有规定具体的规则；2010年《农村土地承包经营纠纷调解仲裁法》实施，该法规定“农村土地承包仲裁委员会可以在县和不设区的市设立，也可以在设区的市或者其市辖区设立”，但对仲裁庭的设置没有明确规定，只是规定了仲裁庭的组织方式和开庭规则等。从实践情况看，各地对法律还进行了一定程度的变通，如有不少地方在乡一级也设置了农村土地承包仲裁委员会，在设置模式上也存在较大差别，如表4–6所示。

表4–6　各地土地纠纷仲裁机构设置情况

机构名称	设置模式	时间和地点
“土地纠纷仲裁委员会＋土地纠纷仲裁庭”	1.“乡（镇）、县（市）区委员会＋仲裁庭”双重设置； 2.行政村设置土地承包纠纷调解委员会	2008年平顶山市、2009年石柱土家族自治县、2009年宣城市、2015年葫芦岛市等
“仲裁庭＋调解室”	县级建立仲裁庭、乡级建立调解室	2013年太原市等
农村土地承包仲裁委员会	县、乡两级设置	2009年辽阳市、2009年枣庄市、2009年金华市、2009年杭州市、2011年青岛市、2012年天水市、2012年随州市、2012年长治市、2012年三明市、2016年乌兰察布市等
农村土地承包仲裁委员会	县级设置	2013年湘潭市、2014年赣州市、2014年衡水市、2014年石家庄市等

在实践中，土地纠纷仲裁机构的设置与运行情况在有些地方并不理想，除了人员方面的问题外，更多的可能还是如何处理仲裁机构与行政复议、法院审判之间的关系问题。当然，有这样的机构确实多了一种纠纷处理的渠道，但在各种纠纷解决机制同时并存的情况下，土地纠纷仲裁的功能到底是什么，在实践中还是存在很多疑问的。例如，实践中的土地仲裁机构很少作出仲裁决定，而主要是以调解的方式展开工作，这实际上改变了仲裁的制度功能。

三、土地规模经营领导机构

从目前所收集到的地方资料看，很少有专门为农地规模经营事项设置相应机构的，只有少数地方在政府内部设置了临时性的“土地规模经营领导小组”（如 2009 年鸡西市）。

土地规模经营将成为我国农地经营的主要方式，在该领域如果缺乏能够有效组织、管理、引导的专门组织机构，会对规模经营的效果产生很大的影响。

第四节　变化中的前提：土地经营权流转方式的多样化探索

农地规模经营是以解决过去“两权分置”形成的农地碎片化分散经营问题为前提的，其中农地经营权的流转规则是非常重要的环节。地方对农地流转规则的探索，较早的是浙江省，其于 1994 年就在文件中进行了较细致的规定，而其他地方则主要是从 2005 年《农村土地承包经营权流转管理办法》颁布之后开始的。《农村土地承包经营权流转管理办法》在流转方式方面，只原则性地规定了“转包、出租、互换、转让、入股”几种方式的简要规则，但留出了“其他符合有关法律和国家政策规定的方式”由地方进一步探索的空间。从内容上来看，各地基本上是在落实农业部的《农村土地承包经营权流转管理办法》，但也有明显的突破。相比于农业部的《农村土地承包经营权流转管理办法》，地方在流转方式方面的探索更为丰富而多样。

就各地的探索情况看，其丰富程度足以形成集体土地经营权流转工具库，自 2006 年以来竟已探索出多达四十余种的流转方式，不少地方往往同时采用多种方式进行集体土地经营权流转。下面按照时间顺序排列各地在土地流转方式方面探索形成的工具库，如表 4-7 所示。

表 4–7　地方集体土地经营权流转方式工具库

流转方式	地方规定内容	时间	地点
无偿转包 “倒贴”转包 股份合作农场 股份农业车间	1. 农户之间相互协商并经发包方同意，实行有偿、无偿或“倒贴”转包； 2. 以土地使用权入股的形式，兴办股份合作农场； 3. 以土地使用权入股的形式，兴办农业车间	1994 年	浙江省
季节性流转 龙头企业与农户共同体	1. 对季节性闲置的土地进行季节性流转； 2. 农业龙头企业与流转土地的农户结成利益共同体	2006 年	浙江省宁波市
托管承包 农村集体建设用地使用权流转 农村空置房及宅基地处置	1. 外出务工农民可以通过集体经济组织或流转服务组织托管承包土地，对托管的承包土地，集体经济组织或流转服务组织可以代为组织流转，流转收益归原承包方； 2. 农村集体建设用地使用权流转制度； 3. 农村空置房及宅基地处置； 4. 在符合土地利用总体规划的前提下，允许从事规模经营的农业企业有偿使用农民的宅基地和房屋用于生产经营活动	2007 年	重庆市
委托流转	外出务工农民可以将承包土地委托给村组集体组织或土地流转服务组织，并由其代为组织流转	2009 年	湖南省
土地股份合作、土地信用合作和土地抵押	土地股份合作、土地信用合作和土地抵押试点	2008 年	安徽省安庆市
农村土地流转风险基金 政策性农业保险 农业再保险和巨灾风险分散机制	1. 建立农村土地流转风险基金，健全政策性农业保险制度； 2. 建立农业再保险和巨灾风险分散机制	2008 年	河南省平顶山市
连片流转	村级组织引导农户连片流转土地： 1. 对以村为单位组织农户流转土地，新增集中连片流转面积 50 亩及以上、流转期限 5 年及以上的，给予每 50 亩 5000 元的奖励； 2. 新增集中连片流转面积 100 亩及以上、流转期限 3 年及以上的，给予每 100 亩 8000 元的奖励； 3. 连片流转土地在 300 亩及以上的村，给予 1 万元的奖励	2009 年	浙江省绍兴市

续表

<table>
<tr><th>流转方式</th><th>地方规定内容</th><th>时间</th><th>地点</th></tr>
<tr><td>土地经营权的再流转</td><td>土地经营权的再流转：
1. 土地受让方所取得的土地承包经营权，与原承包方享有的权责一致，不能改变原农业土地用途；
2. 流转期限内的再流转，须经原出让方同意；
3. 流转合同到期后，受让方不再续签流转合同而退还土地的，由流转双方实地踏勘后，办理退还手续，土地上的附着物和基础设施按原流转合同的约定进行处置；如续签流转合同的，原受让方在同等条件下享有优先权；
4. 以转让和互换形式进行的土地流转，经依法登记获得土地承包经营权证后，允许依法进行再流转</td><td>2009 年</td><td>安徽省铜陵市</td></tr>
<tr><td>委托中介组织集中流转</td><td rowspan="2">1. 农户可以将土地承包经营权委托村土地流转中介服务组织集中流转；
2. 未进行家庭承包的集体土地、水面、“四荒”土地、林地以及经整治开发的农村闲置宅基地等，依法经本集体经济组织成员的村民会议 2/3 以上成员或者 2/3 以上村民代表的同意，按公开、公平、公正的原则，可采取招标、拍卖、协商等方式进行发包，承包方所取得的土地承包经营权可依法流转或融资</td><td rowspan="2">2009 年</td><td rowspan="2">安徽省</td></tr>
<tr><td>未进行家庭承包的集体土地、水面、“四荒”土地、林地以及经整治开发的农村闲置宅基地可采取招标、拍卖、协商等方式进行发包</td></tr>
<tr><td>土地银行</td><td rowspan="4">1. 探索“土地银行”带动型流转模式；
2. 探索城乡统筹发展型流转模式，有条件的乡（镇、街道）可开展土地承包经营权换取城镇社会保障的新型农村土地承包经营权流转试点；
3. 探索建立农村土地承包经营权流转风险保障制度，土地承包经营权流转合同签订后，经营业主每年要向流转服务机构交纳一定数量的风险保证金；
4. 建立价格指导机制，出让方与受让方可参考最低指导价（即流转基准价）协商确定或通过乡（镇、街道）招标方式确定具体的农村土地承包经营权流转价格</td><td rowspan="4">2010 年</td><td rowspan="4">广西壮族自治区南宁市</td></tr>
<tr><td>土地承包经营权换取城镇社会保障</td></tr>
<tr><td>经营业主交纳风险保证金</td></tr>
<tr><td>农村土地承包经营权流转最低指导价</td></tr>
<tr><td>订单农业</td><td>与农业企业、专业大户合作发展“订单农业”</td><td>2010 年</td><td>福建省厦门市</td></tr>
<tr><td>土地信托</td><td>探索试行土地信托制，有条件的镇（街道）可组建土地银行或土地信托中心，接受农民自愿“存”入的土地（经营权），支付相应“利息”，再将土地（经营权）“贷”给有需求的经营主体</td><td>2011 年</td><td>山东省青岛市</td></tr>
<tr><td>分时段商定流转价格</td><td>流转期限超过 5 年以上的，可以分时段商定流转价格</td><td>2011 年</td><td>山西省运城市</td></tr>
</table>

续表

流转方式	地方规定内容	时间	地点
片区指导价	各乡（镇）、村应根据不同产业的不同区片土地制定土地流转指导价格	2011 年	辽宁省辽阳县
流转的林地经营权继承、担保、入股和作为合资、合作	采用公开拍卖、招标、转让、租赁、承包、转包、互换、协议等方式进行，依法流转的林地可以继承、担保、入股和作为合资、合作的出资或条件，也可以按规定实行再次转让	2011 年	浙江省景宁畲族自治县
弃耕抛荒一年以上的承包地代耕 人口集中迁移造成弃耕抛荒的统一经营 半强制的协调流转	1. 对弃耕抛荒一年以上的承包地，发包方可依法组织种养大户、农民专业合作社等代耕，耕作收益归代耕者所有； 2. 对因实施造福工程整村搬迁、新村建设人口集中迁移而造成弃耕抛荒的地方，要由发包方组织适度规模经营主体开发经营； 3. 对业主需要连片开发而部分承包农户不愿流转土地的，可由集体经济组织协调	2011 年	福建省
政府、流转受让方、流转农户按照一定的出资比例建立土地流转风险基金	建立风险保证金制度，有条件的地方可以由政府、流转受让方、流转农户按照一定的出资比例建立土地流转风险基金	2012 年	甘肃省天水市
土地流转价格评估	1. 提倡采取协商、“招投标”等方式或按“稻谷实物折价”“粮食成本收益”“物价指数调节”“承包年限逐年递增”等方法确定土地流转价格； 2. 建立土地流转价格评估制度，由各级农村土地流转服务中心定期发布土地流转指导价	2013 年	湖南省湘潭市
经营期间不转租、转包	经营期间不转租、转包	2013 年	上海市青浦区
依托农业部门或乡镇土地流转平台进行公司化经营，实行统一委托、统一流转、统一分配，建立风险防范和收益返还制度	在发展高优农业有优势、农村劳动力大量转移到非农产业的地方，推广沙县土地信托流转模式，依托农业部门或乡镇土地流转平台进行公司化经营，实行统一委托、统一流转、统一分配，建立风险防范和收益返还制度	2014 年	福建省
租赁农户承包地准入制度	探索建立租赁农户承包地准入制度	2014 年	河北省衡水市
运用一体化综合体并建立示范区	1. “龙头企业 + 合作社 + 生产基地 + 农户”为主要形式的产销一体化综合体，工商资本、民间资本、外来资本依法利用流转土地投资建设设施农业，发展特色农业、生态农业和观光农业； 2. 农业科技示范区； 3. 现代都市农业示范区	2014 年	河北省石家庄市

续表

流转方式	地方规定内容	时间	地点
土地托管合作社	探索发展“土地托管合作社”等流转方式	2015 年	甘肃省
土地流转租金预付条款和土地流转经营主体的经营能力评估	1. 建立风险防控基金制度，引导流转双方订立土地流转租金预付条款； 2. 探索建立土地流转准入退出机制，研究制定土地流转经营主体的经营能力评估制度	2015 年	安徽省蚌埠市
综合运用多种办法确定流转价格	采取实物计价和按物价浮动水平逐年浮动的办法确定流转价格	2015 年	湖南省邵阳市
多种服务模式	大力发展“公益服务机构 + 专业服务公司 + 农户”“专业服务公司 + 合作社 + 农户”“涉农企业 + 专家 + 农户”等多种服务模式	2015 年	云南省迪庆藏族自治州
土地经营权信托公司	鼓励探索成立土地经营权信托公司，实行统一委托、统一流转、统一分配	2015 年	云南省昆明市
土地流转风险保障金	采用“流入方缴纳为主、政府适当补贴”的土地流转风险保障金机制	2016 年	江苏省南京市
多种方式并用	鼓励采用土地股份合作、土地托管、土地信托、联耕联种、代耕代种等多种经营方式	2017 年	海南省

第五节　核心主体的成长：农地规模经营主体的开放式培育 *

相比于“三权分置”中的另外两个权利主体（集体土地所有权者和集体土地承包经营户）来说，各地更加注重对土地经营权者的扶持和培育，其所实施的政策、投入的资金和推行的创新是前两者无法比拟的（详见附录 A.3 各地农地规模经营主体培育对象情况）。从发展过程来看，土地经营权是一种新的权利，其权利主体过去在“两权分置”条件下长期受到抑制，确实需要对其进

* 根据 2017 年 12 月 14 日发布的《第三次全国农业普查主要数据公报（第一号）》显示：2016 年，全国共有 204 万个农业经营单位。2016 年末，在工商部门注册的农民合作社总数 179 万个，其中，农业普查登记的以农业生产经营或服务为主的农民合作社 91 万个；20 743 万农业经营户，其中，398 万规模农业经营户。全国共有 31 422 万农业生产经营人员。

行培育和扶持；从农地产出效益来看，集体土地所有权者从1978年实行家庭联产承包责任制以来，逐渐在农业经营方面淡出并有虚化的倾向，而近些年来随着大量的农村人口进城和置业方式的变化，土地承包经营权者在农地经营上的投入整体上在减少，导致农地产出效益下降，因此才需要寻找新的农地经营主体，从而正式开始了“三权分置”的改革，也就是说新的权利主体（土地经营权者）承担着提高农地产出的历史重任，无论从哪一方面看，都需要加大对其的培育和扶持力度。这些正是各地集中力量吸引、培育和扶持土地经营权者的原因，也是一种时代性责任。2017年5月中共中央办公厅、国务院办公厅发布《关于加快构建政策体系培育新型农业经营主体的意见》专门就新型农业经营主体的培育进行了部署，随后又于2018年9月发布的《乡村振兴战略规划（2018—2022年）》明确：“坚持家庭经营在农业中的基础性地位，构建家庭经营、集体经营、合作经营、企业经营等共同发展的新型农业经营体系，发展多种形式适度规模经营，发展壮大农村集体经济，提高农业的集约化、专业化、组织化、社会化水平。”“实施新型农业经营主体培育工程，鼓励通过多种形式开展适度规模经营。培育发展家庭农场，提升农民专业合作社规范化水平，鼓励发展农民专业合作社联合社。不断壮大农林产业化龙头企业，鼓励建立现代企业制度。鼓励工商资本到农村投资适合产业化、规模化经营的农业项目，提供区域性、系统性解决方案，与当地农户形成互惠共赢的产业共同体。加快建立新型经营主体支持政策体系和信用评价体系，落实财政、税收、土地、信贷、保险等支持政策，扩大新型经营主体承担涉农项目规模。”

至2019年，“着力培育新型农业经营主体和社会化服务组织，促进适度规模经营，把小农户引入现代农业发展轨道，逐步形成以家庭经营为基础、合作与联合为纽带、社会化服务为支撑的立体式复合型农业经营体系。目前，全国家庭农场近60万家，农民合作社达到217.3万家，社会化服务组织达到37万个，有效解决了‘谁来种地’‘怎样种地’等问题，大幅提高了农业生产效率”[1]。这些规模化新型经营主体目前已展现为哪些形态，或者实践中已探索出来哪些模

[1] 国务院新闻办公室《中国的粮食安全》，http://www.gov.cn/zhengce/2019-10/14/content_5439410.htm，访问日期：2021年5月18日。

式，对这些问题进行梳理对制度的完善和实践的推进来说还是有其必要性的。

本部分的任务是梳理“当前已有哪些土地经营权主体”，目的是为农地规模经营制度构建提供实践基础和选择样本。因此，下面的分析方法也是采用“合并同类项”的方式展开，目的在于尽可能全面地锁定我国目前已出现的农地规模经营主体，然后以此为基础进行分析、判断，选择能够纳入制度建设的主体。至于各类土地经营主体在各地重视的程度、在全国范围内出现的频次等问题不是分析重点，这方面的情况详见附录 A.3 各地农地规模经营主体培育对象情况。但为了显示各种新主体出现的趋势，下面的分析是按照时间进行排列的，以从中发现各地对新主体选择的偏好，如表 4-8 所示。

表 4-8　地方农地规模经营主体类型

个人类
1. 农村实用人才 2. 农村致富带头人 3. 返乡创业人员 4. 农产品经纪人 5. 创业大学生 6. 科技人员 7. 鼓励城镇人员、大中专毕业生到农村承接、承租流转的土地
家庭类
1. 专业大户 2. 种粮大户 3. 家庭农场 4. 科研单位、科技人员通过技术承包、入股、转让等形式参与发展家庭农场 5. 农业大中专毕业生、外出务工农民、个体工商户、农村经纪人等返乡创办家庭农场
企业类
1. 农业企业 2. 龙头企业 3. 农业产业化龙头企业 4. 土地承包经营权信托公司 5. 农业股份公司 6. 合伙企业 7. 国有企业

续表

联合与合作类
1. 农民土地股份合作社 2. 社区股份经济合作社 3. 农民合作社 4. 农牧民合作社 5. “土地托管”合作社 6. 农业产业化龙头企业以企业法人资格领办创办合作社 7. 农户间的合作经营 8. “公司 + 农户” 9. “公司 + 合作社 + 农户” 10. “公司 + 基地 + 农户” 11. “服务组织 + 家庭农场” 12. “服务组织 + 合作社 + 家庭农场” 13. “公司 + 家庭农场（合作社）” 14. “公司 + 合作经济组织 + 农户” 15. “公司 + 批发市场 + 农户” 16. “农产品 + 龙头企业” 17. “专业化服务队 + 农户” 18. “专业化服务公司 + 合作社 + 专业大户” 19. “农业经济技术部门 + 龙头企业 + 农户” 20. 合作社与大型连锁超市企业建立“农超对接” 21. 社会资本和城市工商企业单独兴办或与农民联办农业企业
平台类
1. 都市农庄 2. 农业园区 3. 农业产业化龙头企业建立农产品基地 4. 农业龙头企业办基地 5. “大园区 + 小业主”经营
其他
1. 集体农场 2. 集体经营：由村民委员会等集体经济组织把转移过来的土地统种、统管、统收 3. 业主租赁经营 4. 农业社会化服务组织 5. 农业科研单位 6. “土地银行”经营 7. 基层农技推广人员利用技术承包、技术参股来组建专业化“农田保姆”服务队

第六节　目前的政策重心：农地规模经营扶持政策的框架与创新

各地对农地规模经营主体的扶持从过去只扶持某些方面到现在已日渐形成一种扶持体系，覆盖已较为全面，这对推动农地流转和规模经营发挥了重要作用。尽管各地在不同领域的支持力度存在差别，但大多已形成如下的政策扶持体系：财政支持、金融支持、保险支持、项目支持、技术支持、配套设施用地支持等。

一、中央对农地规模经营的政策扶持体系

2010年、2014年国土资源部、农业部发布的《关于完善设施农用地管理有关问题的通知》（国土资发〔2010〕155号）、《关于进一步支持设施农业健康发展的通知》（国土资发〔2014〕127号）和2015年财政部发布的《农业综合开发推进农业适度规模经营的指导意见》（财发〔2015〕12号）、《关于支持多种形式适度规模经营促进转变农业发展方式的意见》（财农〔2015〕98号）四份文件，已基本勾勒出农地规模经营扶持政策的整体构架：

1. 经营扶持
    - 1.1 补贴
        - 1.1.1 农作物良种补贴
        - 1.1.2 种粮农民直接补贴
        - 1.1.3 农资综合补贴
    - 1.2 农机化扶持
        - 1.2.1 关键环节机具实行敞开补贴
        - 1.2.2 农机购置补贴
        - 1.2.3 农机作业补助

1.2.4 农机新产品购置补贴

1.3 农业生产类资金扶持

1.3.1 现代农业生产发展资金

1.3.2 农田水利设施建设补助资金

1.3.3 农业科技推广与服务补助资金等扶持农业生产类资金

2. 能力扶持

2.1 财政支农项目

2.2 农民合作社扶持

2.3 家庭农场和种养大户扶持

3. 机制创新引导

3.1 规模经营实现形式

3.1.1 订单农业

3.1.2 土地股份合作社

3.1.3 联户经营

3.1.4 合作社联合社

3.1.5 扩大经营面积

3.2 社会化服务体系

3.2.1 政府购买农业公益性服务

3.2.2 农业生产全程社会化服务

3.2.3 新型农业社会化服务

3.2.4 气象服务

3.2.5 生产经营的组织化和统一化

3.3 产业融合

3.3.1 一二三产业融合

3.3.2 产业化企业扶持

3.3.3 优势特色产业扶持

3.3.4 资产收益扶持

3.4 财政与金融协作

3.4.1 县域融资性担保机构

3.4.2 全国性农业信贷担保服务网络

3.4.3 农村金融机构定向费用补贴

3.4.4 县域金融机构涉农贷款增量奖励

3.4.5 生产订单抵押、保单抵押、营销贷款

3.4.6 中央财政保费补贴目录

3.4.7 农产品价格保险

3.4.8 农业保险大灾风险分散机制

4. 设施用地扶持

4.1 设施用地分类与范围界定

4.1.1 生产设施用地

4.1.2 附属设施用地

4.1.3 配套设施用地

4.2 设施用地扶持方式

4.2.1 生产设施、附属设施和配套设施用地性质属于农用地

4.2.2 附属设施和配套设施用地规模比例设置

4.2.3 设施建设选址规范

4.2.4 公用设施兴建

4.3 设施用地使用规范

4.3.1 设施用地协议

4.3.2 设施用地协议备案

二、地方对农地规模经营主体扶持的政策探索

相比中央的四个文件，地方的探索则较为丰富和具体，为了避免重复并致力于体现整体的制度探索情况，本部分只对中央扶持框架之外的地方扶持方式进行收录，各地详细情况如表 4–9 所示。

表 4-9　地方扶持农地规模经营主体的政策工具库

一、配套设施用地支持
1. 土地整理、中低产田改造、基础设施建设奖补。 2. 在年度建设用地指标中留出一定比例，专门用于新型农业经营主体建设配套辅助设施，并按规定减免相关税费。 3. 农业生产用电价格、农业用水支持。 4. 市场建设补贴：对设施完善、功能齐全、建筑面积不少于 1000 平方米的县级农村综合产权交易中心给予 50 万元资金补贴；对镇级农村综合产权交易中心（建筑面积不少于 300 平方米）的建设试点给予 10 万元资金补贴（不含办公场所建设投入）
二、财政支持
1. 以奖代补： （1）对实施“一块田”合并土地 100 亩以上的村，按照互换地面积每亩 100 元的标准进行奖补； （2）对土地流转期限在 5 年以上、流转面积在 100 亩以上的新型农业经营主体给予奖补； （3）特色产业规模奖补：对围绕农业主导特色产业规模生产、相对集中连片流转达到一定规模和年限的新型农业经营主体和流出农户给予一定资金奖补； （4）流转面积 1000 亩以上的规模经营主体，粮食、棉花种植分别按每亩 100 元、80 元标准，给予一次性奖励，各县（市、区）要按 1∶1 比例予以配套。 2. 资金奖励： （1）业绩奖励：对在从事土地流转工作中，组织有力、流转比例高的镇（乡）、村，市财政将给予一定资金奖励； （2）示范合作社奖励：被评为市级示范性农民合作社的，每家一次性给予 5 万元奖励；被评为省级、国家级示范性农民合作社的，除上级财政奖励外，市财政再分别一次性给予 2 万元、5 万元奖励； （3）示范性农场奖励：培育和发展家庭农场，鼓励创建示范性家庭农场，对当年认定为市级示范性家庭农场的，每家一次性给予 2 万元奖励； （4）现代农业示范区（产业化示范基地）奖励：对创建国家级、省级现代农业示范区通过考核认定的，分别一次性给予奖补 200 万元、100 万元； （5）特色农业奖励：对被评为国家级、省级“一村一品”示范村（镇）的，分别一次性给予奖补 20 万元、10 万元； （6）休闲观光农业奖励：对被评为国家级、省级休闲农业示范点（县）的，分别一次性给予奖励 20 万元、10 万元；对评为四星级以上“农家乐”的，一次性给予奖励 10 万元；对获得省级以上自然保护区或国家湿地公园的，一次性补助 20 万元。 3. 农业规模经营专项奖补资金：设立农业规模经营专项奖补资金，奖励扶持新型农业经营主体发展。对符合土地流转政策法规规定、在乡镇土地流转服务中心备案、土地流转期限在 5 年以上、流转面积在 100 亩以上的新型农业经营主体给予适当奖补，对以发展粮食生产为主、示范带动作用突出的家庭农场、农民合作社、专业大户给予重点支持。 4. 收购农产品补贴。 5. 认证补贴。 6. 名优农产品补贴。 7. 展销店、专柜补贴。 8. 农村土地规模经营奖励基金：各县（市）区财政要设立农村土地规模经营奖励基金

续表

三、金融支持
1. 贷款风险资金池：建立新型农业经营主体贷款风险资金池，提供贷款担保，符合条件的新型农业经营主体列入省现代农业信贷风险补偿基金支持范围。 2. 信贷授信评估：对农村土地流转大户等进行信贷授信评估，根据信誉度授予相适应的贷款额度，并在利率上给予优惠支持。 3. 新型农业经营主体名录：金融和保险机构针对新型农业经营主体，设计专门金融、保险产品，创新服务模式，探索以农村土地承包经营权抵押融资的具体办法。 4. 保单、仓单、商标权、知识产权、股权等质押贷款。 5. 农业贷款风险补偿资金：各类担保机构为新型农业经营主体提供融资担保，鼓励各地探索建立农业贷款风险补偿资金，有条件的县（市）要组建农业担保机构，政府注入资金。 6. 农村资金互助社：农民专业合作社开展信用合作和创办农村资金互助社
四、保险支持
1. 资助农业职业经理人以个人身份参加城镇职工养老保险，对农业职业经理人领办新办的农业生产基地，在政策性农业保险和粮食规模化经营扶持补贴政策上给予优惠。 2. 政策性农业保险：对流转土地在 100 亩以上，水面在 500 亩以上的经营大户作为政策性农业保险重点参保对象，其参与保险 20% 的保险金由市、县（区）财政按 1∶1 承担
五、项目支持
对流转经营规模 500 亩以上的经营主体，在实施土地开发整理、农业综合开发、农业产业化、交通、水利等项目建设方面，同等条件予以重点倾斜，优先立项
六、技术支持
1. 农业技术员联系制度：为每一个种植养殖大户和家庭农场配备 1 ~ 2 名农业技术联络员，优先为家庭农场等新型农业经营实体开展技术服务。 2. 技术对口扶持：根据土地流入主体的要求，对流入耕地、荒坡、荒滩、林地 500 亩以上，水面 1000 亩以上的经营大户或业主，由市、县、乡农业部门选派一名以上专业对口的农业技术人员，“一对一”地进行科技特派员指导服务，并优先推介上报财政扶持项目。 3. 生产技术支撑：建立挂牌指导制度，根据土地流入主体的要求，对流入耕地 100 ~ 1000 亩的龙头企业、种养大户或业主，由乡镇明确一名专业农技人员进行指导服务；对流入耕地 1000 亩以上的，由县级相关部门选派一名高级技术人员经常指导服务
七、其他支持
1. 免费为经营面积 100 亩以上的种植业专业大户、家庭农场和农民合作社提供测土配方施肥服务。 2. 凡机关、事业单位职工在本县内租赁和承包农村土地从事规模经营的，经相关部门审核批准后，除享受上述财政扶持等优惠政策外，承包经营期间还享受“四不变”政策，即工资待遇不变、调资晋级不变、身份不变、行政职务（或专业技术职务）不变

注：该方面已由中共中央、国务院再次明确部署：“对于农业生产过程中所需各类生产设施和附属设施用地，以及由于农业规模经营必须兴建的配套设施，在不占用永久基本农田的前提下，纳入设施农用地管理，实行县级备案。鼓励农业生产与村庄建设用地复合利用，发展农村新产业新业态，拓展土地使用功能。”参见《乡村振兴战略规划（2018—2022 年）》。

第七节　基础性问题：处于起步阶段的农民保障政策探索

从 81 个省、市、县（区）的地方规定来看，对承包土地流出的农户保障和支持，主要是由政府主动承担责任。为便于整体理清目前已探索出的保障方案，本部分采取合并同类项的方式，把各地做法进行逻辑性梳理，而忽略各地分别使用的方式和各种方式被使用的频次（这些情况详见附录 A.4 各地土地流转后的农民保障措施）。[1]

从各种被当地作为“农民保障”的措施来看，其实有的不一定是保障措施；还有的甚至名义上是保障，实际上可能是强制流转，如“弃耕抛荒的耕地，发包方可依法组织种养大户、农民专业合作社等代为耕种，耕作收益归代耕者”；还有的只是一种流转方式，而不是保障，如“有偿退出”等。这种情况说明，地方在对土地流出农民的保障探索方面，还较为粗放，探索的空间还很大，或者这正是目前探索过程中的短板。

表 4–10 中整理的各类保障措施，汇集了各地的做法，每个地方往往只采用其中一个或多个措施，目前还没有发现哪个地方全部采用了如下措施。在选取的 81 个样本中，有 49 个地方的政策文件和工作文件中没有提及农民保障的问题，而且，表中的各种保障措施基本没有进一步的落实方案，大多是一种大方向的措施。

[1] 2018 年 9 月印发的《乡村振兴战略规划（2018—2022 年）》明确：加快推广“订单收购 + 分红”“土地流转 + 优先雇用 + 社会保障”“农民入股 + 保底收益 + 按股分红”等多种利益联结方式，让农户分享加工、销售环节收益。鼓励行业协会或龙头企业与合作社、家庭农场、普通农户等组织共同营销，开展农产品销售推介和品牌运作，让农户更多分享产业链增值收益。鼓励农业产业化龙头企业通过设立风险资金、为农户提供信贷担保、领办或参办农民合作组织等多种形式，与农民建立稳定的订单和契约关系。完善涉农股份合作制企业利润分配机制，明确资本参与利润分配比例上限。

表 4-10　各地土地流转农民保障政策工具库

一、农村社会保障
1. 结合新农村建设，社会保障、民政、卫生等有关部门协调配合，建立健全农村养老保险、农村最低生活保障、农村合作医疗等多层次的农村社会保障体系； 2. 实行流出土地农户与社保、医保挂钩政策，保障流出土地农户的生产生活； 3. 要全面落实农村新型合作医疗制度，对符合享受农村最低生活保障和农村养老保险待遇的人员，将其纳入农村最低生活保障、农村养老保险范围； 4. 积极探索建立以农民缴费为主、政府补贴为辅、村集体经济组织适当补助的多层次农村养老保险制度； 5. 对流转出全部承包地且合同年限在 10 年以上的农民就业，经认定，在流转年限内享受与被征地农民同等的就业优惠政策
二、进城保障
1. 自愿放弃承包地并迁入城镇定居的农民，应享受与迁入地城镇居民同等的待遇和社会保障； 2. 落实土地流转农户落户小城镇，享受就医、子女上学、养老保险等优惠政策； 3. 对承包土地全部委托乡镇、村土地流转服务组织，且流转年限超过 5 年以上的农户，对迁入城镇定居、有稳定职业和固定住所的农民，纳入城镇社会保障体系； 4. 承包期内，承包方全家转为城镇户口或迁入小城镇落户的，依法保留其土地承包经营权并允许依法进行土地流转； 5. 试行在城镇有稳定收入和固定住所的农民以土地承包经营权置换城镇社会保障、以农村宅基地使用权及其房屋产权置换城镇社区住房（简称“双置换”），其宅基地交还原集体经济组织复垦耕种，或经报批征用，按照土地利用总体规划、城镇建设规划，纳入城市土地储备库，重新配置使用。自愿实行“双置换”的农民所获得的经济补偿优先用于办理养老、医疗等社会保险，享受与迁入地城镇居民同等的社会保障和公共服务
三、就业保障
（一）一般性保障 1. 对于承包土地全部流出的农户和返乡农民工优先纳入各类就业计划； 2. 对参与土地流转的农户要通过项目扶持和科技、劳务培训等多种方式予以支持，为进入二三产业的农民转岗就业创造条件； 3. 劳务输出指导和服务，建立稳定的劳务输出基地； 4. 承包土地经营权全部转出的农户，经乡（镇）人民政府或者街道办事处认定，在参加就业培训、接受岗位推介以及其他社会保障等方面，享受被征地农户同等待遇；在自主创业时，可参照执行城镇下岗职工的有关优惠政策 （二）附条件保障 1. 对流出全部土地承包经营权、期限 5 年以上的农户，进入城镇自主创业的，参照城镇失业人员享受相关税费优惠政策； 2. 对承包土地全部流转且合同期限 5 年以上的农户，允许按非农户籍参保人员政策参加市区城乡居民社会养老保险； 3. 对流出全部土地承包经营权 10 年以上（承包期内）、在城镇进行创业的农民，享受下岗工人创业政策； 4. 招用流出全部土地承包经营权且年限在 10 年以上（承包期内）的农民，并与其签订 1 年以上期限劳动合同的企业，在相应期限内给予养老、医疗、失业三项社会保险补贴； 5. 受让的规模经营主体应优先吸纳土地全部流转且年限在 5 年以上的农户劳动力，并建立相对稳定的劳动关系

续表

四、政府指导价
1. 各区市要根据不同产业和不同片区制定好指导价，形成农村土地流转价格自然增长机制，保护农民土地收益； 2. 为保护农民在土地承包经营权流转过程中的利益，土地流转费的最低指导价为：用于粮食生产的每亩每年 500 元，用于蔬菜等经济作物的每亩每年 800 元
五、集体股权保障
选择有条件的村，将集体财产评估折股，量化到人，赋予农民对集体资产股份占有、收益、有偿退出及抵押、担保、继承权
六、土地流转风险保障金制度
1. 要通过转出方、受让方、集体三方共同出资设立风险保障金制度的办法，确保转出方农民的利益； 2. 当经营业主因生产经营困难等原因不能按期支付农户流转金时，可动用风险保障金先予支付农户流转金，再按责任主体予以追索
七、其他方式
1. 实行先交租金后用地，通过流转合同约定，受让方一次性支付租金，也可以先交一季或一年以上租金再使用土地，确保农民按时足额获得流转金，切实保护农民利益； 2. 农户承包地有偿退出，建立农户承包地退出补偿机制； 3. 弃耕抛荒的耕地，发包方可依法组织种养大户、农民专业合作社等代为耕种，耕作收益归代耕者

当然，有些保障措施已在城市化的层面上开始探索，如“进城保障”方面，不少地方已形成卓有成效的方案，其中安徽省宣城市 2009 年采用的“双置换”方式就有很强的代表性。但由于种种原因，农民保障也存在很大的完善空间。[1]

第八节　总体评述：尚处于失衡状态的制度架构

从对上述各地的集体土地流转和规模经营的规范性文件和工作文件的分

[1] “由于法律未对两权分离的期限（即农地经营权流转的期限）以及农地流转的价格和规模作出规定，实践中为了加快土地规模化进程，‘三权分置’改革的政策普遍倾向于强化经营权权能，易导致经营权‘一权独大’，损害农户的承包权。”参见管媛媛:《农地“三权分置”风险的法律规制研究》,《河南牧业经济学院学报（政法与社会）》2018 年第 3 期，第 72 页。

析得出的整体结果来看，存在如下几个方面的不平衡：(1) 目标实现与方式的不平衡，在土地流转方向上，只有少数几个地方设置了流转方向的目标，而在规模经营主体上，各地却形成了十分丰富的主体类型，几乎涵盖了目前所有能够从事农地规模经营的主体，并且在各种主体的联合、合作等方面更为复杂；也就是说，没有主体培育目标，而培育的主体类型却十分丰富；集体土地所有权者在土地流转和规模经营中的权利没有得到充分重视，反而为其设定了不少公共管理的责任。(2) 对土地经营者的扶持力度非常大，而对流出土地经营权的土地承包户支持和保障则较少。也就是说，政府保障农地经营者的权益，而流出土地的农民则需依靠市场实现权益。各种土地流转机构和组织设置，多倾向于土地流出服务和保障，目前还没有成立土地流出农民的保障机构。

这些制度失衡的背后，是地方分散探索形成的结果，缺乏制度的整体设计和综合考量。当然，各地“不约而同”形成的这种结果，是有其自身的逻辑和动力的：分散经营的农户不仅产出效益低，而且因为流动造成一定程度的土地闲置甚至撂荒，使其土地经营效益更低，相比之下，农地规模经营则效益高，更能够适应新的发展需要；把有限的资金和精力投入农民保障，表面上就只是保障，是单纯的“支出”而无收益，但对规模经营主体的保障投入，则可获得明显的收益。这就形成了无视所有权，轻视承包经营权，重视经营权的失衡结构。对基础的忽视，为将来发展留下隐患，这种隐患已在土地流转实践中出现，如强制流转的问题、农民流转意愿低的问题、流转后的非农用地问题等。

土地资源是基础性资源，其影响是全面的，而农地不仅承担着国家粮食安全的重要任务，还承担着农民保障的任务。前一任务的重要性无须赘言，而后一任务则直接影响到城市化进程中的社会稳定这样的大问题，同时也影响到农地规模化经营的基础是否稳定的问题。因此，从长远和全局层面上，重新审视制度的构建是必要的。

第五章　制度核心内容:“三权分置”基础上农地规模经营的制度架构分析

从客观上说，土地就是土地，并不存在分散与集中的问题，是设置于土地上的权利的分散才导致了经营与管理的分散，这是问题的根本所在。因此，要实现农地的规模经营，从制度上看，重点不在土地如何规模化，而在如何将分散的权利规模化，这正是制度要回答的问题。土地经营权的分置为解决这一问题提供了法理依据，于是，分析“三权分置”基础上的农地规模经营的制度架构问题，其实就是分析土地经营权的制度架构问题。

在粮食安全的重大主题之下，农地作为国家最为重要的战略性资源、基础性资源，保障的不仅是农民本身，还包括所有的国民。“在当前的经济体制和政治生态下，农地制度的变迁是多因素叠加、多主体参与及多元诉求共存的重大问题，其复杂程度非同一般，如何对农地制度进行实践层面上的改良和学理层面的分析是一个很大的挑战”，“如果将视野置于农业现代化、新型城镇化、中后期工业化迅速发展与深度融合的宏阔场域中，我们会发现农村土地问题与当下国家重大发展战略和整个经济社会转型紧密相连。”[1] 因此，经营好农地是国家的大事。在进行制度探索过程中，需要考虑国家整体粮食安全、农民个体的权益保障和农地经营者之间的关系，从中寻找到最适合经营农地的主体，是问题的关键。下文的分析将在这样的结构中展开。

对“三权分置”基础上的农地规模经营的制度架构进行研究，涉及对不同

[1] 王敬尧、魏来:《当代中国农地制度的存续与变迁》,《中国社会科学》2016 年第 2 期，第 73 页、第 92 页。

类型的集体土地上设置的权利以及权利背后的利益大小存在的差异进行分析，作为应用研究，将通过对集体土地权利束的分解，有针对性地重点研究适合农地规模经营的土地类型、从制度上选择确定农地规模经营主体的条件、界定集体土地上“三权”与农地规模经营权利之间的关系、选择农地规模经营的行为方式等制度建构问题，以集中回应现实中亟待解决的问题。

第一节　制度基础：政府责任、农民保障与所有权实现

一、“过渡性”的社会结构

土地经营权的流转和农地的规模经营不单单是农户与土地经营者之间的关系，同时也是解决国家粮食安全和城市化建设的重要方式，这是涉及国家和社会整体发展的时代大问题。因此，把土地流转和农地规模化经营的实现仅限于村集体、农户和土地经营者之间的关系上进行探讨，是很难寻找到问题解决方案的，而实践过程也确实是党和国家部署、政府推动、各种社会主体等参与的过程。毕竟，粮食安全不只是农户和土地经营者的责任，还是政府和整体社会共同的责任。一味从权利、权能分析的角度，把土地经营限于农户权利实现和经营者权利实现的范围讨论问题，会出现仅靠农户和土地经营者自发或者完全依赖市场的方式经营农地的认识倾向，而目前农地经营较好的国家并没有完全依赖市场、放任农地使用。“现代政府在刺激（有时是减缓）经济增长速度方面起主要作用，而且在所有的工业化国家中正存在国家对生产的高度干预，政府无疑已成为最大的雇主。”[1] 在现代社会，与其他产业相比，农业是高投入而低产出的行业，并因其基础性地位，当为降低整个行业发展成本时，其往往受到其他行业更多的挤压，致使各种要素纷纷从农业中流去。因此，近几十年来有条件的国家纷纷采取了对农业进行补贴、扶持、干预的政策，其中包括那些

---

[1] 安东尼·吉登斯:《社会学》，赵旭东、齐心等译，北京大学出版社，2003，第57页。

实行土地私有制度并对私权进行严格保护的国家。这种选择是由农业的基础性作用甚至战略性地位所决定的。

"农村土地制度改革是加快推进农业规模化、专业化，保障国家粮食安全的必经之路"❶，但鉴于我国正处于农业社会向工商业社会转型和快速城镇化的过程中，其总体特点是"过渡性"，因此在制度改革中不得不考虑各种处于"过渡"过程中不同阶段的各种因素。对于未向工商业和城镇过渡的农民来说，"土地具有生存保障与致富资本的双重功能，是农民赖以生存和发展的根基"❷，但同时农业生产经营模式又是"以家庭为主，农业机械化程度低，农业生产效率不高，且农村承包地具有细碎化、条块化的特点，所形成的大量田埂也造成了耕地资源的浪费"❸，需要转型升级。另外一种"过渡"方向，则是从工商业和城镇要素中"引入工商资本进行产业化经营，延长农业产业链，提高农业产品附加值，增强农业生产经营者抵御市场风险的能力"。这样农村土地制度改革在行为逻辑上的结果自然就是需要"统筹城乡发展、促进新农村建设、健全城乡发展一体化体制机制"❹。

在这一以"过渡性"为主要特点的逻辑转换中，如果把农地制度改革理解为单纯的"要素市场"改革，那么对处于"过渡"中的农户是不利的也是不公平的，不利于社会整体的发展。这也是党和国家一再强调农民权益保障的原因。

"土地确权颁证后已经初步具备以农村集体经济组织成员权取代社员权的现实基础，特别是一些地区已经采取'确权不确地和土地股权化'。客观上，土地制度改革的试点在不断使财产化的权利逐步摆脱传统的社员权的分配方式。农地经营权要实现资本功能，其权利主体必须逐步去身份化。只不过在去身份化

❶ 辜胜阻、吴永斌、李睿:《当前农地产权与流转制度改革研究》,《经济与管理》2015 年第 4 期，第 6 页。

❷ 辜胜阻、吴永斌、李睿:《当前农地产权与流转制度改革研究》,《经济与管理》2015 年第 4 期，第 5 页。

❸ 辜胜阻、吴永斌、李睿:《当前农地产权与流转制度改革研究》,《经济与管理》2015 年第 4 期，第 6 页。

❹ 辜胜阻、吴永斌、李睿:《当前农地产权与流转制度改革研究》,《经济与管理》2015 年第 4 期，第 6 页。

过程中必须优先保障农民的生存权和已经取得的财产和市场化的收益权。”❶

二、在农地规模经营中政府和社会的责任逻辑

农地规模经营是一种把与土地相关的各类要素高度市场化的经营模式，其运作过程是把集体经济组织、农户农民、经营主体和国家等各方综合到一个层次不同的利益博弈结构。“国家与农民以土地增值收益的配置机制为媒介开展互动，土地集体所有制成为型塑国家与农民关系形态的产权基础。集体产权变迁中，围绕土地增值收益，地方政府、村集体经济组织、集体经济组织成员在既定产权结构中开展利益博弈，国家与农民的形象随之多元化。”❷农地规模化经营是建立在从土地承包经营权中分离出来的土地经营权基础之上的，尽管理论上可以证明承包经营权可以通过土地经营权实现自身的权益，但实践中的情况还是远远超过理论的解释，尤其是土地承包经营权中基于身份的保障功能，当土地的占有和使用通过经营权的流转而脱离了承包经营权主体后，其保障功能就面临着各种不可控甚至不可预见的复杂情况。

这种复杂情况在过去几十年的实践中已表现出来：农地流转后的非农化问题，就远远脱离了土地承包经营权中以农业经营保障集体成员基本生活的范畴，甚至农地非农化后，承包经营权人面临再也无法收回农地经营权的问题。“土地确权颁证后已经初步具备以农村集体经济组织成员权取代社员权的现实基础”❸，“确权确股不确地”方式的实施，就已表明这种趋势。如目前“确权确股不确地”适用的三种情形：一是政府长期占用的绿化用地。这部分土地已经被政府长期统一使用，无法再退还给农户了；二是经济发达地区，当地政府出台补助政策，鼓励农民将土地承包经营权流转给集体，由集体整理后统一对外发包，原有的地块四至都已发生变化，只有通过确股不确地的方式确权；三是

---

❶ 杨遂全、韩作轩：《“三权分置”下农地经营权主体成员权身份探究》，《中国土地科学》2017年第6期，第25页。

❷ 印子：《农村集体产权变迁的政治逻辑》，《北京社会科学》2018年第11期，第120页。

❸ 杨遂全、韩作轩：《“三权分置”下农地经营权主体成员权身份探究》，《中国土地科学》2017年第6期，第25页。

个别地方的少数村，以村为单位组建农地股份合作社，这三种情形都是因为土地上经营权的混同而把农民从具体地块上分离出来，把重心转移至其身份权的保障上。而过去"两权分置"下对农民身份权的保障，是农民通过经营承包地为自己生产来实现的，带有明显的自给自足色彩。但现在土地经营权的分离，是以农民脱离对承包地的直接经营为目的，其身份保障权需依靠新的土地经营主体通过市场和社会生产来实现。也就是说，一旦市场化经营中任一环节出现问题，都可能使土地承包经营权的成员保障功能无法实现。这也是目前很多地方农民土地流转意愿不高、政府大力推动的其中一个重要的原因。

这种风险是由土地经营权流出的农民自己承担，还是与新的土地经营主体共同承担，抑或由社会或政府承担？问题的答案需到土地经营权流转的目的上去寻找。土地流转当然有农民自己获取更高效益的个体目的，但同时也有提高整体农地经营水平保障全体粮食安全的整体目标，而整体目标是政府和社会所关注的。从这个意义上来看，农民把土地经营权流出的风险就不应该只由农民个体来承担，政府和社会也应承担。

就农地规模经营来看，规模经营的土地是通过汇集若干分散的承包地而来的，当土地经营权的设定期限（最多30年）到期，实际上将面临着重新"分地"的问题，这将是一个十分复杂的运作过程，因为30年间不仅人口会发生很大变化，土地使用状况也会发生很大变化，仅靠农民个体来处理该类问题，有些情况下甚至成为不可能完成的任务。

正是如上各种复杂的变化情况的存在，有学者指出："农村集体产权嵌入复杂的地方行政权力结构和村庄权力结构，朝着国有化、私有化和股权化等产权样态演进，形成行政主导型、规则竞争型和利益均沾型三种集体产权变迁模式。与之对应，地方政府给予村干部任职行政化、公共规则治理、制度化分权等制度回应。这表明，集体产权变迁与基层治理结构之间并非线性的因果逻辑，反而呈现出复线的循环关联，并在基层政权治理能力、国家与农民关系两方面产生重要政治后果。"[1] 这将是制度建设中需要进一步研究的问题，以通过制度的方式确定一种相对均衡的土地利益格局。

---

[1] 印子：《农村集体产权变迁的政治逻辑》，《北京社会科学》2018年第11期，第115页。

三、在“过渡性”的社会结构中多层次保障农民的职业和身份利益

我国的农民身份是各类社会主体中变化较多的一个群体。其身份经历了以土地革命为基础的“打土豪，分田地”和“农村包围城市”，之后随着1950年《土地改革法》的实施确定了土地所有权者的身份；然后又于1958年后基本整体性地转化为“社员”身份，该身份于1961年发布《农村人民公社工作条例（修正草案）》后以制度化的方式正式确认，并因1958年的户籍制度改革形成城乡二元体制中的农民的身份；1978年后随着家庭联产承包责任制逐渐确立，其再次获得小农经营的身份；进入新世纪，随着城市发展、人口流动等情况的出现，其以农为业的职业身份开始淡化，但2002年颁布的《农村土地承包法》从身份上明确保障其土地承包经营权。可以说，农民每一次在制度上的身份变化，都有着当时深刻而复杂的社会背景。

在上述不同的时代背景下农民身份的变化，一直围绕着一个核心轴展开：农地－以农为业－农民。这个核心轴中的三者关系，近乎一种“等于”关系，即“农地＝农业＝农民”，也可以说是农村话语中“三位一体”的关系。例如，1958年后土地集中，则农地经营方式变化为统一经营，农民身份变化为社员；1978年后土地分散承包，农地经营方式变化为家庭经营，农民身份回归至传统自给自足的自耕农状态；而后随着农村人口进城从业，其职业的变化导致其他两个要素发生变化，即经营方式要么是兼业经营，要么不再直接经营，而身份则已与自耕农大为不同（如从20世纪80年代的“盲流”“打工仔”“打工妹”到后来的“农民工”“民工”“进城务工人员”，再到现在的“城市建设者”“兼业人员”“进城落户农民”等），进而使原来的承包经营权基础面临调整的压力，由此“三权分置”成为必要。

“‘三权分置’实施前，承包经营权毫无疑问都在农民手里，‘三权分置’使土地承包经营权一分为二，承包权和经营权可以是两个不同的主体，经营权可以跟农民没有任何关系。”[1] 以土地经营权流转为前提的农地规模经营，与

[1] 管媛媛:《农地“三权分置”风险的法律规制研究》,《河南牧业经济学院学报（政法与社会）》2018年第3期，第75页。

"两权分置"模式相比，对农民影响最大的是其职业保障，即过去直接以种田为职业，并因此获得生存和生活保障；而土地经营权流转出去后，其不再直接经营承包地，相对于从事的种田职业来说，其"失业"了（当然这是相对于直接从事承包地的农业经营来说的）。这种"失业"后的保障，主要依靠新的土地经营者保障（获取租金、土地转让金、股权收益等）；而新的土地经营者是为市场或社会经营，从市场或社会中获取经营收益，相应地，农民的"失业"保障也间接地来自市场或社会保障了。在目前"三权分置"的改革时期，新的农地经营主体正处于成长和培育时期，如果由其完全承担对农民的"失业"保障，存在各种农民自身很难控制的风险。"农户、规模经营者、基层政府作为农地流转的参与者，为了实现自己利益最大化而展开博弈，各自理性博弈的结果会导致土地流转过程中隐藏着各种风险，如农民权益受到侵害、规模经营风险高、危害粮食安全、政府公信力下降等，最终会使流转利益相关方都遭受损失，不利于社会稳定和农村可持续发展。"❶

围绕农民保障这一关键问题，近年来，中央和地方进行了各种探索，但总体上还未达到"失业"保障的程度。因此，建议把职业保障作为基础，建立土地经营权流出农民的基础保障制度，具体做法如下：

第一，建立农民退休制度。❷目前，农户兼业及农民老龄化成为农村常态。

---

❶ 苏玉娥：《农业现代化背景下农地流转风险分析与防范》，《河北科技大学学报（社会科学版）》2018 年第 1 期，第 31 页。

❷ 可借鉴欧盟一些国家的做法，例如，英国发放"终身年奖"，1967 年英国《农业法》规定，对愿意放弃经营的小农场主可以发 2000 英镑以下的补助，或者每年发给不超过 275 英镑的终身年奖。法国提供"离农终身津贴"，根据法国《农业指导法》的补充法规定，设立农业结构社会行动基金，其基本职能是运用国家财政资金，资助多余的农民离开土地，特别是"给停止农业活动或自愿让出农场的老年农民"，提供"离农终身津贴"。补贴金制度的实施，明显地加速了土地集中的进程，到 20 世纪 70 年代末，已有超过 57.6 名万的老年农民放弃土地，停止经营农业，移交出的土地面积达 1010 万公顷，约占全国农田面积的 1/3。法国《农业指导法》还规定设立土地整治和农村安置公司，其任务主要是利用政府的资助和农业信贷银行的贷款，在土地市场上购买"没有生命力的农场"土地，经过一段时期的整治，再出售给"有生命力的农场主"。德国实行"改行奖金""提前退休奖金""工地出租奖励法"，西德时期实行"改行奖金"用于鼓励小农户弃农转行；"提前退休奖金"用于鼓励农民提前退休；"土地出租奖励法"对为期 12—18 年的长期出租给予奖励。据统计，领取改行奖金而交出的土地达到 3713 万公顷，相当于西德农地总面积的 3% 左右；在 1966—1975 年，土地租赁面积占西德农地总面积的 25% 左右。参见薛建良、郭新宇：《欧盟主要国家农地流转与土地规模经营的经验与启示》，《农业部管理干部学院学报》2015 年第 19 期，第 21 页。

农业劳动者老龄化的情况已较为普遍。“在农村，耕种土地的农民大多是‘50后’、‘60后’，‘70后’、‘80后’农民以在外打工为主，‘90后’、‘00后’农民很少有种地的想法。兼业和老龄化在大多数地区成为农业生产的常态，由此带来的粗犷的农业耕种是对稀缺土地资源的极大浪费”❶。在这样的情况下，采用农民退休制，无论是对从分散经营向规模经营转变还是农民权益保障都有其必要性。当然，也有渐进或折中的方案，如采用“适当的补贴用于支持和鼓励老年农户流转出农地”的做法，有学者进行了调查“64岁以上的大龄农户更愿意流转出土地以获得农地租金，满足其现世的经济需要。因此可以给那些年龄较大而又不太愿意从事农业生产的农户进行适当的农地退出补贴，以鼓励其流转出农地。这种补贴一方面可以增加农地流转市场中的土地供给，另一方面也可以增加这部分退出土地老年农户的养老金收入，以弥补当前新型农村养老保险收入的不足。”❷这种做法从“过渡性”来看，有一定的合理性，但在施行上会因为补贴的临时性而无法大规模有序展开。

第二，土地经营权流转后在城镇落户的，除一次性获取土地流转金外，纳入城镇社会保障体系。“从城乡融合的视角，跳出农村看农业，加快推进中小城市户籍制度改革，建构农业转出人口更加粘性的城市社会保障制度，实现农民土地保障向城市社会保障的体制转型。”❸

第三，设立土地流转风险基金和农地经营专项保障基金。“农地流入方在流入土地前，根据流入土地规模的多少和双方协定的结果，缴纳数额不等的风险保障金。可以由中介机构或者银行负责管理，保障金不能挪作他用。流转合同到期后，农地流入方没有违约，则可领回风险保障金的本金和利息。一旦经

---

❶ 王锋:《新时期中国农地制度变革及三权分置完善研究》,《中国集体经济》2018年第34期，第59-60页。

❷ 唐轲:《农户农地流转与经营规模对粮食生产的影响》，博士学位论文，中国农业科学院，2017，第88页。

❸ 程世勇、蔡继明:《乡村振兴视阈下我国农地适度规模经营研究》,《社会科学辑刊》2018年第4期，第153页。

营出现问题，风险保障金首先要用来支付农民的租金和土地复耕。"[1]农地经营专项保障基金，则由政府分级注资，专门用于保障农民的权益。

第四，改革农村社会保障体系，使该体系与城镇社会保障体系保持一致。

四、集体土地所有权者在农地规模经营中的重新定位

我国的集体所有权是在公有制的前提下探讨的，它承担着公有制的很多功能，而非民事上简单的所有权角色。用民事上的所有权无法解释农地的所有权现象，不仅无法解释我国的现象，实际上也无法解释很多土地私有制国家的现象（不少国家同样实行了严格的土地用途管制制度，对农地所有权的行使进行了各种限制）。就我国集体土地的制度变迁来看，"农地制度路径依赖性的主线是土地'所有权－经营权'的不同配置方式"[2]，土地承包经营权虽然是以成员身份为基础的，但成员身份利益的获得必须通过经营权的行使才能实现。一直以来，对农地所有权主体的定位就争议不断，代表性分析逻辑如：一方面，土地所有权高度集中而缺乏明确的人格化代表，为此，农民很少愿意对土地进行长期投资，导致农业资源无序配置；另一方面，土地使用权分属于不同的利益主体而其对土地的合理使用及对所有者又不承担任何经济的和法律的责任，这就使土地资源得不到充分利用和合理使用，由此造成土地资源的浪费和使用

[1] 苏玉娥：《农业现代化背景下农地流转风险分析与防范》，《河北科技大学学报（社会科学版）》2018 年第 1 期，第 34 页。也有人"针对部分地区土地流转中出现的租金支付拖欠、掠夺式开发土地资源及不守规履约导致农民利益受损等问题"，提出"应建立起农地流转风险保证金制度，确保农民利益不受损害、土地可持续开发"，解决农地非农化、掠夺式开发等问题，同时最大限度地保护农民的利益。在制度建构上提出，"农地流转风险保证金制度可以由县级农村产权流转交易监督管理委员会负责建立，根据土地流转规模及期限收取流转土地年租金一至三倍的风险保证金。当土地经营权人停止经营活动，且无其他经营业主承接，或遭受重大自然灾害或意外事故而导致土地流转合同不能继续履行时，启用风险保证金支付租金；经营权人擅自改变土地用途违规违约使用土地的，扣除相应保证金予以处罚；土地流转合同到期后，经营权人未改变土地用途，流转土地未被严重污染或破坏，农地综合生产能力未降低，同时流转土地复耕无争议的，应及时向流转方全额返还风险保证金本金。"参见管媛媛：《农地"三权分置"风险的法律规制研究》，《河南牧业经济学院学报（政法与社会）》2018 年第 3 期，第 74 页。

[2] 王敬尧、魏来：《当代中国农地制度的存续与变迁》，《中国社会科学》2016 年第 2 期，第 84 页。

上的不经济。[1]

实践确实如此。自1978年以来，土地承包经营权主体通过《土地管理法》《农村土地承包法》《物权法》等和国家各种政策越来越明确，而更为基础的权利主体——集体土地所有权主体则日渐模糊，甚至在“三权分置”的框架中，虽然理论上土地经营权是从所有权中分置出来的，但在实施中其实是从土地承包经营权中分置出来的，例如，各地基本采取了农户与新的经营主体签约的方式，甚至土地经营权收益也与土地所有权主体没有关系。这种失衡的制度设计，是以农户直接从事农业经营为基础的，目的是保障农民以农为业获取收益，但在城市化的大背景下随着农户离开土地而把土地经营转移至新的经营主体，自己不再直接从事农业经营，这种制度设计的权宜条件也随之发生变化。

我们把这种变化情况以类型化的方式抽象为如下的模型：

Ⅰ集体土地→自营、联营农户（土地不流转）

Ⅱ集体土地→兼业农户→土地经营主体（土地流转）

Ⅲ集体土地→土地经营主体（农户退出承包地后，土地流转）

在上述三种模型中，第一种情形不发生土地流转，是“两权分置”的制度适用情形。

第二种情形，是“三权分置”的制度适用情形，目前的各种制度探索即主要围绕该种模型展开。

第三种情形，则不适合“三权分置”的基本模型，其土地流转直接发生在集体土地所有权主体和土地经营主体之间。

当然，三种模型都可能通过土地流转或者规模化服务实现农地规模化经营，但第二种和第三种模型中，集体土地所有权主体在农地经营中的地位发生了变化，尤其是第三种情形（在该模型中，其实还包含着集体预留土地的流转和规模化经营情形）。第三种模型与国有农地的承包经营方式较为接近，集体土地所有权主体可以直接从土地经营收益中实现自己的所有权收益。这样，就出现如下的结果：

Ⅰ集体土地→自营、联营农户（土地不流转）——集体土地所有权

---

[1] 朱艳、王玉霞：《我国农村土地产权的制度变迁》，《中国集体经济》2008年第8期。

主体无收益

Ⅱ集体土地→兼业农户→土地经营主体（土地流转）——集体土地所有权主体无收益

Ⅲ集体土地→土地经营主体（农户退出承包地后，土地流转）——集体土地所有权主体有收益

从国有农地（或国有农场）的经营模式来看，其在实现规模经营与规模服务方面远没有农地流转与规模经营这么复杂，其基本情形如下：

从国有农场土地权利结构上看，农场实施土地国有制度，国有农场对农场土地拥有经营管理权，而农场实施的"职工家庭经营"与农村地区"家庭承包经营"具有明显的不同。"职工家庭经营"的提法突出农场与家庭经营主体之间存在企业与职工的关系，职工需要在农场统一管理下从事家庭经营活动，属于企业内部管理中的生产责任制方式。"职工家庭经营"在各个农场中存在不同实现形式，如联产计酬、作物转让、岗位责任制等很多都不涉及土地承包关系。在分散的"职工家庭经营"之上，农场经营管理体制却实现了集中。

首先，当前很多垦区实施的土地承包（租赁）制度，包括"两田制""三田制"等具体实践形式，并不构成农场土地经营的唯一实现形式，农场的土地使用权实现形式还包括统一经营形态下的农场直接占用、使用，或者农场在一定条件下进行土地入股经营。

其次，部分继续实施"职工家庭经营"方式的农场，职工与农场的关系也不能如同农村那样简单化为土地承包（租赁）关系。在实施"职工家庭经营"方式的情况下，农场具有统一管理、提供服务的权利和义务，职工需按照农场统一布局和技术要求从事生产经营活动，农场与职工分别在不同生产环节发挥作用，共同提高经营效率。在农场"职工家庭经营"形式下，农场与职工（以及其他经营主体）之间存在除土地承包之外更丰富的经营关系。

在经营过程中，农场统管的部分，主要包括育种的协调、农业基础设施的维护、作物的病虫害统防统治、农忙时节机械与人工的协调，总体来看是以生产服务为主导，服务的目标是让种植户确保粮食产量，能够足额缴纳租金，同时又有钱赚，不能形成大量种植户亏损、赔本，不能造成社会不稳定因素。这也是农场必须考虑的重要方面。[1]

这是改革开放初期于集体土地经营中一再强调的“统分结合的双层经营体制”的另一适用领域。在第Ⅱ、Ⅲ种模型中，也“应完善双层经营体制，在新的改革周期中适当放宽集体统筹的空间，适当增强集体的经营权能，增强其作为分散小农户与各类农业服务主体有效对接的协调主体的服务能力，通过统筹机制来解决集体内部分散的家庭经营与社会化服务体系顺畅对接的问题。”[2] 尤其是在我国农村人口大规模向城市转移的情境中，增强集体土地所有权主体在农地经营中的作用，重新从制度上审视其地位，是需要慎重对待的问题。

有研究提供了如下方案，可资参考：

撇开目前村委会所扮演的多重角色、多重职能冲突不说，单从村委会作为集体资产所有者代表所应承担的经济职能上讲：

（1）村委会要充当集体资产的“守夜人”，即在充分尊重农民意愿的基础上，主要做好市场信息服务，为农民提供有关土地流转供需的信息、相关农产品供需、价格走势等的信息，使农民根据市场信息作出自己的决策。当然，对农民的土地流转必须加强对其用途的管制以切实保护耕地资源。

（2）村委会作为集体资产所有者代表，又要充当市场中的“交易者代表”，最大限度地保护农民的财产权益。即当集体土地在符合相关规定被转为非农建设用地时，村委会作为集体土地所有者代表应该享有与国有土地所有者同样的权益，有权参与土地市场的谈判，拥有市场交易的出价权。

（3）村委会又要当好集体资产的管理人，在经2/3村民或村民代表同意后（不是村委班子单方面的行政命令），以入股、联营、出租等方式参与土地市场运作，最大限度地获取土地资产的收益。在村委会与村民利益

---

[1] 陈靖、冯小：《农业服务规模化供给之道：来自国有农场的启示》，《农村经济》2018年第8期，第95页。

[2] 陈靖、冯小：《农业服务规模化供给之道：来自国有农场的启示》，《农村经济》2018年第8期，第97页。

目标一致的基础上，最后的关键问题就是对土地流转的收益分配。为此，首先必须加强对村委会的民主监督，严格落实村务公开尤其是财务公开，防止"内部人控制"。其次，对土地收益在按规定提取必要的村集体公共基金后实行按"人口股"和"土地股"结合的分配原则。❶

在第Ⅲ种模型中，如果坚持以承包经营权作为土地经营权的基础而不是以土地所有权作为其直接基础，会遇到如下情境：土地承包经营权主体身份的变化或者死亡导致土地经营权不稳定。《农村土地承包法》第27条规定："承包期内，发包方不得收回承包地。国家保护进城农户的土地承包经营权。不得以退出土地承包经营权作为农户进城落户的条件。承包期内，承包农户进城落户的，引导支持其按照自愿有偿原则依法在本集体经济组织内转让土地承包经营权或者将承包地交回发包方，也可以鼓励其流转土地经营权。承包期内，承包方交回承包地或者发包方依法收回承包地时，承包方对其在承包地上投入而提高土地生产能力的，有权获得相应的补偿。"这种发包方收回的土地之上如果在收回前有土地经营权的设置，显然需要有新的继受主体，最适宜的主体则是土地所有权者。另外，由于不可抗力（如家庭成员全部死亡），或者主动抛弃成员身份（如迁入城镇并参加城镇居民社会保险等），均会出现土地承包经营权消灭的情形。这时，通过签订农地经营权流转合同取得农地经营权的受让人的经营权存续的合法性就受到挑战，农地经营权是否能继续则存在风险。❷

第二节　集体土地法定类型：农地规模经营的土地基础

哪些类别的土地适合规模经营？或者不同类型的土地如何进行规模经营？这是前提性问题，也是基础性问题。放置于土地流转的框架下考察，就是哪些

---

❶ 方文：《中国农村集体土地产权问题的若干解读》，《浙江科技学院学报》2014年第2期，第90页。

❷ 杨遂全、韩作轩：《"三权分置"下农地经营权主体成员权身份探究》，《中国土地科学》2017年第6期，第23页。

类别的土地适合流转，哪些不适合流转以及如何流转等复杂的问题。不同的法律为实现各自的目标采用了不同的土地分类指标，并表现为不同的立法态度与管理方式。基于制度的协同性需要，在分析集体土地规模经营的制度路径时，需理清现有法律框架下不同土地分类之下的法律态度，以为农地规模经营制度确定法律适用空间。

由于需求的多样性，我国的法定土地类型十分复杂，无论是土地流转还是农地规模经营、农业规模经营都将涉及这一基础性问题。如《农村土地承包法》第 2 条的规定，“农村土地，是指农民集体所有和国家所有依法由农民集体使用的耕地、林地、草地，以及其他依法用于农业的土地”，其他土地则主要是指荒山、荒沟、荒丘、荒滩等土地。这一土地分类方式是根据土地自然状况为标准进行分类的。按照该法的规定，还有另外的法律分类方式，即“承包地”“集体经济组织预留机动地”“通过依法开垦等方式增加的土地”“承包方依法自愿交回的土地”四类土地。再如《土地管理法》第 4 条规定，“国家编制土地利用总体规划，规定土地用途，将土地分为农用地、建设用地和未利用地”，“农用地是指直接用于农业生产的土地，包括耕地、林地、草地、农田水利用地、养殖水面等；建设用地是指建造建筑物、构筑物的土地，包括城乡住宅和公共设施用地、工矿用地、交通水利设施用地、旅游用地、军事设施用地等；未利用地是指农用地和建设用地以外的土地。”还包括“水面、滩涂、林地、草地”“基本农田和非农业建设用地”“根据土地使用条件，确定每一块土地的用途”“乡镇企业、乡（镇）村公共设施、公益事业、农村村民住宅等乡（镇）村建设用地”。不同的法律采用的土地分类方式差别很大，包含了不同的分类标准，按照土地用途管制的要求，各种类型都需“根据土地使用条件，确定每一块土地的用途”，并通过各级土地利用规划明确下来，其实还有地籍图册、土地登记等环节逐项落实每一块土地的用途和状态。为使读者对我国土地类型有更全面的了解，笔者对现有法律有关土地类型的规定作了梳理，如表 5-1 所示。

表 5-1　我国法定土地类型

法律、政策名称	土地类型
集体土地类型	
《宪法》	1. 集体所有的：森林、山岭、草原、荒地、滩涂； 2. 非承包地：宅基地、自留地、自留山
《土地管理法》	1. 农用地：耕地、林地、草地、农田水利用地、养殖水面等； 2. 建设用地：城乡住宅和公共设施用地、工矿用地、交通水利设施用地、旅游用地、军事设施用地等； 3. 未利用地； 4. 基本农田和非农业建设用地； 5. 农村建设用地：乡镇企业、乡（镇）村公共设施用地，公益事业用地，农村村民住宅等乡（镇）村建设用地
《农村土地承包法》	1. 耕地、林地、草地，以及其他依法用于农业的土地； 2. 承包地； 3. 集体经济组织预留机动地； 4. 通过依法开垦等方式增加的土地； 5. 发包方依法收回和承包方依法自愿交回的土地
《土壤污染防治法》	未利用地、永久基本农田、复垦土地
《畜牧法》	农用地（畜禽养殖场、养殖小区用地）
《水土保持法》	农村的荒山、荒沟、荒丘、荒滩、水土流失严重地区
《民法典》	1. 法律规定属于集体所有的土地和森林、山岭、草原、荒地、滩涂； 2. 集体所有的建筑物、生产设施、农田水利设施； 3. 集体所有的教育、科学、文化、卫生、体育等设施； 4. 集体所有的其他不动产和动产
集体、国有混同的土地类型	
《防沙治沙法》	沙化土地
《旅游法》	交通、通信、供水、供电、环保等基础设施和公共服务设施用地
《文物保护法》	纪念建筑物、古建筑用地
《公路法》	公路用地
《测绘法》	永久性测量标志用地、临时性测量标志用地
《电影产业促进法》	电影院用地
《慈善法》	慈善服务设施用地
《防洪法》	防洪规划确定的河道整治计划用地、规划建设的堤防用地范围内的土地、规划保留区范围内的土地，河道、湖泊管理范围内的土地，人工排洪道用地
《固体废物污染环境防治法》	工业固体废物的贮存、处置的场所
《老年人权益保障法》	公益性养老服务设施用地

续表

法律、政策名称	土地类型
《电力法》	变电设施用地、输电线路走廊和电缆通道
《军事设施保护法》	军用地下、水下管线建设用地
《渔业法》	水域、滩涂
《草原法》	畜牧业生产用地、非畜牧业生产用地
《石油天然气管道保护法》	管道建设用地
《森林法》	林地、宜林荒山荒地荒滩
《人民防空法》	防空工程建设用地
《防震减灾法》	1. 过渡性安置用地； 2. 临时用地、永久性用地； 3. 农用地、建设用地
变动中的各种用地 （以《国民经济和社会发展规划纲要》为例）	
《中华人民共和国国民经济和社会发展第十一个五年规划纲要》	1. 公益性和经营性建设用地； 2. 服务业用地； 3. 建设用地、农业用地、生态用地； 4. 建设空间包括城镇建设、独立工矿、农村居民点、交通设施、水利设施以及其他建设用地等
《中华人民共和国国民经济和社会发展第十三个五年规划纲要》	1. 农村承包经营地、宅基地、农房、集体建设用地； 2. 农村集体经营性建设用地； 3. 工业用地； 4. 农村闲置建设用地； 5. 农用地、建设用地； 6. 扶贫开发用地
《中华人民共和国国民经济和社会发展第十四个五年规划和2035年远景目标纲要》	1. 新型产业用地； 2. 混合产业用地； 3. 集体经营性建设用地； 4. 集体公益性建设用地； 5. 自然保护地

在制度建构方面，首先需要确定制度适用的范围，其中有主体范围、地域范围、时间范围等，就农地规模经营的制度建构来说，最为重要也最为基础的问题就是哪些土地适合通过土地经营权的流转而实现规模化经营，然后通过分类处理的方式按照不同类别的土地设定不同的流转条件、规模化经营条件等。

就现代产业发展的趋势看，单纯依靠农地的农业化规模经营不仅在效益上较低，也不能有效满足城乡一体化发展的需要，而需在特定土地上根据不同情况进行多元化、立体性的规模化经营。例如，集中连片经营的农业土地上，可发展观赏性农业、旅游农业、定点服务农业，甚至衍生出文化产业等。在规模化经营后，按照产业发展规律，其加工、销售、服务等也都需要一定的土地和其他条件作支持。要达到这样的土地使用效用，就不得不慎重对待土地流转的范围问题：复合、多元甚至综合的产业发展，需要以对土地的复合、多元和综合性使用为基础。这种判断，从城乡一体化建设和乡村振兴的角度看，也是必要的，也就是说，未来的土地流转所形成的规模化经营，将从多个方面满足发展的需求，而不仅是满足粮食需求。

就公共设施用地、公益事业用地、村民住宅用地和农用地的标准划分看，是全部适用于规模经营还是选取其中部分土地类型进行规模化经营？从整体治理的角度看，最好把四类土地一体纳入规模化经营的范围。尽管从出发点上看，农用地的规模化经营是制度设置的核心，但农用地不是凭空能够发挥效用的，它需要配套的基础设施如基本的农田水利设施、道路桥梁等，还需要与现代化生产同步的公益设施如文化设施、休闲娱乐设施等，同时，随着大规模的人力投入，还需要一定的住宅、办公设施等。当然，这可以有多种方案选择：其一，基础设施、公益设施、住宅等由集体经济组织承担，农用地则由土地经营权主体经营；其二，整体进行土地经营权流转，由经营权主体统一投入建设和经营；其三，由政府投入建设基础设施、公益设施和住宅等配套设施，或者政府提供一定的补贴条件，由集体经济组织、土地经营者负责建设，并且土地经营权者主要负责经营土地；其四，较为简单的制度设置措施是，由各方自行就具体情况进行协商，通过合同的方式约定，而在制度上为各方留下选择的空间。

第三节　经营主体结构：农地规模经营主体条件设置

"农村新一轮土地改革的核心与实质是要通过流转逐步改变其细碎化状态，

重新建立一个有效益、有适度规模的农地配置与经营制度。”[1]谁来经营农地，新的农地经营主体需具备什么条件才能提升农地的经营效益，是制度建设的关键内容。

一、从制度目标角度考察农地规模经营主体的条件

从制度设置的目标上看，土地流转的目的是使土地实现更大的效用，以保障粮食安全和促进乡村振兴、国家整体发展。其基本方式是把土地经营权流转至最适合经营农地的主体手上，以在多个层面上满足城乡一体化发展的各种需要。从中央就三权分置“放活土地经营权”的部署看，在集体土地所有权主体不变、农户承包权稳定的前提下，土地经营权主体是开放于全社会的。为此，需在城乡一体化的视野下理清“三权分置”改革方案与农地规模经营制度重构之间的关系，从土地流转的历史使命、新型城镇化建设等方面弄清农地规模经营的基本趋势与规律，为选择、确定新型农地经营主体设置基本条件。

土地经营权从集体土地所有权和承包经营权中分离出来，不是偶然的，而是我国发展阶段所决定的。我国目前整体社会正在完成从传统农业社会向工业社会、商业社会和信息社会的转型，这一时代特征表现为产业升级和人口向第二产业尤其是向第三产业的转移，这也要求农业需同步转型升级，否则作为基础性产业的农业如果没有转型升级势必会影响到整个社会的其他各个环节的发展。因此，实现传统农业的现代转型升级是土地经营权流转的时代任务，这也是该权利于我国这一时期分离出来的基本社会基础。农地规模经营被作为一种传统农业脱困转型的基本方式，其承载的不仅仅是农业产出任务，还承载着与我国社会工业化、市场化和信息化配套的转型任务。因此，在考察农地规模经营主体的条件时，要把这一基本要求和使命作为重要的基础和依据。

这一点与以两权分离为基础的家庭联产承包责任制不同，该制度于 20 世纪 80 年代在我国大规模地展开并取得举世瞩目的成就，其使命是解决吃饭问

[1] 吴毅:《理想抑或常态：农地配置探索的世纪之摆——理解 20 世纪中国农地制度变迁史的一个视角》,《社会学研究》2009 年第 3 期，第 232 页。

题和农民的生活保障问题，当时我国传统农业依然占据着主导地位，第二产业和第三产业发展的基础较弱，提供不了更多的就业机会，且面临着严峻的温饱压力。把承包经营权分离至农业家庭，显然很快就解决当时整个国家面临的这两大难题，并为改革开放奠定了基础。但经过四十多年的发展，我国社会条件已发生巨大变化，人口结构与20世纪80年代相比发生了逆转，即居住于农村的人口已远远少于居住于城市的人口，城市已能够提供更多的就业机会。

二、农地规模经营主体条件设置的标准

土地用途管制是目前世界上通行的做法，目的在于充分使用土地这种基础的、相对稀缺的资源以保障国家整体发展，耕地保护的管制性措施更是越来越多、越来越严格。我国历来重视土地用途管制制度的制定和实施，除了《土地管理法》进行统一的制度规定外，还在实施中把"耕地保护红线"作为生命线来保护，而粮食安全则被提到国家安全的战略层面。在这一思维框架中，农地经营还承载着更为多样的使命，形成层次不同的任务体系：

（1）坚持以我为主、立足国内、确保产能、适度进口、科技支撑的国家粮食安全战略，建立全方位的粮食安全保障机制。严守耕地红线，全面落实永久基本农田特殊保护制度。

（2）推动城乡要素自由流动、平等交换，实现新型工业化、信息化、城镇化、农业现代化同步发展，形成工农互促、城乡互补、全面融合、共同繁荣的新型工农城乡关系。

（3）乡村振兴任务。

（4）农业产业升级：转变农业生产经营方式、发展现代农业，推动农业规模化、标准化、集约化经营，实现一二三产业融合发展格局。

（5）建立现代农业经营体系。

（6）建立现代农业保障体系。

如上的任务体系，实际上也是设置农地规模经营主体条件的标准，能够承担如上的任务的主体才能成为农地经营主体。

以制度目标能否实现和现代农业产业发展的需要为依据，规模经营权主

体至少需具备如下条件：现代农业技术标准；现代管理能力；诚信守法；具有一定营利能力或记录；具有一定的担保资金，等等。并在这些条件基础上建立农地规模经营者资格审查机制。“我国当前的土地政策法规未规定经营权人的市场准入门槛，但并不是说只要第三方与承包权人达成协议就可以成为农地经营权人。国家应建立完善的经营者资格审查机制，防止农地非农化、非粮食化。”[1]设立审查机制的目的是保障制度目标实现的必要举措，如下的审查机制建设方案已具有很强的可行性：

（1）审查经营权受让主体是否具备从事农业经营的条件，包括受让主体的经济实力、农业生产技术水平等，防止经营者毁约弃耕。

（2）对受让主体计划开展的农业项目进行审查，审查其是否符合国家法律法规以及当地的政策和土地特性，流转土地面积较大的经营主体，须提交农业项目可行性报告和规模经营风险评估报告，并根据风险程度缴纳一定数额的风险保证金，在投资失败时用以偿付相关的费用。

（3）明确审查的主体。各地可以结合自身的实际情况，按照土地流转的规模来划定审查部门。承包规模较小的可以由村民委员会负责对受让的第三方进行审核；承包规模较大的可以由乡镇土地管理部门进行审核。[2]

三、农地规模经营主体的类型

参见本书第四章第五节“核心主体的成长：农地规模经营主体的开放式培育”中的“表 4-8　地方农地规模经营主体类型”。

---

[1] 管媛媛：《农地“三权分置”风险的法律规制研究》，《河南牧业经济学院学报（政法与社会）》2018 年第 3 期，第 74 页。

[2] 管媛媛：《农地“三权分置”风险的法律规制研究》，《河南牧业经济学院学报（政法与社会）》2018 年第 3 期，第 74-75 页。

第四节　权利结构：集体土地"三权"与农地规模经营之间的关系界定

一、整体政策框架分析

"三权分置"框架下的三种权利都有各自相对独立的结构，如果在农地规模经营过程中不能较为准确地对相应权利进行制度性定位，势必形成不公的情形甚至产生各种纠纷，最终影响制度设置初衷的实现。从所有权与承包经营权中分离出来的土地经营权，其直接承载的土地流转使命只是过程性的，提升农地经营水平才是更为根本的任务，同时其还在更大程度上承载着城乡一体化建设的重要使命。但该权利形态在实践中虽经多年实验与探索，但还处于发展过程中，需要从理论上和制度上进行提炼与论证。

我国目前的《土地管理法》和《农村土地承包法》等都是在过去"两权分置"基础上制定的，在集体土地的权利设置问题上已显简单，难以与实践中集体土地衍生的各种实际利益相对应，致使农地规模经营面临各种制度性难题。

二、"三权分置"中三权的梯次性结构

"三权分置"中的三权，与土地规模经营之间的对应权利是土地经营权，这是一种复杂的权利结构，其结构形态如下：集体土地所有权是恒定的，是集中的，是以集体方式作为权利主体的，是基础；土地承包经营权是以家庭为单位的，是长期稳定的，带有自给性和身份特点，其所对应的土地是分散的单块，是土地流转的主要内容；土地经营权对应的主体则是发散的、开放的、变动的，其所对应的土地则可能是集中的、规模化的，其自身的保障性明显减弱，而社会性则明显增强，是直接面对社会需求并通过市场实现效益的权利。如果说土地承包经营权还带有一半的自足自给特点的话（当年该制度实施的20

世纪80年代初期农民自己总结的“交够国家的，留足集体的，剩下都是自己的”状态），土地经营权则已是市场化的、社会化的，自足自给的色彩已基本淡化，其规模化经营是通过市场直接为社会各类主体服务来实现自己的权利内容。三种权利的不同特点，对制度设置提出了不同的要求。

三、权利的动态性结构与制度建设的关系

看似稳定的三权结构，其实是变动的，属于一种动态性的结构。其动态的情形如下：（1）介于集体土地所有权和土地经营权中间的土地承包经营权是以村民身份为基础的，当村民身份这一基础发生了变化，其承包经营权也会随之变化；（2）按照法律规定，退出的承包地将由集体经济组织收回，至少收回的比例，法律没有限制（法律上只规定了集体预留土地的最高限额不超过5%，即《农村土地承包法》第67条规定的“本法实施前已经预留机动地的，机动地面积不得超过本集体经济组织耕地总面积的百分之五”），这种规定可能会使所有权者直接支配的土地不断增加；[1]（3）对于土地经营主体来说，其土地经营权变动的可能性更大，再流转、因违约退出、因征收引发基础权利转移、因农民退出承包权等，都会导致土地经营权转移或变化；（4）看似恒定的集体土地所有权，也存在很多变化的可能，外部的原因如土地征收、村组合并撤销、整体的城镇化等，内部则会因成员的减少或增加、土地股权化等使所有权主体的构成发生变化。

这种动态的权利结构有自身的优势，即能够有效适应社会结构和发展环境的变化作各种调整，但同时也存在一定的弊端，即变动如果过于频繁则将导致

---

[1] 这类变化未来将产生深远的影响，其变动的法律空间和社会空间都很大。如《农村土地承包法》规定的变动情形：“承包期内，承包农户进城落户的，引导支持其按照自愿有偿原则依法在本集体经济组织内转让土地承包经营权或者将承包地交回发包方，也可以鼓励其流转土地经营权”（第27条），“承包期内，承包方可以自愿将承包地交回发包方。承包方自愿交回承包地的，可以获得合理补偿，但是应当提前半年以书面形式通知发包方”（第30条）等。“这时，通过签订农地经营权流转合同取得农地经营权的受让人的经营权存续的合法性就受到挑战，农地经营权是否能继续则存在风险”，从而构成“农地经营权出让人的身份变动性与受让人的稳定性需求冲突”。参见杨遂全、韩作轩：《“三权分置”下农地经营权主体成员权身份探究》，《中国土地科学》2017年第6期，第23页。

更大的浪费，并直接影响制度的基础和稳定性。这是在制度探索和建设过程中应该慎重对待的问题。例如，因承包权变化而使农地经营权的受让人权利具有不确定性的问题，在未来立法应参照"买卖不破租赁"规则构建"土地承包经营权主体的变更不破经营权流转"的法律规则，明确权利转移或消灭时的继受规则；仅就这一变动情形来说，不具有村民身份的农地经营权人能否因为承包权的消失而继受土地承包者的村民身份，或者"只能取得物权性的农村集体经济组织的成员权"[1]等问题，在制度建构时都不是能够简单处理的问题。

第五节　行为模式：以"农地规模经营"与"农业服务规模化"双结构搭建制度的整体架构

一、实践中出现的两种规模化方式

农地规模经营本身并不是目标，它只是实现目标的方式，即农业生产要素的组合方式。之所以选择规模经营方式，是因其相对于过去分散的经营方式更为有效，能够满足已经变化的更高发展目标和需求。我国曾经实行完全由政府主导的农地规模经营方式，但因效率低，所以于 1978 年后选择了以家庭为单位的分散经营方式，现在由于城乡结构尤其是人口结构的巨大变化和生产要素的变化，分散的经营方式已很难有效组合各类要素，所以需要调整。

就要素组合方式层面实现农地整体效益而言，实践中已逐渐出现两种行为方式，即通过农地集中型的规模经营、服务集中型的规模经营或者两者兼具的方式。第一种模式是指"新型经营主体通过土地经营权流转达到生产的规模化，形成土地要素集中的规模经济效益，主要采取土地转包、出租、互换、

---

[1] 杨遂全、韩作轩：《"三权分置"下农地经营权主体成员权身份探究》，《中国土地科学》2017 年第 6 期，第 25 页。

股份合作、转让、临时代耕等方式”[1]，第二种模式是指农业服务主体向农业生产主体就农业生产、加工等各环节提供规模化、集约化的服务，是服务集中型的规模化模式。至于采用哪一种方式，是由本国或本地的具体发展条件所决定的。在国际上，一般是人少地多的国家采用农地规模化的方式，人多地少的国家采用服务规模化的方式。[2]鉴于我国人口分布不均衡和发展不均衡的基本国情，需要因地制宜地采用两种方式或者混合使用两种方式，目前各地已在实践中分别选择，尽管更多的地方主观上更倾向于选择农地规模化方式，具体情况见本书第四章“制度性探索：农地规模经营探索中的制度要素与架构分析”。

就学界的研究现状来看，“既有研究主要以分散的小农户如何与规模化服务进行对接的研究视角，着重分析如何将小农户有效的组织起来，而对农业规模化服务如何重新配置农业生产要素以适应这种新转变的研究较少。”[3]但近几年，随着山东的示范效应逐渐扩大和对土地集中式规模经营效果的反思[4]，学界关注农业服务规模化研究的人也开始增多。

2019年发布的《中国的粮食安全》中也提到：“推动农村承包土地所有权、承包权、经营权‘三权分置’有序实施，培育新型经营主体和服务主体，发展土地流转型和服务引领型规模经营，促进小规模、分散经营向适度规模、主体多元转变。”[5]

---

[1] 刘卫柏、顾永昆：《“三权”分置中农地适度规模经营剖析》，《理论探索》2018年第3期，第106页。

[2] 侯成君：《以服务规模化推进农业现代化的实践探索》，《中国经济时报》2015年9月15日第5版。

[3] 曾红萍：《托管经营：小农经营现代化的新走向》，《西北农林科技大学学报（社会科学版）》2018年第5期，第41页。

[4] “各类规模化经营主体在我国遍地开花。然而，实践越来越证明土地规模化经营并没有实现预期降低生产成本、提高农业经营效率以及保障粮食安全的目标，反而因地租、雇工、监督等因素提高了农业的生产成本，降低了土地的产出率。规模经营主体在经营过程中普遍出现亏损，有的只得退出经营，有的将土地进行再分割后转包给代耕户耕种。同时，农地大规模流转对农村阶层分化、乡村治理产生了一定的负面影响。”参见曾红萍：《托管经营：小农经营现代化的新走向》，《西北农林科技大学学报（社会科学版）》2018年第5期，第40页。

[5] 国务院新闻办公室：《中国的粮食安全》，http://www.scio.gov.cn/zfbps/32832/Document/1666192/1666192.htm，访问日期：2021年5月18日。

二、"权利分配＋要素组合＋协同经营"的农地规模经营行为结构

借助要素流通，农地经营向城乡全产业链延伸是我国各地探索农地规模经营的一种基本趋势，这一趋势使农地规模经营的整体行为结构具有很强的开放性特点。从目前地方的各种探索和中央的部署来看，农地规模经营的行为结构逐渐清晰起来，其行为结构是：权利分配＋要素组合＋协同经营。实践中看似复杂、繁复的农地经营模式，其实都是基于这个结构中的侧重点不同而表现为各种具体的行为模式。

（一）权利分配是行为的基础

"权利"是法学上界定法律主体能力的概念，它与"义务"一词被共同用在法律关系中界定不同法律关系主体的地位，并构成法律关系的基本内容，法律正是通过设定或确定法律关系建构了法律秩序。从一般意义上来说，权利是法律赋予人实现其利益的一种力量，而从根本上来说，法律上的权利概念是对实践中已存在或者新生成的"人实现其利益的力量"的概括。法律的任务是通过对各种利益、力量、资源的调整与配置为人们设计行为方式，从而实现社会的有序发展。社会中各种新的利益、力量与资源的出现，法律上的因应方式不断细化出新的权利类别与之对应，并最终形成权利体系，而实践的发展又使权利体系不断细化。

就集体土地上的权利来说，我国的法律经历了农地私有权，把所有权的各项权能全部归属于所有权者；又经历了集体土地所有权的公有化过程，与土地私有相比较看似只是主体的变化，其实就权能而言已在分解，所有权变化为共有，而使用权因为集体所有权者内部构成的复杂性而转变为一种土地经营权（经营权中已包含管理的成分），计划经济时代，所有者即经营者。1978 年以来的家庭联产承包责任制，集体土地上的权利继续发生变化，所有权虽然没有改变，但集体的经营权转化为家庭的承包经营权。近些年，随着农业人口转入城市工商业从业，家庭联产承包责任制下的土地经营者发生了变化或者行业性转移，就使谁来经营农地成为新的问题，客观上需要新的主体来从事农地经营，由此土地承包经营权又分解为承包权和经营权。这个过程还会随着实践的发展继续分解下去，并在农地上形成不断丰富的权利体系。每一次分解出来的新权利，都对应着新的行为方式，以便权利主体通过这种新的行为方式去实现自己的利益。

目前，在法律、政策、实践和学界的讨论中，围绕土地经营权，又被继续分解为抵押权、股权、流转权……本来作为法律关系内容的权利义务是要经法律先予确认或规定的，但人们习惯于把社会中的行为选择自由与权利概念混同使用，使土地经营权分解出来的权利体系看上去更为复杂。这些新的权利形成的体系，为农地经营行为提供了多样化的基础。

（二）要素组合是行为的载体

作为利益的实现方式，农地经营行为需依赖于各种各样的要素才能展开。其首要的要素当然是土地，然后是人，再是经营工具，之后是种子农药等。这些要素的组合过程也是农地经营行为的展开过程。从时间顺序来看，农地经营的要素组合包括生产、运输、销售、消费等环节中的要素组合；而就同一时空（时间切面）来说，时间顺序中的每一环节中的要素组合都不是单向度的，而是横向的要素组合方式，例如，有人在稻田间插秧，有人旁边观赏别人插秧，同时有人在准备研发新的机器试图改进插秧方式，还有人在计划待稻熟时来收购，等等。

总之，承载农业经营现代化、产业化、技术化、信息化等任务的规模经营，只有能够有效汇集社会中的各种有利农业发展的要素，才能实现国家和社会的目标。它是一种立体空间中的各种要素的组合过程。

（三）协同经营是行为的基本方式

以土地经营权流转为基础的农地规模经营，与过去自给自足的小农经济不同，经营者是为社会和市场进行生产和经营的，并只有通过社会和市场才能实现经营者自己的利益。这决定了农地规模经营注定是多主体协同完成的行为，具体到每一行为主体，都只完成规模经营行为中的一个环节或某些环节。这些协同方式，可作复杂的分类，如主体间协同，就有生产主体的协同（联合经营）、销售主体的协同、生产与销售之间的协同、生产销售与服务的协同、生产与研发的协同，等等。

从上述模型的分析看，农地规模经营行为结构中的三个部分都具有开放性的特点，这使农地规模经营具有很强的张力。

三、全产业链式的农业服务规模化行为结构

2014年国务院专门就生产性服务业发展出台了《国务院关于加快发展生产性服务业　促进产业结构调整升级的指导意见》（国发〔2014〕26号）。2016年中央一号文件《中共中央　国务院关于落实发展新理念加快农业现代化实现全面小康目标的若干意见》（中发〔2016〕1号）指出："坚持以农户家庭经营为基础，支持新型农业经营主体和新型农业服务主体成为建设现代农业的骨干力量，充分发挥多种形式适度规模经营在农业机械和科技成果应用、绿色发展、市场开拓等方面的引领功能。"随后《农业部、国家发展改革委、财政部关于加快发展农业生产性服务业的指导意见》（农经发〔2017〕6号）出台，该意见指出"农业生产性服务是指贯穿农业生产作业链条，直接完成或协助完成农业产前、产中、产后各环节作业的社会化服务"。这些文件的出台标志着国家层面开始从另一种思路寻找农业规模化的道路，这就是农业服务规模化之路。

相比于直接以土地集中为基础的规模经营来说，农业服务规模化则是功能范围更为宽大的规模经营方式。它不仅能为以土地集中为基础的农地规模经营提供各种服务，甚至可以在无须集中土地、保持农地小块经营不变的情况下，实现农地的规模经营效应。"新型农业服务模式实现了在不进行经营权流转情况下的规模经营，并从农地规模经营拓展到农业服务规模经营，为土地流转和农地规模经营提供了另一种阐释和实现途径，并促进了农户生计发展、农村社区活性化和粮食生产。"[1] 近些年，因为有些农地规模经营的效益并没有预期中的那样好，有些地方和研究者开始探索和研究通过农业服务规模化实现农业经

---

[1] 周娟：《土地流转与规模经营的重新解读：新型农业服务模式的发展与意义》，《华中农业大学学报（社会科学版）》2017年第4期，第88页。

营规模化效应的新路径。“以土地规模经营为导向的农业规模化之路出现了一系列问题，人们开始重新审视小农经营的价值及其如何与农业现代化的衔接问题。在保持小农经营基本经营制度不变的条件下，以提升农业服务规模化来实现生产要素的合理优化配置，是近两年政策和实践层面探索出的小农农业现代化的一条可能路径。”[1]

（一）以农业服务规模化重建“统分结合的双层经营机制”

“长期以来，在农户家庭经营基础上形成了由各类公益性和经营性的服务主体提供的农机、农技与农资等社会化服务，但受制于这种经营方式的规模有限性以及经营分散性，农业社会化服务也维持在较低水平，无法与现代化的生产方式对接。”“同样是处理农业生产经营中统与分关系的‘双层经营’体制，双层经营模式中的统筹机制在广大农村地区没有被坚持下来，却在国有农场深深地扎下根来。”[2]这种双层经营体制尤其是其中的统筹功能之所以能够在国有农场维持下来，有两点原因：一是国有农场具有统筹的能力，表现在国有农场既拥有一套区域化管理机构，能够对土地有一定的调整和控制权，又拥有一支专业技术人员和管理人员队伍；从双层经营关系上看，国有农场与职工家庭之间存在清晰的权利义务关系，土地经营权并非圈定给职工家庭，因而国有农场能够通过弹性的土地经营关系调整来解决人地矛盾。二是国有农场具有统筹的动力，首先，从土地的经营者角度来讲，其要保障土地的持续利用和当年土地承包费的顺利收取，需要发挥统筹的功能；其次，作为农业行政部门要发挥农业生产的管理和服务工作职能；再其次，作为经营性的农业服务部门，在利益的驱动下也要做好农资采购等方面的工作；最后，统筹经营作为国有农场既有的优势和优良传统，在农垦系统中已成共识，因而也在被各农场有意识地积极保持。[3]

---

[1] 曾红萍：《托管经营：小农经营现代化的新走向》，《西北农林科技大学学报（社会科学版）》2018 年第 5 期，第 40–41 页。

[2] 陈靖、冯小：《农业服务规模化供给之道：来自国有农场的启示》，《农村经济》2018 年第 8 期，第 92–93 页。

[3] 陈靖、冯小：《农业服务规模化供给之道：来自国有农场的启示》，《农村经济》2018 年第 8 期，第 93 页。

（二）农业服务规模化中的规模问题的解决

"农业服务规模化的关键是将原本分散的服务需求进行整合，从而与农业社会化服务组织进行对接，因此对分散农民的组织化至关重要。从两者模式的实践来看，其共性是发挥村社组织在农民合作和协调服务中的主导作用和行政力量的推动作用。"在农业服务规模尚处于探索、起步阶段的情况下，政府需承担起一定的责任，"离开地方政府的推动，不仅无法有效引导农户和服务主体积极参与农业服务规模化实践，而且村社组织的主导作用也很难发挥出来，从而直接影响到农业服务规模化的效果。""政府的推动作用主要是施加行政压力、行政指导和资源倾斜三种方式。"[1] 农业服务规模化中的融资规模问题也是近年各地重点探索的方式之一。[2]

（三）农业服务规模化中的服务对象

从产业链延伸的角度看，农业服务规模化中的服务对象不应只限于农业生产环节，不仅要同时满足普通农户和新型经营主体的生产经营需要，还需从城乡一体发展的全行业视角确定服务对象，才可能真正建立农业服务的规模化效应。对这一点，《乡村振兴战略规划（2018—2022 年）》规定得更为明确。根据该规划，农业服务规模化中的服务对象，除了普通农户和土地经营主体服务外，至少需延伸至如下的主体：农业产业链中各种人才培养服务，各种产业主体的融资服务，创新创业人员就业服务，基础设施服务，文化服务，生态服务，农业科技服务，等等。

---

[1] 孙新华：《村社主导、农民组织化与农业服务规模化——基于土地托管和联耕联种实践的分析》，《南京农业大学学报（社会科学版）》2017 年第 6 期，第 134 页、第 136-137 页。

[2] 例如，山东省"针对服务主体融资难、融资贵的问题，我们积极稳妥开展农村信用互助试点，目前全省规范开展信用互助业务的合作社已有 200 多家，资金互助规模 9.6 亿元。省社联合系统 75 家企业共同组建了山东供销融资担保股份有限公司，赢得省财金公司连续两年累计 1 亿元的注资，使总股本增加到 3.26 亿元，并与农行、中行、交行 3 家山东分行签署战略合作协议，可撬动 32 亿元的银行资金投向市场服务主体，提升了供销社的融资服务能力。"参见侯成君：《以服务规模化推进农业现代化的实践探索》，《中国经济时报》2015 年 9 月 15 日第 5 版。

（四）农业服务规模化中的服务范围

根据《农业部、国家发展改革委、财政部关于加快发展农业生产性服务业的指导意见》（农经发〔2017〕6号），其所设定的服务范围仅限于农业生产环节中的“市场信息服务”“农资供应服务”“农业绿色生产技术服务”“农业废弃物资源化利用服务”“农机作业及维修服务”“农产品初加工服务”和“农产品营销服务”等。作为基础性资源的农地，其产出不仅是农业产品本身，还有环境资源、文化资源、历史资源、科技资源等需要立体化的服务开发和利用，因为这些资源本身就是农业产业向社会全面延展和升级的基本条件，它们脱离了农业产业链后自身的价值也难以升级，有些资源甚至必须与农业产业相连才能实现其价值。

（五）农业服务规模化示例

1. 山东省“三公里土地托管服务”行为的基本结构 *

农业生产离不开社会化服务。所谓社会化服务有两种基本类型：一是政府主导的社会化服务。政府从自身的目标、能力出发确定社会化服务的内容与形式。二是市场主导的社会化服务。在市场经济条件下，有很多相关的涉农企业，他们根据市场需要提供自己的服务。无论是政府主导的社会化服务，还是市场主导的社会化服务，都有一个规模问题和半径问题。同样，这个规模与半径也受社会技术经济条件的限制。[1] 山东省由于人多地少，农民土地流转意愿不高，是较早着力探索农业服务规模化的地区。目前，已出台《关于加快推进农业社会化服务的意见》和《关于加快供销社为农服务中心建设的指导意见》，整合相关资源力量，推进现代农业服务规模化。目前，全省80%的市和76%的县市区供销社与农

---

* 参见《山东省农业现代化规划（2016—2020年）》（鲁政发〔2017〕8号）。

[1] 王蔚、徐勤航、周雪：《土地托管与农业服务规模化经营研究——以山东省供销社实践为例》，《山东财经大学学报》2017年第5期，第95页。

口部门联合出台了开展服务规模化的文件。[1] 从其运行模式来看，农业服务规模化已形成如下的行为结构，并已产生一定的实效：

（1）农业全程社会化服务。实施农业全程社会化服务，发展农资供销、农机作业、大田托管、统防统治、烘干储藏等农业生产性服务业，目的在于实现规模化经营与农民共享收益。

（2）全方位服务措施。①建立"云农业科技园"作为信息服务平台；②"互联网＋农业科技综合服务"进行实时服务；③公益性农技服务机构承担实体性服务职能；④以农业经营性服务组织开展订单式、全托式等多种形式的服务；⑤围绕耕、种、管、收、加、贮、销等农业生产环节，采用"保姆式""菜单式"等多种形式的服务模式；⑥到 2020 年，全省建成为农服务中心 1500 处左右，实现服务范围全覆盖。

2. 山东省的部署落实到淄博市，转化为如下的具体模式 *

农业服务规模化主体方面：积极探索"龙头企业＋合作社＋基地＋农民"的模式。

农业服务规模化领域方面：开展以小麦玉米病虫草害统防统治为重点的现代农业服务规模化。

服务布局方面：按照服务半径 3 公里、服务面积 3 万～ 5 万亩的要求，建设集测土配方和智能配肥、统防统治、农机作业、烘干储藏或冷藏加工、庄稼医院、农民培训等服务功能于一体的为农服务中心，努力搭建为农服务综合平台。

农业服务规模化体系：以合作社与村共建为抓手，形成全市的农业合作社体系。

山东省供销社充分利用土地托管模式，依靠生产规模、经营规模的扩大，提供"一条龙"产业服务，将原来隔离的分段式农业生产逐步发展为全产业链的集约化生产。

---

[1] 侯成君：《以服务规模化推进农业现代化的实践探索》，《中国经济时报》2015 年 9 月 15 日第 5 版。

* 参见《淄博市人民政府办公厅关于加快推进现代农业规模化服务工作的意见》（淄政办字〔2015〕97 号）。

四、两种规模化方式的关系模型

就我国的地方实践来看，如上两种方式的规模化路径为大多数地方同时采用，并且一般不作明确的区分，而是混同使用。例如，农民合作社、农牧合作社、土地托管合作社等，往往在实践中既承担土地流转的任务，也承担直接的农地规模经营的任务，并承担一定的农业服务任务；又如，“服务组织 + 家庭农场”“服务组织 + 合作社 + 家庭农场”等，则是直接把服务与经营同时混同于一种经营模式中去。这种现象正说明两者的密切关系，虽然理论上两者是不同的规模化路径，但实践中两者其实是相辅相成、同生共长的关系。不过，正是这种“无意识”的混同，使我国的地方实践长期倾向于把两者等同或者把两者看成一件事来安排，其直接后果是把农业服务规模化囿于农地规模经营的范围内，这不利于农地经营在产业链中的延伸，多少带有在“点”上布局的倾向，在产业链条上已很难延展，尤其缺乏把农地规模经营放置于城乡整体社会结构中进行切面式的立体展开意识。

把农地规模经营和服务放置于城乡整体社会结构中进行切面式立法展开很重要，甚至决定着“三权分置”改革的成败。与现代工业、商业、服务业及其他新兴产业相比，农业经营的产出虽然极其重要，但其利润不高，因此该领域甚至被称为“夕阳产业”。也就是说，仅就农地经营安排农业生产，几乎无论怎么投入都很难提高利润，这也是人口迁徙、户籍管制稍一放松，农民就纷纷放弃对承包土地的经营进城谋求发展的根本原因。五口之家，十亩承包地，每亩获利 500 元，一年也就获利 5000 元；再提高产出效益，每亩获利 1000 元，一年获利也就 10 000 元。而一人进城务工或者从事其他非农工作，就目前来说，一个月即使是在落后地区也可获 1000 元以上的收益，一人一年的收入就超过全家五口人种田的收入。如果五人中三人进城，两人留家务农，留下的两人的工作收益就会翻倍提高，家庭总收入至少将是五人在家种田的四倍以上，这也是农地需要规模经营的经济动因。农地规模经营如果只是这样简单地以人口“挤出”为条件，其实这种经营也没有提高多少有效产出。这个假设的例子中，有一个潜在的问题值得探讨，即五口之家，都有三人进城，那么城市哪来那么多的就业机会？答案是：进城的很多农民实际从事的还是农业延伸产业链上的工作，如食品加工、运输、餐饮等工作。

因此，《乡村振兴战略规划（2018—2022 年）》中提出“让农户更多分享产业链增值收益”的新理念。也就是说，农业生产环节的利润不高，但在农业延伸的产业链其他环节收益高，或者说农业整体产业链的总收益并不低。那么，农地经营方式的提升，除了农业生产环节提高效率以外，推动一二三产业融合才是出路。在一二三产业中，服务业是总体上提高一二三产业效益的关键行业。通过科技服务、信息服务、金融服务等可以提升一二三产业的效率，而与农业相关的旅游服务、文化艺术服务等则增加一二三产业的附加值。此外，《乡村振兴战略规划（2018—2022年）》在“建立现代农业经营体系”部分提出：“坚持家庭经营在农业中的基础性地位，构建家庭经营、集体经营、合作经营、企业经营等共同发展的新型农业经营体系，发展多种形式适度规模经营，发展壮大农村集体经济，提高农业的集约化、专业化、组织化、社会化水平，有效带动小农户发展。”但是，尚没有专门对农业服务规模化问题进行系统安排，还有待于进一步完善。[1]

[1] 其他法律也为规模化服务提供了一定的法律保障，例如，2018 年 10 月 26 日修正的《农业机械化促进法》第 21 条第 2 款规定：“国家鼓励跨行政区域开展农业机械作业服务。各级人民政府及其有关部门应当支持农业机械跨行政区域作业，维护作业秩序，提供便利和服务，并依法实施安全监督管理。”该法第 27 条规定：“中央财政、省级财政应当分别安排专项资金，对农民和农业生产经营组织购买国家支持推广的先进适用的农业机械给予补贴。补贴资金的使用应当遵循公开、公正、及时、有效的原则，可以向农民和农业生产经营组织发放，也可以采用贴息方式支持金融机构向农民和农业生产经营组织购买先进适用的农业机械提供贷款。”

《收费公路管理条例》第 7 条第 3 款规定：“进行跨区作业的联合收割机、运输联合收割机（包括插秧机）的车辆，免交车辆通行费。”

第六章　产业整体探索：整体产业环节中的农业与农地规模经营

第一节　产业平台：农业产业综合经营与发展载体

2020年农村农业部发布的《全国乡村产业发展规划（2020—2025年）》（农产发〔2020〕4号）指出了乡村产业发展面临的挑战：在经济全球化的不确定性增大的情况下，全球供应链调整重构，国际产业分工深度演化，对我国乡村产业链构建带来较大影响。而我国农业产业资源要素瓶颈依然突出，资金、技术、人才向乡村流动仍有诸多障碍，资金稳定投入机制尚未建立，人才激励保障机制尚不完善，社会资本下乡动力不足。乡村网络、通信、物流等设施薄弱。发展方式较为粗放。创新能力总体不强，外延扩张特征明显。而目前应对的基本模式是采取产业综合、全产业链布局发展策略。四十余年来，我国在农地规模化经营基础上同时探索了各种层次的农业产业经营模式，在此过程中建设了各种综合经营与发展载体。经过持续积累，目前已逐渐进入一二三产业融合、城乡要素共享、全面市场化嵌入、社会结构性调整的阶段。就经营和发展载体而言，已形成如下的主要布局。

一、农业循环经济试点示范区

（一）政策、制度积累与发展过程

2009年《循环经济促进法》[1]生效实施后，农业循环经济受到重视，各地在各领域开始探索并展开试点工作。2015年国家发展改革委制定出台《2015年循环经济推进计划》（发改环资〔2015〕769号），其中提出"研究出台《关于加快发展农业循环经济的意见》，明确农业循环经济发展战略，提出目标、任务和政策措施，探索农业循环经济发展模式，开展农业循环经济试点示范工作"。同年11月，国家发展改革委、财政部、农业部、环境保护部发布《关于进一步加快推进农作物秸秆综合利用和禁烧工作的通知》（发改环资〔2015〕2651号），也明确"开展农业循环经济试点示范，探索秸秆综合利用方式的合理搭配和有机耦合模式，推动区域秸秆全量利用"。

2015年农业部、国家发展改革委、科技部、财政部、国土资源部、环境保护部、水利部、国家林业局联合发布《全国农业可持续发展规划（2015—2030年）》（农计发〔2015〕145号），对当时面临的问题进行概括："全国新增建设用地占用耕地年均约480万亩，被占用耕地的土壤耕作层资源浪费严重，占补平衡补充耕地质量不高，守住18亿亩耕地红线的压力越来越大。耕地质量下降，黑土层变薄、土壤酸化、耕作层变浅等问题凸显。农田灌溉水有效利用系数比发达国家平均水平低0.2，华北地下水超采严重。我国粮食等主要农产品需求刚性增长，水土资源越绷越紧，确保国家粮食安全和主要农产品有效供给与资源约束的矛盾日益尖锐。""工业'三废'和城市生活等外源污染向农业农村扩散，镉、汞、砷等重金属不断向农产品产地环境渗

[1] 《循环经济促进法》第34条规定，国家鼓励和支持农业生产者和相关企业采用先进或者适用技术，对农作物秸秆、畜禽粪便、农产品加工业副产品、废农用薄膜等进行综合利用，开发利用沼气等生物质能源。

该法第24条规定，县级以上人民政府及其农业等主管部门应当推进土地集约利用，鼓励和支持农业生产者采用节水、节肥、节药的先进种植、养殖和灌溉技术，推动农业机械节能，优先发展生态农业。在缺水地区，应当调整种植结构，优先发展节水型农业，推进雨水集蓄利用，建设和管护节水灌溉设施，提高用水效率，减少水的蒸发和漏失。

透，全国土壤主要污染物点位超标率为16.1%。农业内源性污染严重，化肥、农药利用率不足三分之一，农膜回收率不足三分之二，畜禽粪污有效处理率不到一半，秸秆焚烧现象严重。海洋富营养化问题突出，赤潮、绿潮时有发生，渔业水域生态恶化。农村垃圾、污水处理严重不足。农业农村环境污染加重的态势，直接影响了农产品质量安全。”“全国水土流失面积达295万平方公里，年均土壤侵蚀量45亿吨，沙化土地173万平方公里，石漠化面积12万平方公里。高强度、粗放式生产方式导致农田生态系统结构失衡、功能退化，农林、农牧复合生态系统亟待建立。草原超载过牧问题依然突出，草原生态总体恶化局面尚未根本扭转。湖泊、湿地面积萎缩，生态服务功能弱化。生物多样性受到严重威胁，濒危物种增多。生态系统退化，生态保育型农业发展面临诸多挑战。”

2016年2月，国家发展改革委、农业部、国家林业局出台《关于加快发展农业循环经济的指导意见》（发改环资〔2016〕203号），明确“以示范引领为抓手，切实发挥龙头企业带动作用，优化产业组织结构，促进农林牧渔与二、三产业融合发展，全面推动资源利用节约化、生产过程清洁化、产业链接循环化、废弃物处理资源化，增强农业可持续发展能力，加快转变农业发展方式”。

2017年3月，第十二届全国人民代表大会第五次会议批准的《关于2016年国民经济和社会发展计划执行情况与2017年国民经济和社会发展计划的决议》明确“开展农业循环经济试点和工农复合型循环经济示范区（基地）建设，推进农业可持续发展试验示范区创建”。把农业循环经济上升为“农业可持续发展”层面。

2018年9月发布的《乡村振兴战略规划（2018—2022年）》提出“推进农业循环经济试点示范和田园综合体试点建设”，具体部署为“选择粮食主产区等具备基础的地区，建设20个工农复合型循环经济示范区，推进秸秆、禽畜粪污等大宗农业废弃物的综合利用，推进废旧农膜、农药包装物等回收利用。推动建立农业循环经济评价指标体系和评价考核制度”。但至目前为止，农业循环经济评价指标体系的建立还处于探索阶段，尚未看到各地在该领域的具体实施方案及运行效果。

2018年11月19日《国家农业可持续发展试验示范区（农业绿色发展先行区）管理办法（试行）》出台，并后附了《国家农业可持续发展试验示范区（农业绿色发展先行区）考核指标体系（试行）》。该指标体系包括定量指标和定性指标，其中，定量指标是对试验示范区的农业绿色发展水平以及进步程度等内容进行考核，定性指标则是对试验示范区的组织保障、制度建设、任务推进情况等内容进行考核。试验示范区考核得分为百分制，得分由定量与定性指标考核得分综合形成。

（二）评述

这是涉及农业产业整体发展较早的一种探索方式，面临的困难主要有：（1）整体模式上是政府推动型模式，市场动力不足。（2）在进展上，整体方案在十年间变化较大，由农业循环经济转化为农业可持续发展，2018年后又调整为农业循环经济试点示范。2019年则又调整为“农业绿色发展先行区”。（3）部分地方形成了推动方案，甚至形成发展规划。（4）运作方式主要是项目制的方式，规模相对较小，十年间没有形成连片的推广经验，影响力不足。（5）在2017年八部委确认公布了40家“第一批国家农业可持续发展试验示范区暨农业绿色发展试点先行区名单”，后期验收和进一步的推进方案，各地试验、先行先试的具体情况值得进一步关注。

二、农业高新技术产业示范区

（一）政策、制度积累与发展过程

自1997年国务院批准建立陕西杨凌农业高新技术产业示范区以来，目前已设立陕西杨凌农业高新技术产业示范区（1997年7月）、山东黄河三角洲农业高新技术产业示范区（2015年10月）、山西晋中国家农业高新技术产业示范区（2019年11月）、江苏南京国家农业高新技术产业示范区（2019年11月）等四个国家农业高新技术产业示范区。2016年10月17日《全国农业现代化规划（2016—2020年）》提出“建设和改造升级一批农业高新技术产业示范区、国家农业科技园区和现代农业产业科技创新中心，培育1万家左右的农业高新技术企业”。

按照2018年1月发布的《国务院办公厅关于推进农业高新技术产业示范区建设发展的指导意见》(国办发〔2018〕4号),“到2025年,布局建设一批国家农业高新技术产业示范区,打造具有国际影响力的现代农业创新高地、人才高地、产业高地。探索农业创新驱动发展路径,显著提高示范区土地产出率、劳动生产率和绿色发展水平。坚持一区一主题,依靠科技创新,着力解决制约我国农业发展的突出问题,形成可复制、可推广的模式,提升农业可持续发展水平,推动农业全面升级、农村全面进步、农民全面发展。”2018年9月,科技部出台《国家农业高新技术产业示范区建设工作指引》(国办发〔2018〕4号)明确建设目标为:“到2025年,在全国范围内建设一批国家农业高新技术产业示范区,打造现代农业创新高地、人才高地、产业高地。探索农业创新驱动发展路径,显著提高示范区土地产出率、劳动生产率和绿色发展水平。依靠科技创新,着力解决制约我国农业农村发展的突出问题,形成可复制、可推广的模式,提升农业可持续发展水平。”开启了新一轮国家农业高新技术产业示范区的建设。

2019年6月发布的《国务院关于促进乡村产业振兴的指导意见》(国发〔2019〕12号),再次强调“强化科技创新引领。大力培育乡村产业创新主体。建设国家农业高新技术产业示范区和国家农业科技园区。建立产学研用协同创新机制,联合攻克一批农业领域关键技术。支持种业育繁推一体化,培育一批竞争力强的大型种业企业集团。建设一批农产品加工技术集成基地。创新公益性农技推广服务方式”。

随后,各省也启动了省级农业高新技术产业示范区建设工作,其中云南省、江苏省、海南省、河南省等纷纷出台推进方案或者成立创建工作领导小组,例如,2019年吉林省启动了第一批农业高效技术产业示范区建设,计划到2025年“在全省布局建设5 ~ 10个省级农业高新技术产业示范区”。在此前,山东省于2016年、2014年批准设立了枣庄(峄城)、威海(荣城)等省级农业高效技术产业示范区。

2020年6月25日科技部、农业农村部、水利部、国家林业和草原局、中国科学院、中国农业银行联合修订了2018年制定的《国家农业科技园区管理办法》（国科发农〔2020〕173号），其中明确：园区建设与管理要坚持“政府主导、市场运作、企业主体、农民受益”的原则，集聚创新资源，培育农业农村发展新动能，着力拓展农村创新创业、成果展示示范、成果转化推广和高素质农民培训四大功能，强化创新链，支撑产业链，激活人才链，提升价值链，分享利益链，把园区建设成为现代农业创新驱动发展的高地。该办法主要包括园区申报、审核、建设、管理、验收、监测、评价和评估等内容，不涉及园区自身的经营和运行等问题。

2018年9月30日农业农村部发布的《乡村振兴科技支撑行动实施方案》（农办科〔2018〕22号）提出：“打造1000个乡村振兴科技引领示范村（镇）——依托农业高新技术产业示范区等，建设一批推动我国农业农村产业升级发展的科技引领示范村（镇）。依托国家农业高新技术产业示范区、国家现代农业产业科技创新中心等已有的国家级农业科技产业平台发展基础、科技优势和产业聚集效应，进一步完善金融、政策支持农业高技术产业发展机制，加快推动农业高新技术成果在示范区转化落地。探索乡村农业产业创新驱动发展路径，培育一批与乡村产业发展紧密融合的创新型农业企业，引领乡村产业向高层次发展，产业结构优化提升，形成具有竞争优势的农业高新技术产业集群，成为区域经济发展与产业升级的助推器。”

（二）基本定位和运行模式

农业高新技术产业示范区的功能性定位是“集聚创新资源，培育农业农村发展新动能，着力拓展农村创新创业、成果展示示范、成果转化推广和高素质农民培训四大功能，强化创新链，支撑产业链，激活人才链，提升价值链，分享利益链，把园区建设成为现代农业创新驱动发展的高地”。其运行模式则是一种开发区体制，或者说是一种特殊的高新技术开发区。

（三）评述

这一领域无疑是农业产业化的科技集约龙头，其建设难度较大、要求更高。在1997年至2014年的18年间，我国只有一个高新技术产业示范区，即陕西杨凌农业高新技术产业示范区。后来在2015年才有了第二家（山东黄河三角洲农业高新技术产业示范区），其建制层级较高，与国家级高新技术开发区等同，甚至更高，例如，陕西杨凌农业高新技术产业示范区从一开始即以国家部委和陕西省政府共建的方式展开，“示范区建设坚持省部共建、以省为主的原则”“示范区的建设资金由中央、部门和省共同支持并积极有效地引进外资”❶。

三、农村产业融合发展示范园

（一）政策、制度积累与发展过程

国家农村产业融合发展示范园，是指在一定区域范围内，农村一二三产业融合特色鲜明、融合模式清晰、产业集聚发展、利益联结紧密、配套服务完善、组织管理高效，具有较强示范作用，发展经验具备复制推广价值，且经国家认定的园区。❷

2017年中央一号文件《中共中央　国务院关于深入推进农业供给侧结构性改革　加快培育农业农村发展新动能的若干意见》（中发〔2017〕1号）提出：“深入实施农村产业融合发展试点示范工程，支持建设一批农村产业融合发展示范园。”2017年8月，国家发展改革委、农业部、工业和信息化部、财政部、国土资源部、商务部、国家旅游局印发了《国家农村产业融合发展示范园创建工作方案》（发改农经〔2017〕1451号），其中提出：“力争到2020年建成300个融合特色鲜明、产业集聚发展、利益联结紧密、配套服务完善、组织管理高效、示范作用显著的农村产业融合发展示范园，实现多模式融合、多类型示范，并通过复制推广先进经验，加快延伸农业产业链、提升农业价值链、拓展农业多种功能、培育农村新产业新业态。”

2018年10月，国家发展改革委、农业农村部、工业和信息化部、财政部、自然资源部、商务部、文化和旅游部联合出台《国家农村产业融合发展示范园认定管理办法（试行）》（发改农经规〔2018〕1484号）。根据该办法，

---

❶ 参见《国务院关于建立杨凌农业高新技术产业示范区及其实施方案的批复》（国函〔1997〕66号）。

❷ 参见《国家农村产业融合发展示范园认定管理办法（试行）》（发改农经规〔2018〕1484号）。

经过申报、遴选、评估等工作，于 2019 年 2 月 2 日正式“同意将北京市房山区窦店镇窦店村农村产业融合发展示范园等 100 个单位认定为首批国家农村产业融合发展示范园”；2019 年 6 月 19 日公布第二批，“同意北京市密云区巨各庄镇蔡家洼村农村产业融合发展示范园等 110 个单位创建第二批国家农村产业融合发展示范园”。至 2020 年 6 月已建设 210 个农村产业融合发展示范园。

（二）发展数量与成效

2019 年 2 月，北京市房山区窦店镇窦店村农村产业融合发展示范园等 100 个单位被认定为首批国家农村产业融合发展示范园。2019 年 6 月，北京市密云区巨各庄镇蔡家洼村农村产业融合发展示范园等 110 个单位被认定为第二批国家农村产业融合发展示范园。

国家农村产业融合发展示范园建设，促进了返乡入乡人员就业创业、带动了农民增收致富；为推进乡村产业振兴、培育农村发展新动能提供了重要载体；为农村一二三产业融合发展作出了突出贡献。各地区以示范园创建为抓手，在培育农村产业融合发展模式、创新农民分享增值收益形式等方面，探索出了不少可复制、可推广的经验做法。[1]

（三）基本定位和运行模式

农村一二三产业融合发展是指以农业为基本依托，通过产业联动、产业集聚、技术渗透、体制创新等方式，将资本、技术以及资源要素进行跨界集约化配置，使农业生产、农产品加工和销售、餐饮、休闲以及其他服务业有机地整合在一起，使得农村一二三产业之间紧密相连、协同发展，最终实现农业产业链延伸、产业范围扩展和农民增加收入。[2] 推进农村一二三产业融

[1] 一诺农旅规划:《国家产业融合发展示范园》，https://www.sohu.com/a/337442106_120046640，访问日期：2020 年 6 月 10 日。

[2] 一诺农旅规划:《国家产业融合发展示范园》，https://www.sohu.com/a/337442106_120046640，访问日期：2020 年 6 月 10 日。

合发展，当前主要存在以下几种方式（模式）。[1]

1. 产城（镇）融合型

围绕中心城镇和中小城市建设，在城市郊区建设科技型、生态型农业，推动现代都市农业与城市生态涵养保育相结合。推动农业二三产业向县城、重点乡镇发展，带动加工、包装、运输、餐饮、金融等产业，促进产城（镇）融合、产城（镇）互动和农村繁荣。

2. 产业链延伸型

可依托水果、蔬菜、食用菌、水产品等特色农业资源优势，大力发展农产品精深加工及综合利用，提高农产品附加值。

3. 农业内部融合型

培育推广加工专用型品（苗）种，加强优势蔬菜、果品、畜产品、水产品等优势农产品加工专用原料基地标准化建设；推进种养业废弃物资源化利用、无害化处理；推进种养加一体化发展。

4. 功能拓展型

加强产业链横向拓展，推进农业与旅游、教育、文化、体育、会展、养生、养老等产业深度融合。大力发展创意农业，优秀农耕文化、农业主题公园等，支持农家乐、休闲农庄、森林人家、水乡渔村等农林渔各类休闲农业示范创建。

5. 技术渗透型

培育现代农业生产新模式，利用物联网、互联网、智能控制、远程诊断、产品标识等现代信息技术，整合现代生物技术、工程技术和农业设施，在设施蔬菜、设施渔业、畜禽养殖、食用菌工厂化生产等领域扶持推进智慧农业，实现农产品线上线下交易与农业信息深度融合。

（四）评述

国家农村产业融合发展示范园建设，促进了返乡入乡人员就业创业、带

---

[1] 一诺农旅规划:《国家产业融合发展示范园》，https://www.sohu.com/a/337442106_120046640，访问日期：2020 年 6 月 10 日。

动了农民增收致富，为推进乡村产业振兴、培育农村发展新动能提供了重要载体，为农村一二三产业融合发展作出了突出贡献。

2018 年，国家发展改革委、农业农村部、工业和信息化部、财政部、自然资源部、商务部、文化和旅游部联合发布《国家农村产业融合发展示范园认定管理办法（试行）》（发改农经规〔2018〕1484 号），共七章三十条，明确了国家农村产业融合发展示范园有关职责及分工、创建单位申报、认定、支持政策等内容，但具体如何展开，有待各省根据自身情况予以具体贯彻落实。

2020 年，国家发展改革委办公厅、工业和信息化部办公厅、农业农村部办公厅、商务部办公厅、文化和旅游部办公厅联合发布《关于发挥国家农村产业融合发展示范园带动作用　进一步做好促生产稳就业工作的通知》（发改办农经〔2020〕236 号），就内容来看，主要是对园区进行基础设施建设，对企业进行政策、资金扶持，吸引更多农民工入园就业创业。这是国家促进示范园区发展的重要决策，关键在于如何落实。

四、城乡融合发展试验区

（一）政策、制度积累与发展过程

2019 年 4 月发布的《中共中央　国务院关于建立健全城乡融合发展体制机制和政策体系的意见》在研判“城乡要素流动不顺畅、公共资源配置不合理等问题依然突出，影响城乡融合发展的体制机制障碍尚未根本消除”的基础上，“为重塑新型城乡关系，走城乡融合发展之路，促进乡村振兴和农业农村现代化”，“坚决破除体制机制弊端，促进城乡要素自由流动、平等交换和公共资源合理配置，加快形成工农互促、城乡互补、全面融合、共同繁荣的新型工农城乡关系”，从“建立健全城乡融合发展体制机制和政策体系”的角度出台了该意见。该文件所确定的城乡融合主要目标是：

> 到 2022 年，城乡融合发展体制机制初步建立。城乡要素自由流动制度性通道基本打通，城市落户限制逐步消除，城乡统一建设用地市场基本建成，金融服务乡村振兴的能力明显提升，农村产权保护交易制度框架基本形成，基本公共服务均等化水平稳步提高，乡村治理体系不断健

全，经济发达地区、都市圈和城市郊区在体制机制改革上率先取得突破。

到 2035 年，城乡融合发展体制机制更加完善。城镇化进入成熟期，城乡发展差距和居民生活水平差距显著缩小。城乡有序流动的人口迁徙制度基本建立，城乡统一建设用地市场全面形成，城乡普惠金融服务体系全面建成，基本公共服务均等化基本实现，乡村治理体系更加完善，农业农村现代化基本实现。

到本世纪中叶，城乡融合发展体制机制成熟定型。城乡全面融合，乡村全面振兴，全体人民共同富裕基本实现。

2019 年 12 月 19 日，国家发展和改革委员会等十八个单位发布《关于开展国家城乡融合发展试验区工作的通知》（发改规划〔2019〕1947 号），将经城镇化工作暨城乡融合发展工作部际联席会议第一次会议审议通过的《国家城乡融合发展试验区改革方案》发布，该方案把试验目标确定为：

2022—2025 年，试验区实现城乡生产要素双向自由流动的制度性通道基本打通，城乡有序流动的人口迁徙制度基本建立，城乡统一的建设用地市场全面形成，城乡普惠的金融服务体系基本建成，农村产权保护交易制度基本建立，农民持续增收体制机制更加完善，城乡发展差距和居民生活水平差距明显缩小。试验区的引领示范带动效应充分释放，形成一批可复制可推广的典型经验和体制机制改革措施。

（二）发展数量与成效

《国家城乡融合发展试验区改革方案》在“全国统筹城乡综合配套改革试验区、农村土地制度改革三项试点、农村改革试验区、农村‘两权’抵押贷款试点、国家现代农业示范区、国家农村产业融合发展示范园、国家全域旅游示范区”前期工作基础较好的地区，确定了 11 个国家城乡融合发展试验区：浙江嘉湖片区、福建福州东部片区、广东广清接合片区、江苏宁锡常接合片区、山东济青局部片区、河南许昌、江西鹰潭、四川成都西部片区、重庆西部片区、陕西西咸接合片区、吉林长吉接合片区（东部地区 5 个，中部地区 2 个，西部地区 3 个，东北地区 1 个）。

（三）基本定位和运行模式

2019年4月15日发布的《中共中央 国务院关于建立健全城乡融合发展体制机制和政策体系的意见》指出在“重塑新型城乡关系，走城乡融合发展之路”的定位下，解决“城乡要素流动不顺畅、公共资源配置不合理”“影响城乡融合发展的体制机制障碍尚未根本消除”等问题，“促进城乡要素自由流动、平等交换和公共资源合理配置，加快形成工农互促、城乡互补、全面融合、共同繁荣的新型工农城乡关系”，并建立如下机制：

> 建立健全有利于城乡要素合理配置的体制机制。坚决破除妨碍城乡要素自由流动和平等交换的体制机制壁垒，促进各类要素更多向乡村流动，在乡村形成人才、土地、资金、产业、信息汇聚的良性循环，为乡村振兴注入新动能。
>
> 建立健全有利于城乡基本公共服务普惠共享的体制机制。推动公共服务向农村延伸、社会事业向农村覆盖，健全全民覆盖、普惠共享、城乡一体的基本公共服务体系，推进城乡基本公共服务标准统一、制度并轨。
>
> 建立健全有利于城乡基础设施一体化发展的体制机制。把公共基础设施建设重点放在乡村，坚持先建机制、后建工程，加快推动乡村基础设施提挡升级，实现城乡基础设施统一规划、统一建设、统一管护。
>
> 建立健全有利于乡村经济多元化发展的体制机制。围绕发展现代农业、培育新产业新业态，完善农企利益紧密联结机制，实现乡村经济多元化和农业全产业链发展。

（四）评述

启动城乡融合发展试验区的中央文件——《中共中央 国务院关于建立健全城乡融合发展体制机制和政策体系的意见》共计36条，在作出其他各项城乡融合部署后，在最后一条规定“注重试点引路。把试点作为重要改革方法，选择有一定基础的市县两级设立国家城乡融合发展试验区，支持制度改革和政策安排率先落地，先行先试、观照全局，及时总结提炼可复制的典型经验并加以宣传推广”。可以说是把城乡融合发展试验区建设作为全面“重塑新型城乡关系，走城乡融合发展之路”的工作抓手。

2019年12月出台的《国家城乡融合发展试验区改革方案》从“建立健全城乡融合发展体制机制和政策体系”的高度，明确了11项试验改革任务：（1）建立城乡有序流动的人口迁徙制度。（2）建立进城落户农民依法自愿有偿转让退出农村权益制度。（3）建立农村集体经营性建设用地入市制度。（4）完善农村产权抵押担保权能。（5）建立科技成果入乡转化机制。（6）搭建城中村改造合作平台。（7）搭建城乡产业协同发展平台。（8）建立生态产品价值实现机制。（9）建立城乡基础设施一体化发展体制机制。（10）建立城乡基本公共服务均等化发展体制机制。（11）健全农民持续增收体制机制。就内容来看，这是从乡村振兴的角度提升农村发展水平的重要部署，从较为具体的层面开启了城乡一体化的进程，为农村要素的城镇化提供了政策条件，但在城市要素进入农村方面还没有完全展开。例如，已批准的11个国家级城乡融合发展试验区，其试验的重点一般都是“建立进城落户农民依法自愿有偿转让退出农村权益制度；建立农村集体经营性建设用地入市制度；完善农村产权抵押担保权能；搭建城乡产业协同发展平台；健全农民持续增收体制机制”，体现的是“由乡入城”或“由乡变城”的路径，而对于城市要素流向乡村则提供的政策依据还不明显。在试验任务搭建城乡产业协同发展平台方面，采取了重点突破的方式，“在试验区内选择一批产业园区或功能区，率先打造城乡产业协同发展先行区。在先行区内重点优化提升特色小镇、特色小城镇、美丽乡村和各类农业园区，创建一批城乡融合发展典型项目，实现城乡生产要素的跨界流动和高效配置”，但具体如何展开，则还有待于进一步创建和探索。

五、现代农业产业园

（一）政策、制度积累与发展过程

2017年6月，中共中央办公厅、国务院办公厅印发《关于加快构建政策体系培育新型农业经营主体的意见》，提出“引导新型农业经营主体集群集聚发展，参与粮食生产功能区、重要农产品生产保护区、特色农产品优势区以及现代农业产业园、农业科技园、农业产业化示范基地等建设，促进农业专业化布局、规模化生产”。

2018 年 1 月，《中共中央　国务院关于实施乡村振兴战略的意见》（中发〔2018〕1 号）提出，要“推进特色农产品优势区创建，建设现代农业产业园、农业科技园”。同年 9 月，中共中央、国务院印发《乡村振兴战略规划（2018—2022 年）》，提出“依托现代农业产业园、农业科技园区、农产品加工园、农村产业融合发展示范园等，打造农村产业融合发展的平台载体，促进农业内部融合、延伸农业产业链、拓展农业多种功能、发展农业新型业态等多模式融合发展”。

2018 年 11 月 27 日，《农业农村部办公厅、财政部办公厅关于开展国家现代农业产业园创建绩效评价和认定工作的通知》（农办规〔2018〕15 号）中明确了国家级现代农业产业园的基本产业构成与运行模式：

> 产业园主导产业实现“生产 + 加工 + 科技”的发展要求，种养规模化、加工集群化、科技集成化、营销品牌化的全产业链开发格局已经形成，农业生态价值、休闲价值、文化价值充分挖掘，实现一二三产业融合发展，生产、加工、物流、休闲、研发、示范、服务等发展板块布局合理、相对集中、连接紧密。

2020 年 7 月，农业农村部印发《全国乡村产业发展规划（2020－2025 年）》（农产发〔2020〕4 号），文件指出要“集聚资源、集中力量，建设富有特色、规模适中、带动力强的特色产业集聚区。打造‘一县一业’‘多县一带’，在更大范围、更高层次上培育产业集群，形成‘一村一品’微型经济圈、农业产业强镇小型经济圈、现代农业产业园中型经济圈、优势特色产业集群大型经济圈，构建乡村产业‘圈’状发展格局”。“提升现代农业产业园。通过科技集成、主体集合、产业集群，统筹布局生产、加工、物流、研发、示范、服务等功能，延长产业链，提升价值链，促进产业格局由分散向集中、发展方式由粗放向集约、产业链条由单一向复合转变，发挥要素集聚和融合平台作用，支撑‘一县一业’发展。用 3 ~ 5 年的时间，培育一批产值超 100 亿元的现代农业产业园。”

同时，地方上的积累与探索也在进行。2014年湖南省发布《湖南省现代农业产业园建设标准（试行）》；2017年，《云南省人民政府办公厅关于推进现代农业产业园建设的指导意见》发布，提出“全面激活市场、激活要素、激活主体，使产业园成为区域农业农村经济新增长极，为培育农业农村发展新动能创造新经验”；2018年10月，广东省农业农村厅印发《广东省现代农业产业园绩效评价办法（试行）》（粤农农规〔2018〕3号）和《广东省现代农业产业园建设指引（试行）》（粤农农规〔2018〕1号）明确“2018年、2019年、2020年每年建设50个现代农业产业园，三年全省累计建设150个”；随后2019年12月《汕头市农业农村局关于市级现代农业产业园绩效评价办法》（汕农农函〔2019〕547号）发布，规定“汕头市现代农业产业园建设绩效评价指标表”包括“表1 汕头市现代农业产业园建设综合绩效评价表”“表2 汕头市现代农业产业园责任主体绩效评价表”“表3 汕头市现代农业产业园实施主体绩效评价表”；2020年，广西壮族自治区农业农村厅、广西壮族自治区财政厅出台了《关于做好2020年国家现代农业产业园创建工作的通知》。

（二）发展数量与成效

自2017年现代农业产业园建设工作全面启动以来，中央财政拿出50多亿元奖补资金，批准创建了62个、认定了20个国家级产业园。各地迅速行动，各省财政安排125亿元专项投入，创建了1000多个省级产业园和一大批市县级产业园。各类市场主体积极响应，纷纷到产业园投资兴业，近100家国家级龙头企业和近500家省级龙头企业入驻国家级产业园，一大批新型经营主体在园区内孵化成长。[1]

《农业农村部、财政部关于认定首批国家现代农业产业园的通知》（农规发〔2018〕12号），显示2017年农业农村部、财政部批准创建了41个国家现代农业产业园。根据《农业农村部办公厅、财政部办公厅关于开展国家现代农业产业园创建绩效评价和认定工作的通知》（农办规〔2018〕15号）要

[1] 刘慧：《我国将加快建设现代农业产业园》，http://www.gov.cn/guowuyuan/2019-04/21/content_5384823.htm?cid=303，访问日期：2021年2月4日。

求，经绩效自评、申请认定、省级推荐、绩效评价和现场考察，决定将创建成效突出、符合认定条件的四川省眉山市东坡区等20个现代农业产业园认定为国家现代农业产业园。《农业农村部、财政部关于公布2019年国家现代农业产业园创建名单的通知》（农规发〔2019〕20号），同意北京市密云区等45个现代农业产业园备案并创建国家现代农业产业园，江苏省邳州市等7个省级现代农业产业园纳入国家现代农业产业园创建管理体系。《农业农村部、财政部关于公布2020年国家现代农业产业园创建名单的通知》（农规发〔2020〕8号）决定批准北京市平谷区等31个现代农业产业园创建国家现代农业产业园，江苏省苏州市吴江区等8个省级现代农业产业园纳入国家现代农业产业园创建管理体系。

（三）基本定位和运行模式

现代农业产业园是指现代农业在空间地域上的聚集区。它是在具有一定资源、产业和区位等优势的农区内划定相对较大的地域范围优先发展现代农业，由政府引导、企业运作，用工业园区的理念来建设和管理，以推进农业现代化进程、增加农民收入为目标，以现代科技和物质装备为基础，实施集约化生产和企业化经管，集农业生产、科技、生态、观光等多种功能为一体的综合性示范园区，是农业示范区的高级形态。

（四）评述

目前，我国现代农业产业园建设取得了积极进展，初步建立了梯次推进的工作格局、形成了多元化的投入渠道、探索了市场化的运行机制。很多产业园在引领带动本地区农业转型升级方面，发挥了积极作用，展示出广阔前景。据初步统计，全国62个国家级产业园已形成95个主导产业，园区农民人均可支配收入达到2.2万元，比所在县平均水平高34%。现代农业产业园不仅是产业园，也是示范园，不仅促进了现代农业高质量发展，还有效促进了城乡融合发展，是推进现代农业建设的重大创新。[1]

六、农业产业化联合体

（一）政策、制度积累与发展过程

2017年10月出台的《农业部、国家发展改革委、财政部、国土资源部、人民银行、税务总局关于促进农业产业化联合体发展的指导意见》（农经发〔2017〕9号）指出，各地顺应新型农业经营主体蓬勃发展的新形势新要求，探索发展农业产业化联合体，取得了初步成效。并提出建立分工协作机制，引导多元新型农业经营主体组建农业产业化联合体；增强龙头企业带动能力，发挥其在农业产业化联合体中的引领作用；提升农民合作社服务能力，发挥其在农业产业化联合体中的纽带作用；强化家庭农场生产能力，发挥其在农业产业化联合体中的基础作用；健全资源要素共享机制，推动农业产业化联合体融通发展等举措。

2018年3月出台的《农业部办公厅、国家农业综合开发办公室、中国农业银行办公室关于开展农业产业化联合体支持政策创新试点工作的通知》（农办经〔2018〕3号）指出，培育发展农业产业化联合体，构建现代农业产业体系、生产体系、经营体系，引导小农户和现代农业发展有机衔接，推动实施乡村振兴战略，农业部、国家农业综合开发办公室、中国农业银行决定开展农业产业化联合体支持政策创新试点工作。

地方上的积累与探索主要有以下举措：2015年8月，《安徽省人民政府办公厅关于培育现代农业产业化联合体的指导意见》（皖政办〔2015〕44号）发布，为引导联合体健康有序发展，促进各类经营主体间的产业联接、要素联接和利益联接，经安徽省政府同意，提出系列意见；2017年12月，甘肃省农牧厅等《关于促进农业产业化联合体发展的实施意见》（甘农牧发〔2017〕402号）发布，结合甘肃省实际，就探索发展农业产业化联合体，着力推动

[1] 刘慧:《我国将加快建设现代农业产业园》，http://www.gov.cn/guowuyuan/2019-04/21/content_5384823.htm?cid=303，访问日期：2021年2月4日。

农业供给侧结构性改革，加快培育富民多元产业，激活新动能、打造新业态、扶持新主体、拓宽新渠道，促进农业转型升级，为全省经济社会发展和脱贫攻坚奠定坚实基础，提出系列意见；2018 年 1 月，为引导农业产业化联合体健康有序发展，福建省结合实际，发布《福建省农业厅、福建省发展和改革委员会、福建省财政厅、福建省国土资源厅、人行福州中心支行、福建省地方税务局关于促进农业产业化联合体发展的实施意见》（闽农综〔2018〕28 号）；2019 年 3 月，为加快发展农业产业化联合体，构建完善现代农业经营体系、推动农村一二三产业融合发展、促进乡村产业振兴、持续增加农民收入，重庆市发布《重庆市农业农村委员会等 6 部门关于发展农业产业化联合体的指导意见》（渝农发〔2019〕26 号）。

（二）发展数量与成效

2018 年农业部办公厅、国家农业综合开发办公室、中国农业银行办公室发布《关于开展农业产业化联合体支持政策创新试点工作的通知》（农办经〔2018〕3 号），为扶持农业产业化联合体发展，确定选择河北、内蒙古、安徽、河南、海南、宁夏、新疆等省（自治区）作为试点省份，试点周期为 2019—2022 年，并将根据情况积极扩大试点省份范围。农业产业化联合体紧紧围绕推进农业供给侧结构性改革，以帮助农民、提高农民、富裕农民为目标，以发展现代农业为方向，以创新农业经营体制机制为动力，积极培育发展一批带农作用突出、综合竞争力强、稳定可持续发展的农业产业化联合体，成为引领我国农村一二三产业融合和现代农业建设的重要力量，为农业农村发展注入新动能。

（三）基本定位和运行模式

农业产业化联合体是由一家龙头企业牵头、多个农民合作社和家庭农场参与、用服务和收益联成一体的产业新形态。

农业产业化联合体不是独立法人，一般由一家牵头龙头企业和多个新型农业经营主体组成。各成员保持产权关系不变、开展独立经营，在平等、自愿、互惠互利的基础上，通过签订合同、协议或制定章程，形成紧密型农业经营组织联盟，实行一体化发展。其以龙头企业为引领、农民合作社为纽带、家庭农场为基础，各成员具有明确的功能定位，实现优势互补、共同发展。其立足主导产业、追求共同经营目标，各成员通过资金、技术、品牌、信息等要素融合渗透，形成比较稳定的长期合作关系，降低交易成本，提高资源配置效率。

（四）评述

发展农业产业化联合体具有重要的现实意义：第一，有利于构建现代农业经营体系。通过“公司＋农民合作社＋家庭农场”组织模式，让各类新型农业经营主体发挥各自优势、分工协作，促进家庭经营、合作经营、企业经营协同发展，加快推进农业供给侧结构性改革。第二，有利于推进农村一二三产业融合发展。通过构建上下游相互衔接配套的全产业链，实现单一产品购销合作到多元要素融合共享的转变，推动订单农业和“公司＋农户”等经营模式创新，促进农业提质增效。第三，有利于提高农业综合生产能力。通过推动产业链上下游长期合作，降低违约风险和交易成本，稳定经营预期，促进多元经营主体以市场为导向，加大要素投入，开展专业化、品牌化经营，提高土地产出率、资源利用率和劳动生产率。第四，有利于促进农民持续增收。通过提升农业产业价值链，完善利益联结机制，引导龙头企业、农民合作社和家庭农场紧密合作，示范带动普通农户共同发展，将其引入现代农业发展轨道，同步分享农业现代化成果。

七、农商产业联盟

（一）政策、制度积累与发展过程

2016年9月发布的《商务部办公厅、农业部办公厅关于开展“农商互联”工作的通知》提出：开展“农商互联”工作，推动电商企业与新型农业经营主体、农产品加工流通企业合作，培育优秀农产品供应商及电商队伍，打造以电商企业为纽带，以消费需求为导向，以互联网、物联网等现代信息技术为支撑，以线下产品和物流资源为基础的一体化农产品供应链，探索“互联

网 + 农产品流通”新型农产品流通模式，减少流通环节，降低流通成本，进一步发挥流通的基础性和先导性作用，提高农产品供给体系的质量和效率。

2018 年 9 月 26 日，中共中央、国务院印发的《乡村振兴战略规划（2018—2022 年）》提出：“依托现代农业产业园、农业科技园区、农产品加工园、农村产业融合发展示范园等，打造农村产业融合发展的平台载体，促进农业内部融合、延伸农业产业链、拓展农业多种功能、发展农业新型业态等多模式融合发展。加快培育农商产业联盟、农业产业化联合体等新型产业链主体，打造一批产加销一体的全产业链企业集群。”

2018 年 11 月 16 日发布的《中华全国供销合作总社关于全面提升基层为农服务质量在实施乡村振兴战略中发挥更大作用的指导意见》提出：“加强各类为农服务主体建设……在产业融合发展领域，积极参与现代农业园区、返乡创业创新园区、田园综合体、产业联合体、农商产业联盟等建设，推动农村产业升级。”

2020 年 7 月 9 日，农业农村部发布的《全国乡村产业发展规划（2020—2025 年）》（农产发〔2020〕4 号）提出：“以信息技术打造供应链。对接终端市场，以市场需求为导向，促进农户生产、企业加工、客户营销和终端消费连成一体、协同运作，增强供应侧对需求侧的适应性和灵活性。实施‘互联网 +’农产品出村进城工程，完善适应农产品网络销售的供应链体系、运营服务体系和支撑保障体系。创新营销模式，健全绿色智能农产品供应链，培育农商直供、直播直销、会员制、个人定制等模式，推进农商互联、产销衔接，再造业务流程、降低交易成本。”

地方上，地方政府积极出台相关政策大力运行农商互联模式。2017 年 8 月，山东省、重庆市先后发布《山东省商务厅关于组织企业参加 2017 年全国农商互联大会的通知》、《重庆市商务委员会关于做好 2017 全国农商互联大会有关工作的通知》（渝商务〔2017〕540 号）。2018 年 10 月，中共河南省委、河南省人民政府发布《河南省乡村振兴战略规划（2018—2022 年）》提出：“加快培育农商产业联盟、农业产业化联合体等新型产业链主体，打造一批产加销一体的全产业链企业集群。”2020 年 11 月，合肥市人民政府办公室发布《关于印发合肥市新一轮创建“中国快递示范城市”实施方案（2020—

2022年）的通知》（合政办秘〔2020〕59号），提出：“创新快递企业与农商产业联盟、农业产业化联合体等多元农村市场主体合作方式，发展订单农业、定制农业，提升农产品的全产业链合作水平。”

（二）发展情况与成效

农商互联是商务部贯彻落实新发展理念，推进农业供给侧结构性改革、助力精准扶贫的一项重要工作。农商互联围绕着“联产品、联设施、联标准、联数据、联市场”五项核心任务，以网络化、数字化、智能化手段为支撑，通过“农”与“商”之间的有效联通，打造从生产到销售的完整产业链条，全面提升我国农产品流通的信息化、标准化、集约化的水平。农商互联实施以来，各地大胆探索实践，形成“电商＋龙头企业”“电商＋农民合作社”“电商＋农户”“商－旅－文融合”等多种发展模式，在带动产业升级、带动农产品销售、促进农民增收等方面发挥了积极的作用。

（三）基本定位和运行模式

全国农商互联产业联盟的基本定位：在商务部指导下，以商务部流通产业促进中心为主要发起单位，联合有影响力的农产品流通企业、生产加工企业、电子商务服务企业、技术服务企业及相关科研单位，在自愿基础上组成的非法人组织。联盟以我国内贸流通发展方向为指引，以商务部、农业部等部门出台的国家政策部署为依据，以推动农产品流通企业与新型农业经营主体建立紧密的产销关系为目标，共同推动农产品生产流通供给侧结构性改革进程，创造农商互联良性发展环境，促进农产品流通现代化。

（四）评述

农商产业联盟固然为农村经济发展注入了新鲜活力，但是在水平发展良莠不齐的农村，普遍性实施统一规格的农商互联模式，依旧存在一系列问题：（1）产业化水平不高。不少地区产业基础较弱，农产品产地生产规模小，组织化、标准化程度不高，一旦有了需求，规模生产又难以实现，无法持续稳定地满足市场需要。（2）供需匹配度不强。有的地区缺少精深加工、品牌包装及营销等配套产业，产品难以满足城镇居民的消费升级需求。有的产品市场匹配度不高，有的品种特色不明显，还有个别地方存在“质次价高”现象，降低了消费者的购买热情。(3) 物流成本仍然偏高。部分地区交通不便，农产品的分拣、仓储、冷链物流等设施建设滞后，产地的冷链物流“最先一公里”和销端的配送“最后一公里”衔接不到位，导致运输时间相对延长，运输成本偏高。(4) 专业人才缺乏。一些地区农户的技术力量、市场意识较弱，在技术、管理、品牌营销、服务、人才等方面存在脱节等问题。[1]

八、特色农产品优势区

(一) 政策、制度积累与发展过程

2017 年 4 月，农业部、中央农村工作领导小组办公室、国家发展和改革委员会、财政部、国家林业局、科技部、国土资源部、环境保护部、水利部发布《关于开展特色农产品优势区创建工作的通知》(农市发〔2017〕3 号)，该通知指出力争用 3 ~ 5 年的时间，原则上以县（市、区）或垦区、林区为单位，创建形成一批特色优势明显、产业基础好、发展潜力大、带动能力强的特优区；在特优区内，培育一批经济效益好、辐射带动强的新型经营主体，打造一批特色农业的区域公用品牌、企业品牌和产品品牌，将特色农业培育成农村经济的重要支柱产业、农民持续增收的重要战略产业，提升我国特色农产品的产品优势、产业优势和竞争优势，更好地满足城乡居民多样化的消费需求。

2018 年 9 月，中共中央、国务院印发的《乡村振兴战略规划（2018—2022 年）》指出：要壮大特色优势产业。以各地资源禀赋和独特的历史文化为基础，有序开发优势特色资源，做大做强优势特色产业。创建特色鲜明、优势集聚、市场竞争力强的特色农产品优势区，支持特色农产品优势区建设标准化生产基地、加工基地、仓储物流基地，完善科技支撑体系、品牌与市

---

[1] 金阳:《新形势下深入推进农商互联工作的几点思考》，https://www.sohu.com/a/419269230_379553，访问日期：2021 年 3 月 21 日。

场营销体系、质量控制体系，建立利益联结紧密的建设运行机制，形成特色农业产业集群。按照与国际标准接轨的目标，支持建立生产精细化管理与产品品质控制体系，采用国际通行的良好农业规范，塑造现代顶级农产品品牌。实施产业兴村强县行动，培育农业产业强镇，打造一乡一业、一村一品的发展格局。

2019 年 1 月发布的《中共中央　国务院关于坚持农业农村优先发展做好“三农”工作的若干意见》指出：要加快发展乡村特色产业。因地制宜发展多样性特色农业，倡导“一村一品”“一县一业”。积极发展果菜茶、食用菌、杂粮杂豆、薯类、中药材、特色养殖、林特花卉苗木等产业。支持建设一批特色农产品优势区。创新发展具有民族和地域特色的乡村手工业，大力挖掘农村能工巧匠，培育一批家庭工场、手工作坊、乡村车间。健全特色农产品质量标准体系，强化农产品地理标志和商标保护，创响一批“土字号”“乡字号”特色产品品牌。

2020 年 7 月，农业农村部办公厅、国家林业和草原局办公室、国家发展改革委办公厅、财政部办公厅、科技部办公厅、自然资源部办公厅、水利部办公厅联合印发的《中国特色农产品优势区管理办法（试行）》（农办市〔2020〕9 号）第 2 条明确：中国特优区立足区域资源禀赋，以经济效益为中心、农民增收为目的，坚持市场导向、标准引领、品牌号召、主体作为、地方主抓的原则，以发展特色鲜明、优势集聚、产业融合、市场竞争力强的农业产业为重点，打造“中国第一，世界有名”的特色农产品优势区。[1]

地方上的积累与探索主要表现为：2017 年 4 月，山东省农业厅、中共山东省委农村工作领导小组办公室、山东省发展和改革委等发布《关于转发〈农业部等九部委关于开展特色农产品优势区建设的通知〉（农市发〔2017〕3 号）的通知》（鲁农市信字〔2017〕8 号），提出要切实做好特优区建设规划，

[1] 此外，该办法第 7 条规定，各地以《特色农产品优势区建设规划纲要》对重点品种（类）和区域布局的总体要求为指导，立足本地产业实际，充分挖掘资源优势，综合考虑市场需求，统筹兼顾粮经产品、园艺产品、畜产品、水产品和林特产品等五大类特色农产品，自主选择品种。该办法第 11 条规定，由农业农村部、国家林草局牵头负责中国特优区规划，制定有关政策。省级农业农村、林草部门牵头负责指导本省（区、市）中国特优区的建设，跟踪与监管运行情况。

组织好特优区建设典型遴选，按时推荐上报特优区典型。2018 年 6 月，福建省发展和改革委员会、农业厅、林业厅、海洋与渔业厅联合发布《福建省特色农产品优势区建设规划（2018—2020 年）》（闽发改农业〔2018〕395 号）。2020 年 12 月，上海市人民政府印发《上海市推进农业高质量发展行动方案（2021—2025 年）》（沪府〔2020〕84 号）提出"用浦南黄浦江水源保护区的生态优势，积极发展稻米产业化联合体，做精做优'松江大米'区域公用品牌。以小昆山万亩粮田为基础，推动农业高新技术的融合应用。建设五厍花卉特色农产品优势区"。

（二）发展数量与成效

2017 年 12 月发布的《农业部、中央农村工作领导小组办公室、国家发展改革委、财政部、国家林业局、科技部、国土资源部、环境保护部、水利部关于认定中国特色农产品优势区名单（第一批）的通知》（农市发〔2017〕14 号）决定认定浙江省安吉县安吉白茶中国特色农产品优势区等 62 个地区为中国特色农产品优势区。2019 年 1 月发布的《农业农村部、中央农村工作领导小组办公室、国家林业和草原局、国家发展改革委、财政部、科技部、自然资源部、生态环境部、水利部关于认定中国特色农产品优势区（第二批）的通知》（农市发〔2019〕2 号）决定认定湖北省随州市随州香菇中国特色农产品优势区等 84 个地区为中国特色农产品优势区。2020 年 2 月发布的《农业农村部、国家林业和草原局、国家发展改革委、财政部、科技部、自然资源部、生态环境部、水利部关于认定中国特色农产品优势区（第三批）的通知》（农市发〔2020〕1 号）决定认定四川省广元市朝天核桃中国特色农产品优势区等 83 个地区为中国特色农产品优势区。2020 年 12 月发布的《农业农村部、国家林业和草原局、国家发展改革委、财政部、科技部、自然资源部、水利部关于认定中国特色农产品优势区（第四批）的通知》（农市发〔2020〕5号）决定认定黑龙江省通河县等79个地区为中国特色农产品优势区。

（三）基本定位和运行模式

三部门联合印发的《特色农产品优势区建设规划纲要》，提出建设特优区要坚持市场导向和绿色发展，以区域资源禀赋和产业比较优势为基础，以经济效益为中心，以农民增收为目的，完善标准体系，强化技术支撑，改进基础设施，加强品牌建设和主体培育，打造一批特色鲜明、优势聚集、产业融合、历史文化厚重、市场竞争力强的特优区，促进优势特色农业产业做大做强，建立农民能够合理分享二三产业收益的长效机制，提高特色农产品的供给质量和市场竞争力，推动农业供给侧结构性改革，辐射带动农民持续增收。该纲要明确，国家级特优区按照先创建、后认定的程序，突出“特色”和“优势”，在具备创建条件的基础上，通过深入创建达到认定标准，给予“中国特色农产品优势区”称号并授牌。国家级特优区实行“动态管理、能进能退”的管理机制，开展定期考核，考核不达标的特优区，撤销称号并摘牌。

（四）评述

创建农产品优势区，是顺应农业发展新趋势，培育发展新动能，提高市场竞争力的重大举措，对促进农村一二三产业融合发展，带动传统农业区和贫困地区脱贫致富具有重大意义。创建农产品优势区，有利于优化生产力布局，促进区域分工，推动产业结构调整，推进农业供给侧结构性改革；有利于开发特色农业潜力，发挥区域比较优势，提高特色产品附加值和溢价能力，拓宽农民增收路径；有利于加强特色品种保护，加速成果转化应用、产品结构优化和组织管理创新，做大做强特色农业品牌，提高农产品市场竞争力；有利于保护和弘扬中华农耕文化，推动自然生态、历史人文、民族特色、传统工艺与农业产业的融合发展，丰富特色产业内涵，让传统产业焕发新的活力。

农产品优势区的建设重点主要是：（1）促进产业融合发展；（2）积极助推精准扶贫；（3）完善科技支撑体系；（4）建立评价标准体系；（5）培育新型经营主体；（6）强化品种资源支撑；（7）深化信息技术应用；（8）打造特色农业品牌。

九、农业科技园区

（一）政策、制度积累与发展过程

2017 年 4 月发布的《农业部、中央农村工作领导小组办公室、国家发展和改革委员会、财政部、国家林业局、科技部、国土资源部、环境保护部、水利部关于开展特色农产品优势区创建工作的通知》（农市发〔2017〕3 号）提出“促进产业融合发展。推动特优区建设与现代农业产业园、农业科技园区、特色村镇等建设的结合，统筹空间布局，集聚要素资源，激发市场新活力，培育发展新动能，实现特色产业与其他园区建设有机融合”。

2018 年 1 月，科技部、农业部、水利部、国家林业局、中国科学院、中国农业银行联合印发的《国家农业科技园区发展规划（2018—2025 年）》（国科发农〔2018〕30 号）深刻指出国家农业科技园区的重点任务是全面深化体制改革，积极探索机制创新。以体制改革和机制创新为根本途径，在农业转方式、调结构、促改革等方面进行积极探索，推进农业转型升级，促进农业高新技术转移转化，提高土地产出率、资源利用率、劳动生产率。通过“后补助”等方式支持农业科技创新，深入推进科研成果权益改革试点。加快落实农业科技成果转化收益、科技人员兼职取酬等制度规定。完善政策、金融、社会资本等多元投入机制，着力优化投入结构，创新使用方式，提升支农效能，通过创新驱动将小农生产引入现代农业发展的轨道。

2018 年 8 月发布的《中共科学技术部党组关于创新驱动乡村振兴发展的意见》（国科党组发〔2018〕36 号）指出，要“发展农业高新技术产业。建设一批国家农业高新技术产业示范区、国家农业科技园区和省级农业科技园区，加快培育农业高新技术企业，打造现代农业创新高地、人才高地和产业高地。加快农业生物、信息、新材料、节能环保等农业高新技术产业发展，促进优势特色农业产业提档升级，培育具有竞争优势的高新技术产业集群，推动农村一二三产业融合和产城产镇产村融合，让农民共享产业融合发展的增值收益，成片带动乡村振兴发展”。同年 9 月，中共中央、国务院印发的《乡村振兴战略规划（2018—2022 年）》提出要加快农业科技成果转化应用，突出农业科技园区的“农、高、科”定位，强化体制机制创新，推进农业科技园区建设。用高新技术改造提升农业产业，壮大生物育种、智能农机、现代食品制造等高新技术产业，培育农业高新技术企业超过 1.5 万家。

2019 年 1 月发布的《中共科学技术部党组关于以习近平新时代中国特色社会主义思想为指导凝心聚力决胜进入创新型国家行列的意见》（国科党组发〔2019〕1 号）提出，要“建设一批农业高新技术产业示范区、农业科技园区，培育一批农业高新技术企业，打造若干农业高新技术产业集群。建立健全农业科技社会化服务体系，深入推行科技特派员、新农村发展研究院、科技超市等科技服务模式，强化星创天地创新创业载体建设。建设创新型县（市），构建县域创新驱动发展新格局。实施科技扶贫‘百千万’工程，加快先进适用技术在贫困地区推广应用，强化科技资源精准服务，组织动员全社会科技力量，深入脱贫攻坚一线，助力打赢脱贫攻坚战。”

2020 年 6 月，科技部、农业农村部、水利部、国家林业和草原局、中国科学院、中国农业银行对《国家农业科技园区管理办法》[1] 进行了修订。同年 7 月，科技部、农业农村部、教育部等印发《关于加强农业科技社会化服务体系建设的若干意见》（国科发农〔2020〕192 号），该意见指出：“加强科技服务载体和平台建设。依托国家农业科技园区、农业科技示范展示基地等载体，创建一批具有区域特色的农业科技社会化服务平台。优化各类农业科技园区布局，完善园区管理办法和监测评价机制，将农业科技社会化服务成效作为重要考核指标。支持农业科技企业孵化器、‘星创天地’建设，推动

---

[1] 《国家农业科技园区管理办法》第 2 条规定：园区建设与管理要坚持“政府主导、市场运作、企业主体、农民受益”的原则，集聚创新资源，培育农业农村发展新动能，着力拓展农村创新创业、成果展示示范、成果转化推广和高素质农民培训四大功能，强化创新链，支撑产业链，激活人才链，提升价值链，分享利益链，把园区建设成为现代农业创新驱动发展的高地。

该办法第 15 条规定：省（自治区、直辖市）、计划单列市、新疆生产建设兵团科技主管部门要整合本地区各类涉农科技计划项目，倾斜支持园区发展。园区所在地人民政府要结合本地实际，制定支持园区发展操作性强的相关政策。

该办法第 16 条规定：园区要坚持新发展理念，制定出台优惠政策，以推动农业供给侧结构性改革为主线，推动科技服务业和创新创业政策在园区落地生根；要积极吸引优势企业和优秀人才入驻园区，着力孵化涉农高新技术企业，发展农业高新技术产业，推动园区向高端化、集聚化、融合化、绿色化方向发展；要强化一二三产实质融合，积极推进产城产镇产村融合；要着力营造科技成果转移转化的良好环境，打造一批“星创天地”。

建立长效稳定支持机制。加强涉农国家技术创新中心等建设，促进产学研结合。加强对科技服务载体和平台的绩效评价，并把绩效评价结果作为引导支持科技服务载体和平台建设的重要依据。”

地方上的积累与探索主要有：2016 年 4 月，河北省科学技术厅印发《河北省科学技术厅关于组织参加“河北省农业科技园区技术创新战略联盟”的通知》（冀科农函〔2016〕41 号）。2017 年 3 月，山东省发布了《山东省人民政府办公厅关于加快全省农业科技园区体系建设的实施意见》（鲁政办字〔2017〕47 号）。同年 6 月，浙江省发布了《浙江省科学技术厅关于进一步推进重点农业企业研究院和农业科技园区管理工作的通知》（浙科发农〔2017〕169 号），该通知指出要进一步加强农业科技创新载体建设，推进载体建设全过程管理。2019 年 1 月，河南省发布了《河南省科学技术厅等 6 部门关于印发河南省农业科技园区管理办法的通知》（豫科〔2018〕202 号）。2020 年 4 月，吉林省科学技术厅印发《吉林省农业科技园区建设管理办法》，进一步加强了对吉林省农业科技园区的管理。

（二）发展数量与成效

截至 2020 年 12 月，国家共公示了九批国家农业科技园区。园区发展经历了试点建设（2001—2005 年）、全面推进（2006—2011 年）、创新发展（2012 年至今）三个阶段。截至 2017 年底，已批准建设 246 个国家级园区，基本覆盖了全国所有省、自治区、直辖市、计划单列市及新疆生产建设兵团，初步形成了特色鲜明、模式典型、科技示范效果显著的园区发展格局。

2018 年 12 月，科技部办公厅公布了第八批国家农业科技园区，经地方推荐申报、材料审查、现场考察、视频答辩等工作程序，科技部认定北京平谷等 32 家农业科技园区为第八批国家农业科技园区。2020 年 12 月，科技部办公厅公布了第九批国家农业科技园区，经地方推荐申报、材料审查、现场考察、视频答辩等工作程序，科技部遴选天津宝坻等 25 家农业科技园区为第九批国家农业科技园区。

在东北平原、华北平原、长江中下游平原的 13 个粮食主产省份，先后部署了 117 个园区。通过实施国家种业科技创新、粮食丰产科技工程、渤海粮仓科技示范工程等重大科技项目，园区已成为优良农作物新品种、粮食丰产技术集成创新的示范基地，为粮食产量连增作出了重要贡献。

（三）基本定位和运行模式

农业科技园区建设定位为集聚创新资源，培育农业农村发展新动能，着力拓展农村创新创业、成果展示示范、成果转化推广和职业农民培训的功能。强化创新链、支撑产业链、激活人才链、提升价值链、分享利益链，努力推动园区成为农业创新驱动发展先行区、农业供给侧结构性改革试验区和农业高新技术产业集聚区，打造中国特色农业自主创新的示范区。

按照建设和运营主体的差异，园区形成了政府主导型（占 87.0%）、企业主导型（占 9.7%）、科研单位主导型（占 3.3%）三种模式。近年来，园区基于自身发展模式和区域特色等，为适应创新驱动发展的需要，在功能定位、规划布局上出现了一系列新变化，政府主导型园区向农业高新技术产业培育和产城产镇产村融合的杨凌模式发展，其他两类园区分别向科技服务和成果应用方向发展。[1]

（四）评述

总体看来，国家农业科技园区对解决我国“三农”问题、实现农村小康，推动农业结构调整、增加农民收入起到了重要作用。国家农业科技园区通过围绕创新不同类型的农业科技成果转化模式及其相应的产业化运行机制，强化了农业科技成果转化和孵化功能，使国家农业科技园区成为在不断打造创新链和创业链中实现农业科技成果转化的重要平台，成为发展现代农业，建设新农村和建立区域科技创新体系的一项基础性、公共性和战略性工作。其发挥了重要作用：一是有效推动了农业科技成果的转化应用，成为农业新技术集成创新和应用示范的重要基地。二是孵化和培育了一大批科技型农业龙头企业，有效促进了农业产业化进程。三是培养了一大批新型农民，

[1] 参见科技部、农业部、水利部、国家林业局、中国科学院、中国农业银行印发的《国家农业科技园区发展规划（2018—2025 年）》（国科发农〔2018〕30 号）。

拓展了农民就业渠道，提高了农民增收能力。

然而，我国农业科技园区的建设和发展还处在刚刚起步阶段，因建设时间短，经验不足，在建设和发展过程中还存在不少的困难和问题，主要表现在如下方面：（1）资源集聚能力不高，创新要素缺乏；（2）产品间联系不紧密，不能形成产业体系；（3）经济效益不佳，自我发展动力不足；（4）科技创新和成果转换能力不足，示范带动能力不高等。[1]

十、农产品加工园

（一）政策、制度积累与发展过程

2016年12月出台的《国务院办公厅关于进一步促进农产品加工业发展的意见》（国办发〔2016〕93号）提出“推进加工园区建设。加强农产品加工园区基础设施和公共服务平台建设，完善功能、突出特色、优化分工，吸引农产品加工企业向园区集聚。以园区为主要依托，创建集标准化原料基地、集约化加工、便利化服务网络于一体的产业集群和融合发展先导区，加快建设农产品加工特色小镇，实现产城融合发展”。

2018年9月，中共中央、国务院印发的《乡村振兴战略规划（2018—2022年）》提出“依托现代农业产业园、农业科技园区、农产品加工园、农村产业融合发展示范园等，打造农村产业融合发展的平台载体，促进农业内部融合、延伸农业产业链、拓展农业多种功能、发展农业新型业态等多模式融合发展。加快培育农商产业联盟、农业产业化联合体等新型产业链主体，打造一批产加销一体的全产业链企业集群。推进农业循环经济试点示范和田园综合体试点建设。加快培育一批‘农字号’特色小镇，在有条件的地区建设培育特色商贸小镇，推动农村产业发展与新型城镇化相结合”。

2020年，农业农村部出台的《2020年乡村产业工作要点》（农办产〔2020〕1号）提出，建设农产品加工园区，要按照“粮头食尾”“农头工尾”要求，支持粮食生产功能区、重要农产品生产保护区、特色农产品优势区，建设一

[1] 黄梁：《我国农业科技园区发展演变、问题与发展路径》，《农业经济》2021年第1期，第15页。

批各具特色的农产品加工园区。支持河南驻马店、黑龙江肇东建设国际农产品加工产业园，引导地方建设一批区域性农产品加工园，形成国家、省、市、县四级农产品加工园体系，构筑乡村产业“新高地”。2020年，建设并推荐一批产值超100亿元的农产品加工园。同年7月，农业农村部印发的《全国乡村产业发展规划（2020—2025年）》（农产发〔2020〕4号）提出，要“推进农产品加工向园区集中。推进政策集成、要素集聚、企业集中、功能集合，发展‘外地经济’模式，建设一批产加销贯通、贸工农一体、一二三产业融合发展的农产品加工园区，培育乡村产业‘增长极’。提升农产品加工园，强化科技研发、融资担保、检验检测等服务，完善仓储物流、供能供热、废污处理等设施，促进农产品加工企业聚集发展。在农牧渔业大县（市），每县（市）建设一个农产品加工园。不具备建设农产品加工园条件的县（市），可采取合作方式在异地共同建设农产品加工园。建设国际农产品加工产业园，选择区位优势明显、产业基础好、带动作用强的地区，建设一批国际农产品加工产业园，对接国际市场，参与国际产业分工”。

地方上的积累与探索主要有：2010年5月，湖北省出台《中共湖北省委办公厅、湖北省人民政府办公厅关于加快省级农产品加工园区发展的意见》（鄂办文〔2010〕43号）。2017年12月，沈阳市人民政府办公厅印发《沈阳市农产品加工园区发展规划（2018—2020年）》（沈政办发〔2017〕115号），进一步推进了沈阳市农产品加工业稳步发展，放大产业集聚效应、促进产业融合发展。2018年9月，《四川省人民政府关于大力推动农产品加工园区发展的意见》（川府发〔2018〕34号）出台。2019年5月，河池市人民政府办公室印发《加快推进河池市现代特色农业高质量发展实施方案》（河政办发〔2019〕43号）。2020年4月，西安市人民政府办公厅印发《西安市促进乡村产业振兴实施方案》（市政办发〔2020〕10号）。

（二）发展数量与成效

2004年10月发布的《农业部关于命名第一批全国农产品加工业示范基地的通知》（农企发〔2004〕8号）命名北京市大兴区榆垡镇现代农产品加工业示范基地等59个农加工基地为“全国农产品加工业示范基地”。2006年1

月发布的《农业部关于公布第一批全国农产品加工业示范企业和第二批全国农产品加工业示范基地名单的通知》（农企发〔2005〕12号），确定北京市大兴区青云店镇等161个单位为“第二批全国农产品加工业示范基地”。2008年10月发布的《农业部关于公布第三批全国农产品加工业示范基地名单的通知》（农企发〔2008〕9号）决定授予北京市延庆县东部山区农产品加工基地等130家单位为第三批全国农产品加工业示范基地称号。2010年12月发布的《农业部关于公布第二批全国农产品加工业示范企业和第四批全国农产品加工业示范基地名单的通知》（农企发〔2010〕5号）认定北京良乡镇农产品生产加工基地等106家单位为第四批全国农产品加工业示范基地。

（三）基本定位和运行模式

农产品加工园定位为以促进农产品就地就近加工转化增值为目标，以市场需求为导向，以农产品加工业转型升级为核心，优化结构布局，强化科技支撑，提升质量品牌，突出特色优势，强化助农增收。

农产品加工园的运行模式为以园区为主要依托，创建集标准化原料基地、集约化加工、便利化服务网络于一体的产业集群和融合发展先导区，加快建设农产品加工特色小镇，实现产城融合发展。

（四）评述

目前，农产品加工业与农业总产值比为2.3∶1，远低于发达国家3.5∶1的水平。农产品加工转化率为67.5%，比发达国家低近18个百分点。产业链条延伸不充分。第一产业向后端延伸不够，第二产业向两端拓展不足，第三产业向高端开发滞后，利益联结机制不健全，小而散、小而低、小而弱问题突出，乡村产业转型升级任务艰巨。[1]农产品加工园作为乡村产业，在战略机遇期，应抓住机会，充分利用时代发展带来的优势资源，同时积极应对挑战，使产业园在新时代得到高质量发展。

---

[1] 参见《全国乡村产业发展规划（2020—2025年）》（农产发〔2020〕4号）。

十一、“农字号”特色小镇

（一）政策、制度积累与发展过程

2016 年 1 月 4 日发布的《国务院办公厅关于推进农村一二三产业融合发展的指导意见》（国办发〔2015〕93 号）提出“加强规划引导和市场开发，培育农产品加工、商贸物流等专业特色小城镇”。2016 年 4 月 19 日发布的《农业部办公厅关于开展中国美丽休闲乡村推介工作的通知》（农办加〔2016〕8 号）提出历史古村、特色民居村、现代新村、特色民俗村等类型，集中连片发展较好的形成休闲农业特色的乡镇可以推荐为中国美丽休闲乡村。2016 年 12 月 28 日发布的《国务院办公厅关于进一步促进农产品加工业发展的意见》（国办发〔2016〕93 号）提出“以园区为主要依托，创建集标准化原料基地、集约化加工、便利化服务网络于一体的产业集群和融合发展先导区，加快建设农产品加工特色小镇，实现产城融合发展”。“引导农产品加工业与休闲、旅游、文化、教育、科普、养生养老等产业深度融合”。

地方上，也采取了不少举措，例如，2016 年 12 月 30 日，江苏省人民政府发布《江苏省人民政府关于培育创建江苏特色小镇的指导意见》（苏政发〔2016〕176 号）提出：“特色小镇应主要聚焦于高端制造、新一代信息技术、创意创业、健康养老、现代农业、历史经典等特色优势产业，或聚力打造旅游资源独特、风情韵味浓郁、自然风光秀丽的旅游风情小镇。”2016 年 12 月 30 日，湖北省人民政府发布《 湖北省人民政府关于加快特色小（城）镇规划建设的指导意见》（鄂政发〔2016〕78 号）提出：“力争通过 3 至 5 年的培育创建，在全省范围内规划建设 50 个产业特色鲜明、体制机制灵活、人文气息浓厚、生态环境优美、建筑风格雅致、卫生面貌整洁、多种功能叠加、示范效应明显、群众生产生活环境与健康协调发展的国家及省级层面的特色小（城）镇。”2016 年 12 月，四川省发展和改革委员会发布《四川省“十三五”特色小城镇发展规划》提出：“按照各地主体功能定位，根据重点开发区域、农产品主产区、重点生态功能区的管控要求，引导特色小城镇布局。”2018 年 10 月 19 日，中共河南省委、河南省人民政府印发《河南省乡村振兴战略

规划（2018—2022年）》提出："开展田园综合体建设试点，完善配套设施，积极发展循环农业、创意农业、智慧农业，建设一批特色鲜明、潜力巨大的田园综合体。依托特色优势农产品生产加工基地、农产品商贸物流聚集区、乡村生态旅游优势区，重点建设一批茶叶、花卉、水果、名特优产品、生态旅游等特色小镇。到2022年打造100个左右主导产业特、融合程度高、生态环境美的农字号特色小镇，在有条件的地方建设特色商贸小镇。"

（二）发展数量与成效

2017年，江苏省公布105个省级农业特色小镇名单，其中苏州有7个、南京有9个、徐州有11个、宿迁有7个、淮安有4个、镇江有5个、常州有7个、无锡有8个、南通有6个、泰州有5个、扬州有1个，涵盖了农业历史经典产业、非物质农业文化遗产保护、农耕文化、农家乐、创意休闲农业等多种特色小镇。[1]2019年，湖南省公布首批10个农业特色小镇名单：安化县黑茶小镇（田庄乡）、浏阳市花木小镇（浏阳市柏加镇、雨花区跳马镇、株洲市石峰区云田镇）、华容县芥菜小镇（三封寺镇）、邵东县廉桥中药材小镇（廉桥镇）、湘潭县湘莲小镇（花石镇）、新宁县脐橙小镇（黄龙镇）、汝城县辣椒小镇（泉水镇）、炎陵县黄桃小镇（中村乡）、靖州苗族侗族自治县杨梅小镇（坳上镇）、常宁市油茶小镇（西岭镇）。[2]

（三）基本定位和运行模式

1. 基本定位 *

特色小镇是在新型城镇化的背景下提出来的，为了适应新型城镇化发展的新特点和发展要求，特色小镇建设必须结合自身资源禀赋，进行准确功能定位，才能更好地挖掘自身特色，走出一条与众不同的发展道路。特色小镇

---

[1] 中商产业研究院：《2017江苏省105个农业特色小镇名单（完整版）》，https://www.askci.com/news/dxf/20170516/14323798187.shtml，访问日期：2022年4月12日。

[2] 奉永成：《湖南省公布首批10个农业特色小镇》，http://www.hunan.gov.cn/hnyw/zwdt/201908/t20190801_5408678.html，访问日期：2022年4月12日。

* 唐步龙：《特色小镇的功能定位与发展路径》，《人民论坛》2017年第31期，第79页。

与传统意义上的小镇无论在内涵上还是外延上都不相同，传统小镇有可能是建制镇，也有可能是“集市”镇，有的强调“市”，有的强调“镇”，更多地强调行政区划，特色小镇绝不是简单命名，不是行政区划，不是工业园区，但有可能是从传统小镇及工业园区发展而来；特色小镇既不是以城兴业，也不是以业兴城，而是相对独立于市区，又没有远离农村，具有一定文化内涵、产业定位、社区功能、生活设施和旅游资源等的综合平台和社区；特色小镇既可以吸纳农村人口，又可以有效疏解大城市人口，因此其不仅仅是单向吸纳农村人口的传统小镇，有可能是促进城乡人口的多元化双向流动，是现代城市体系的一部分，承担了连接城乡的重要功能。虽然每个特色小镇都是功能综合体和社区，但是每个小镇都有自己的特色，其主体功能必然比较突出，根据目前特色小镇发展情况和新型城镇化的内在要求，特色小镇的主要功能定位类型有：产业发展型特色小镇；交通枢纽型特色小镇；城市功能补强型特色小镇；大城市人口疏解型特色小镇；农村人口集聚型特色小镇；历史传统型特色小镇；生态旅游型特色小镇；文化产业型特色小镇；红色基地型特色小镇。

2. 运行模式 *

（1）以农林牧渔为依托的特色小镇。这类小镇，一般是因地制宜发展特色农产品，因农产品品质突出，因而声名远扬，如无锡阳山水蜜桃小镇、寿光蔬菜小镇、庆元香菇小镇等。

（2）以农产品加工为依托的特色小镇。农产品加工业包括农产品产地初加工、精深加工、农产品及加工副产物综合利用。通过延长产业链，对农副产品进行深加工，提高农产品的附加值。

（3）以休闲农业和生态旅游为依托的特色小镇。这类小镇往往具有独特的自然景观，良好的乡村生态环境、丰富的历史文化资源、独树一帜的民俗风情。例如，河桥民宿小镇依托良好的生态环境、独特的地理位置及建筑文化资源，为周边重点旅游项目提供住宿功能；景德镇背靠千年陶瓷文化打造文创特色小镇；云南彝人古镇利用彝族火把节吸引大量游客。

---

* 董梦雅：《高质量推进农业特色小镇建设》，《湖北农业科学》2018 年第 19 期，第 77 页。

（四）评述

“农字号”特色小镇现在也存在一些问题：（1）主导产业定位模糊，产业之间缺乏融合；（2）农民受教育水平低，新型人才吸引困难；（3）城镇规划无序散乱，产城人文融合困难；（4）小镇建设资金短缺，融资方式过于单一；（5）基础设施建设落后，公共服务功能欠缺。[1]

十二、农村田园综合体

（一）政策、制度积累与发展过程

2016 年 12 月 31 日，中共中央、国务院发布《中共中央　国务院关于深入推进农业供给侧结构性改革加快培育农业农村发展新动能的若干意见》（中发〔2017〕1 号），提出：“支持有条件的乡村建设以农民合作社为主要载体、让农民充分参与和受益，集循环农业、创意农业、农事体验于一体的田园综合体，通过农业综合开发、农村综合改革转移支付等渠道开展试点示范。深入实施农村产业融合发展试点示范工程，支持建设一批农村产业融合发展示范园。”

2017 年 5 月 24 日，财政部发布《财政部关于开展田园综合体建设试点工作的通知》（财办〔2017〕29 号），提出：财政部决定开展田园综合体建设试点工作。

2018 年 4 月 25 日，第十三届全国人民代表大会常务委员会第二次会议，农业农村部部长做了《国务院关于构建现代农业体系　深化农业供给侧结构性改革工作情况的报告》，提出：“实施‘百县千乡万村’试点示范工程，启动国家农村产业融合发展示范园创建，认定 41 个国家现代农业产业园、246 家国家农业科技园区，支持开展田园综合体建设试点。”

2018 年 9 月 26 日，中共中央、国务院印发的《乡村振兴战略规划（2018—2022 年）》提出：“依托现代农业产业园、农业科技园区、农产品加工园、农

---

[1] 董梦雅：《高质量推进农业特色小镇建设》，《湖北农业科学》2018 年第 19 期，第 77-78 页。

村产业融合发展示范园等，打造农村产业融合发展的平台载体，促进农业内部融合、延伸农业产业链、拓展农业多种功能、发展农业新型业态等多模式融合发展。加快培育农商产业联盟、农业产业化联合体等新型产业链主体，打造一批产加销一体的全产业链企业集群。推进农业循环经济试点示范和田园综合体试点建设。”

2020 年 7 月 9 日，农业农村部印发《全国乡村产业发展规划（2020—2025 年）》（农产发〔2020〕4 号），提出：“近年来，农村创新创业环境不断改善，新产业新业态大量涌现，乡村产业发展取得了积极成效。但存在产业链条较短、融合层次较浅、要素活力不足等问题，亟待加强引导、加快发展。”

地方上也有不少新举措，例如，2018 年 8 月 10 日，西安市人民政府办公厅印发《西安市田园综合体创建导则》（市政办函〔2018〕187 号），提出：“积极探索推进美丽乡村、美丽经济、美丽党建、美丽人家、美丽乡风建设，建成一批集循环农业、创意农业、农事体验等于一体的田园综合体。”2019 年 5 月 15 日，桂林市人民政府发布《桂林市人民政府办公室关于桂林市田园综合体创建的指导意见（试行）》（市政办〔2019〕17 号），提出：“按照‘产业兴旺、生态宜居、乡风文明、治理有效、生活富裕’的总要求，学习借鉴浙江‘千万工程’经验，结合现代特色农业示范区建设、农村人居环境整治三年行动计划和‘美丽桂林・幸福乡村’建设活动，打造一批高标准、高质量的田园综合体，为我市农业产业升级、农村价值释放、乡村振兴发展探索新模式、新业态、新路径、新动能。”2019 年 8 月 6 日，山东省农业农村厅发布《山东省农业农村厅关于进一步做好 2019 年田园综合体建设工作的通知》（鲁农建字〔2019〕8 号），提出：“通过田园综合体建设，在加强农村基础设施建设、加速一二三产业融合、带动农民增收、提升乡村面貌、吸引乡村人才等方面取得了良好成效，已成为实施乡村振兴战略的重要抓手和平台。各地要认真总结试点工作经验，对照试点项目总体规划和年度实施计划，坚持问题导向和目标导向，进一步完善政策，落实资金，压实责任，强化督导，狠抓落实，全力推动试点项目建设，确保如期完成建设任务，为进一步做好下一步田园综合体创建工作积累经验、打下基础。”

（二）发展数量与成效

2017年5月24日，财政部发布了《财政部关于开展田园综合体建设试点工作的通知》（财办〔2017〕29号），正式提出开始进行田园综合体建设试点工作，确定河北、山西、内蒙古、江苏、浙江、福建、江西、山东、河南、湖南、广东、广西、海南、重庆、四川、云南、陕西、甘肃18个省份开展田园综合体建设试点。

2017年6月1日，财政部发布了《财政部办公厅关于做好2017年田园综合体试点工作的意见》（财办农〔2017〕71号），提出财政部农业司、国务院农村综合改革办公室牵头负责在内蒙古、江苏、浙江、江西、河南、湖南、广东、甘肃8个省份开展试点工作。每个试点省份根据本省的具体情况，选择一些具有特色代表性的产业建设“田园综合体”。

目前，农村田园综合体的建设已见成效。例如，云南省曲靖市茨营镇抓住被列为全国农村综合性改革试点试验区域的机遇，以三叶（烟叶、菜叶、桑叶）、两果（猕猴桃、富硒梨）等现代农业为特色，以农民合作社为载体，以生态为依托，以旅游为引擎，以市场为导向，实施十大产业项目，打造龙潭河片区集休闲观光、特色农业、乡村旅游、农耕文化立体发展的田园综合体。截至2018年9月，累计流转土地2万余亩，引进龙头企业18家，培育合作社104个，每年提供就业岗位7600个，年支付工资达5700万元以上。[1]又如，凤凰岭田园综合体项目，依托所在村生态农业、循环农业、休闲农业等原有发展要素，积极打造集水生蔬菜种植、有机果蔬采摘、垂钓娱乐、农事体验和乡村旅游于一体的田园综合体。共投资5000万元，占地2000余亩，项目建成后，每年可增加农民收入2000余万元，增加集体收入70万元。该项目依托于埠南头村成立的经济股份合作社、土地股份合作社、凤凰岭果蔬专业合作社和兴农黄烟专业合作社4个合作社，形成了村集体经济、合作经济、家庭承包经营共同发展的产业发展格局，合作社之间开展“社社合作”，

[1] 加油曲靖:《麒麟区茨营镇全国农村综合性改革试点试验工作取得实效！》，https://www.sohu.com/a/256770256_319417，访问日期：2021年3月2日。

即黄烟合作社每年6月份将闲置后的土地租用给凤凰岭合作社，用于栽种水生蔬菜，效益提高的同时还提高了土地利用率。[1]

（三）基本定位和运行模式

田园综合体的基本定位:（1）以乡村地理和环境为空间基础的一种新型农村综合体;（2）以现代特色农业为核心产业的一种新型农村综合体;（3）以农民或农民合作社为主要载体的一种新型农村综合体;（4）以生态、文化和旅游为主要特色的一种新型农村综合体;（5）通过“三产”深度融合，实现“三生”同步改善的一种新型农村综合体。近年来，全国各地立足当地实际，以农业产业为支撑，以美丽乡村为依托，以农耕文明为背景，以农旅融合为核心，探索建设了一大批具有田园综合体基础和雏形的试点和亮点，模式不一，特色各异，取得了良好成效和有益经验。

有学者将田园综合体的运行模式总结为以下几种[2]:（1）优势特色农业产业园区模式。该模式是以本地优势特色产业为主导，以产业链条为核心，从农产品生产、加工、销售、经营、开发等环节入手，打造优势特色产业园区，以此为基础，带动形成以产业为核心的生产加工型综合体。（2）文化创意带动三产融合发展模式。该模式是以农村一二三产业融合发展为基础，依托当地乡村民俗和特色文化，推动农旅结合和生态休闲旅游，形成产业、生态、旅游融合互动的农旅型综合体。（3）都市近郊型现代农业观光园模式。该模式是利用城郊区位独特优势，以田园风光和生态环境为基础，为城乡居民打造一个贴近自然、品鉴天然、身心怡然的聚居地和休闲区，领略和感受农耕文明和田园体验，形成一个以休闲体验为主要特色的生活型综合体。（4）农业创意和农事体验型模式。该模式依托当地农业生态资源，创新乡村建设理念，以特色创意为核心，传承乡土文化精华，打造青年返乡创业基地和生态旅游示范基地，开发精品民宿、创意工坊、民艺体验、艺术展览等特

---

[1] 魅力新红河:《小编带你走进红河镇凤凰岭田园综合体》，https://www.sohu.com/a/139598432_747606，访问日期：2021年3月2日。

[2] 卢贵敏:《田园综合体试点：理念、模式与推进思路》，《地方财政研究》2017年第7期，第11页。

色文化产品，发展新产业新业态，构建以乡土文明和农事体验为核心的创意型综合体。

（四）评述

总体来说，田园综合体建设伊始就坚持把环境保护贯穿于其规划、建设和发展全过程，倡导“绿水青山就是金山银山”的绿色发展理念，坚持以生态特色产业为着力点发展高产高效、高技术含量、低污染的现代设施农业，坚持以优美宜居的生产生活环境带动乡村产业振兴、生态振兴、组织振兴、人才振兴和文化振兴，不断提升乡村发展系统的生态附加值，助推生态文明、农村经济和社会进步系统互促、协同发展。

然而，在发展过程中，将制度设想融入实践还存在一些问题：（1）项目缺失优秀的顶层设计与规划；（2）产业缺失特色和带动能力不足；（3）产业管理人才、技术及劳动力短缺；（4）需要更加有效的政策和资金支持。[1]

十三、农村“星创天地”

（一）政策、制度积累与发展过程

2015 年 3 月 11 日，国务院办公厅发布《国务院办公厅关于发展众创空间推进大众创新创业的指导意见》（国办发〔2015〕9 号），提出：“到 2020 年，形成一批有效满足大众创新创业需求、具有较强专业化服务能力的众创空间等新型创业服务平台；培育一批天使投资人和创业投资机构，投融资渠道更加畅通；孵化培育一大批创新型小微企业，并从中成长出能够引领未来经济发展的骨干企业，形成新的产业业态和经济增长点；创业群体高度活跃，以创业促进就业，提供更多高质量就业岗位；创新创业政策体系更加健全，服务体系更加完善，全社会创新创业文化氛围更加浓厚。”

2015 年 6 月 21 日，国务院办公厅发布《国务院办公厅关于支持农民工等

---

[1] 苏畅、邹欣怡：《田园综合体产生原因、发展历程和产业前景》，《沈阳农业大学学报（社会科学版）》2019 年第 3 期，第 261 页。

人员返乡创业的意见》(国办发〔2015〕47号),提出:“加快建立多层次多样化的返乡创业格局,全面激发农民工等人员返乡创业热情,创造更多就地就近就业机会,加快输出地新型工业化、城镇化进程,全面汇入大众创业、万众创新热潮,加快培育经济社会发展新动力,催生民生改善、经济结构调整和社会和谐稳定新动能。”

2016年2月18日,国务院办公厅发布《国务院办公厅关于加快众创空间发展服务实体经济转型升级的指导意见》(国办发〔2016〕7号),提出:“促进众创空间专业化发展,为实施创新驱动发展战略、推进大众创业万众创新提供低成本、全方位、专业化服务,更大释放全社会创新创业活力,加快科技成果向现实生产力转化,增强实体经济发展新动能。通过龙头企业、中小微企业、科研院所、高校、创客等多方协同,打造产学研用紧密结合的众创空间,吸引更多科技人员投身科技型创新创业,促进人才、技术、资本等各类创新要素的高效配置和有效集成,推进产业链创新链深度融合,不断提升服务创新创业的能力和水平。”

2016年5月19日,国务院办公厅发布《国务院办公厅关于深入推行科技特派员制度的若干意见》(国办发〔2016〕32号),提出:“加强科技特派员创业基地建设,打造农业农村领域的众创空间——‘星创天地’,完善创业服务平台,降低创业门槛和风险,为科技特派员和大学生、返乡农民工、农村青年致富带头人、乡土人才等开展农村科技创业营造专业化、便捷化的创业环境。”

2016年7月11日,科学技术部发布《发展“星创天地”工作指引》(国科发农〔2016〕210号),提出:“‘星创天地’是推动农业农村创新创业的主阵地,是加强基层科技工作的有力抓手,是实现农业现代化、推动农业创新驱动发展的战略举措。打造‘星创天地’,对于进一步激发农业农村创新创业活力,优化农村创新创业环境,加快科技成果转移转化,提高农业创新供给质量和产业竞争力,培育新型农业经营主体,以创业带动就业,在打赢精准扶贫、精准脱贫攻坚战、新农村建设和新型城镇化进程中支撑引领经济转型升级和产业结构调整,加快一二三产业融合发展具有重要意义。”

2016年12月31日,中共中央、国务院发布《中共中央 国务院关于深

入推进农业供给侧结构性改革　加快培育农业农村发展新动能的若干意见》（中发〔2017〕1号），提出："强化农业科技推广。……深入推行科技特派员制度，打造一批'星创天地'。加强农村科普公共服务建设。"

2018年1月29日，国务院办公厅发布《国务院办公厅关于推进农业高新技术产业示范区建设发展的指导意见》（国办发〔2018〕4号），提出："研究制定农业创新型企业评价标准，培育一批研发投入大、技术水平高、综合效益好的农业创新型企业。以'星创天地'为载体，推进大众创业、万众创新，鼓励新型职业农民、大学生、返乡农民工、留学归国人员、科技特派员等成为农业创业创新的生力军。支持家庭农场、农民合作社等新型农业经营主体创业创新。"

2019年11月26日，中央全面深化改革委员会第十一次会议审议通过了《关于加强农业科技社会化服务体系建设的若干意见》，提出："支持农业科技企业孵化器、'星创天地'建设，推动建立长效稳定支持机制。加强涉农国家技术创新中心等建设，促进产学研结合。加强对科技服务载体和平台的绩效评价，并把绩效评价结果作为引导支持科技服务载体和平台建设的重要依据。"

2020年11月7日发布的《农业农村部、科技部、财政部、人力资源社会保障部、自然资源部、商务部、银保监会关于推进返乡入乡创业园建设　提升农村创业创新水平的意见》（农产发〔2020〕5号），提出："新建一批返乡入乡创业园。利用'大众创业万众创新'示范基地，以及农业科技园、优势特色产业集群、现代农业产业园、农业产业强镇等农业项目，新建一批特色突出、设施齐全的返乡入乡创业园，搭建众创空间和星创天地等平台，构建'生产＋加工＋科技＋营销＋品牌＋体验'多位一体、上下游产业衔接的创业格局。"

地方也立即积极响应中央的号召。从"北大法宝"法律数据库中检索，自2016年到2021年地方共计116部地方工作文件推进建设"星创天地"项目。其中，2016年9月28日，浙江省科学技术厅印发《关于建设"星创天地"的实施意见》（浙科发农〔2016〕167号），提出："到2020年，重点建设省级'星创天地'30家以上、市级农业'星创天地'100家以上，孵化培育创新创业企业、新型农业经营主体800家以上，聚集各类科技创新创业人才8000人以上，基本形成创业主体大众化、孵化对象多元化、创业服务专业化、组织体系网络化、建设运营市场化的农业众创体系，实现农业生产力水平和综合效益显著提升，助推现代农业发展。”2017年6月9日，湖南省科学技术厅印发《湖南省促进星创天地发展与管理办法（试行）》（湘科发〔2017〕68号），提出：“支持各地先行先试，勇于创新，探索星创天地差异化的发展路径。充分发挥市场配置资源的决定性作用和政府引导作用，坚持因地制宜，实施分类指导。鼓励农业科技园区、农业企业、涉农高校院所、农民专业合作社和其他农村技术服务组织，根据区域农业产业发展需求特点和自身优势，构建专业化、差异化、多元化的星创天地，努力形成特色和品牌。”2018年3月26日，海南省科学技术厅印发《海南省星创天地认定管理办法》（琼科〔2018〕103号），提出：“面向科技特派员、大学生、返乡农民工、职业农民等创新创业主体，具备集聚创业人才、技术集成示范、创业培育孵化、创业人才培训、科技金融服务、创业政策集成等服务功能，是发展现代农业的众创空间。”

（二）发展数量与成效

2016年11月18日，科学技术部发布《科技部关于公布第一批星创天地名单的通知》（国科发农〔2016〕344号），公布“第一批星创天地名单”，总计638个“星创天地”单位。

2017年11月24日，科学技术部发布《科技部办公厅关于公布第二批星创天地名单的通知》（国科办农〔2017〕103号），公布第二批“星创天地”名单，总计568个“星创天地”单位。

2018年12月19日，科学技术部发布《科技部办公厅关于公布第三批星创天地名单的通知》（国科办农〔2018〕110号），公布第三批“星创天地”名单，总计618个“星创天地”单位。

2016年7月，科学技术部发布《发展“星创天地”工作指引》（国科发农〔2016〕210号），对“星创天地”工作进行了谋篇布局。从2016年至2018年底，累计备案3批1824家“星创天地”。经科技部备案的这1824家国家级“星创天地”形成了创业主体大众化、孵化对象多元化、创业服务专业化、组织体系网络化、建设运营市场化的农村众创体系。仅首批备案的638家星创天地，共集聚创业导师5232名，累计培训创业人才227万人，孵化企业10 335个，培育农村新型经营主体10 475个，建立线上网络平台890个，帮助企业获得融资59亿元，营造了农村创新创业的良好氛围，为农村改革发展提供了新动能。[1]

（三）基本定位和运行模式

1. 基本定位

“星创天地”是发展现代农业的众创空间，是农村“大众创业、万众创新”的有效载体，是新型农业创新创业一站式开放性综合服务平台，旨在通过市场化机制、专业化服务和资本化运作方式，利用线下孵化载体和线上网络平台，聚集创新资源和创业要素，促进农村创新创业的低成本、专业化、便利化和信息化的平台。

“星创天地”是推动农业农村创新创业的主阵地，是加强基层科技工作的有力抓手，是实现农业现代化、推动农业创新驱动发展的战略举措。打造“星创天地”，对于进一步激发农业农村创新创业活力，优化农村创新创业环境，加快科技成果转移转化，提高农业创新供给质量和产业竞争力，培育新型农业经营主体，以创业带动就业，在打赢精准扶贫、精准脱贫攻坚战、新农村建设和新型城镇化进程中支撑引领经济转型升级和产业结构调整，加快一二三产业融合发展具有重要意义。

2. 运行模式

“星创天地”是一类新型的农业农村科技企业孵化器，与传统的科技企业孵化器等创新创业服务机构相比，有着服务农业农村创业链条前端、满足网络时代新需求、更加开放的资源共享等特征。目前，主要有以龙头企业为主导、以订单农业和品牌农业为基础、以农业科技园区为主体、以校企合作

---

[1] 《科技部举行司局长媒体集中访谈会》，http://www.scio.gov.cn/xwfbh/gbwxwfbh/xwfbh/kjb/Document/1543185/1543185.htm，访问日期：2022年4月12日。

为特征、以高校院所为依托、发挥特色产业优势等模式。[1]

（四）评述

在科技部门政策引导下，不同类型运营主体充分发挥自身优势，积极投身“星创天地”建设，在实践中形成了五种不同模式：一是科技园区模式，如四川巴中把“星创天地”与国家农业科技园区同规划、同部署、同支持，一手抓园区，一手抓“星创天地”；二是科研院所建设模式，如武汉市农科院汇集农业科技专家及科技成果转化人才组成规模达300余人的创业导师智库，支持“星创天地”建设；三是高校支撑建设模式，如西北农林科技大学以子洲山地苹果试验站为主体建设“大学试验站星创天地”；四是龙头企业建设模式，如青岛农湾孵化器有限公司致力打造“光伏+农业”星创天地，发起成立5000万元的青岛现代农业投资引导基金，为农业创客及项目提供科技金融服务；五是农业专业合作社建设模式，如江苏“海门家禽星创天地”成立肉鸡产业创业与创新平台，建立“五个统一”的利益联合机制，为入驻企业统一供应苗鸡、收购和代售商品成鸡、零利润供应生产资料、免费进行技术培训、免费开展疫病防治。

同时，全国各地在“星创天地”建设中，坚持政府引导、市场运作的理念，综合运用政策、制度、金融等工具，支持“星创天地”创新发展。重庆注重科技部门与涉农部门及区县政府沟通协调，力求实现资源整合与政策叠加；对“星创天地”提供的公益性服务实行政府购买；对在建、运行良好的“星创天地”给予公益性平台建设补贴；将“星创天地”纳入全市“众创空间”统一管理，在财税、金融、商事制度等方面享受同等待遇。江苏将“星创天地”纳入“众创空间”重点工作，省科技厅安排专项补助资金统一进行支持，另通过重点研发计划（现代农业）项目和科技超市服务奖补资金项目给予优先支持。[2]

---

[1] 倪艳、秦臻、袁诗涵：《“星创天地”典型模式发展策略探究》，《湖北农业科学》2019年第20期，第194页。

[2] 本刊编辑部：《星创天地 开辟农村创新创业新天地》，《中国农村科技》2019年第9期，第58页。

现阶段存在的问题主要有:（1）商业模式不明;（2）创业扶持资金及相关资源短缺;（3）创新创业人才不足等。

十四、农民专业合作社

（一）政策、制度积累与发展过程

2004年起，农业部组织实施了农民专业合作组织示范项目，围绕我国优势农产品产业带、主导产品及各地名特优产品建设，累计安排专项资金8500万元，扶持了508个农民专业合作经济组织示范单位，开展标准化生产、专业化经营、市场化运作、规范化管理，提高了农业组织化程度，增加了农民收入，促进了农村经济发展。

2006年10月31日，第十届全国人民代表大会常务委员会第二十四次会议通过《农民专业合作社法》，该法第1条明确，为了支持、引导农民专业合作社的发展，规范农民专业合作社的组织和行为，保护农民专业合作社及其成员的合法权益，促进农业和农村经济的发展，制定本法。该法第2条规定了基本运行模式，即农民专业合作社是在农村家庭承包经营基础上，同类农产品的生产经营者或者同类农业生产经营服务的提供者、利用者，自愿联合、民主管理的互助性经济组织。农民专业合作社以其成员为主要服务对象，提供农业生产资料的购买，农产品的销售、加工、运输、贮藏以及与农业生产经营有关的技术、信息等服务。

2017年12月27日，第十二届全国人民代表大会常务委员会第三十一次会议通过修改的《农民专业合作社法》，该法第1条规定，为了规范农民专业合作社的组织和行为，鼓励、支持、引导农民专业合作社的发展，保护农民专业合作社及其成员的合法权益，推进农业农村现代化，制定本法。该法第2条规定，本法所称农民专业合作社，是指在农村家庭承包经营基础上，农产品的生产经营者或者农业生产经营服务的提供者、利用者，自愿联合、民主管理的互助性经济组织。

2019年1月30日，农业农村部办公厅发布《农业农村部办公厅关于全国农民专业合作社质量提升整县推进试点实施方案的批复》（农办经〔2019〕2

号），提出同意河北省肃宁县等上述8个省30个试点县（市、区）农民专业合作社质量提升整县推进试点实施方案；试点单位要加强对试点工作的组织领导，建立试点工作机制，明确任务分工，形成支持合力，重点推进农民专业合作社规范发展、提升质量，强化指导检查，确保按期保质全面完成各项试点任务；要加大对贫困地区农民合作社的培育和支持力度，财政扶持、人才培养等农民合作社支持政策突出到村到户，促进农民合作社与贫困户形成更加紧密的利益联结机制，充分发挥农民合作社带贫作用，帮助贫困户脱贫致富。及时总结试点工作情况，研究提炼试点过程中的突出亮点，2019年12月上报试点进展情况。2020年12月，对试点工作进行全面系统的总结，总结报告经省级农业农村部门审核并报送农业农村部。

2019年，中央农村工作领导小组办公室等11个部委联合出台《关于开展农民合作社规范提升行动的若干意见》（中农发〔2019〕18号）提出“（十）强化服务功能。鼓励农民合作社加强农产品初加工、仓储物流、技术指导、市场营销等关键环节能力建设。鼓励农民合作社延伸产业链条，拓宽服务领域，由种养业向产加销一体化拓展。……（十三）推进合作与联合。积极引导家庭农场组建或加入农民合作社，开展统一生产经营服务。鼓励同业或产业密切关联的农民合作社在自愿前提下，通过兼并、合并等方式进行组织重构和资源整合。支持农民合作社依法自愿组建联合社，增强市场竞争力和抗风险能力”。

地方各省积极响应中央的政策，相继出台本省的条例和实施办法。

（二）发展数量与成效

2017年9月4日，农业部副部长在《农民专业合作社法》实施十周年会议上表示，全国农民专业合作社数量达193万多家，平均每个村有三家合作社，入社农户占全国农户的46.8%。[1]

近年来，通过积极引导和规范建设，农民专业合作社建设取得了一定成

[1] 施鳗珂:《全国农民专业合作社数量达193万多家》，http://www.gov.cn/shuju/2017-09/05/content_5222732.htm，访问日期：2021年3月10日。

效，促进了农业产业结构的调整和升级，提升了农产品的市场竞争力，带动了合作社社员增收。同时，农民专业合作社也是实现小农户与现代农业发展有机衔接的重要纽带之一。

（三）基本定位和运行模式

发展农民专业合作经济组织，是新形势下党和政府指导农业和农村经济工作的重要手段，是提高农民进入市场和农业生产的组织化程度的有效形式之一，对丰富和创新农村经营体制，促进农业产业化经营，增强农业竞争力，加快现代农业发展和社会主义新农村建设意义重大。近年来，党中央、国务院就促进农民专业合作经济组织发展提出了一系列政策措施，要求支持农民专业合作经济组织发展，对专业合作组织及其所办加工、流通实体适当减免有关税费。随着合作社的发展，其呈现业务链条延伸化的发展趋势，摒弃了单一的经营模式，向着综合型合作社转变，使得其经营方式更全面，标准化和专业化程度得到进一步提高；同时，其运行趋于市场化，按照市场需求定向化发展，通过品牌打造、管理优化，提升运营能力。另外，合作社不断引入各种先进的技术设备和专业技术人员，与一二三产业融合发展；通过培育特色农产品，树立区域品牌，实现区域性农业产业升级。在合作社运行过程中，通过管理机制的建立与规范，合作社的发展与管理日趋专业化，盈利分配机制更加健全。专业合作社的发展在促进经济发展的同时解决了农村人员的就业问题。

农民专业合作社的运行模式主要有:（1）联合政府与农村精英的合作模式;（2）兼业小农合作社模式;（3）专业农户合作社模式;（4）专业农户与小农户联合的合作社模式;（5）公司加农户的合作社模式;（6）企业与农村精英合资的合作方式;（7）投资者与农户联合的合作社模式;（8）社区精英与贫困户联合的合作社模式。

（四）评述

农民专业合作社是具有法人资格、享有生产经营自主权的独立的市场经济主体，是建立在农村家庭承包经营基础之上的一种自愿和民主的专业经济组织。同时，农民专业合作社实行民主管理，在运行过程中始终体现“民办、民有、民管、民受益”的精神。此外，农民专业合作社具有互助性质，遵从不以营利为目的的经营原则。成员之间地位平等，以自我服务为宗旨，并从事同类农产品生产、经营或提供同类服务的农业生产经营，通过合作互助提高规模效益，完成单个农民办不了、办不好的事。但是在基层实践中，农民专业合作社也存在一些问题：（1）农民缺乏合作的思想意识；（2）农民专业合作社优势不足；（3）合作社内运作机制不规范，经营制度不健全；（4）利益风险机制缺乏等。

在四十余年间，我国农业产业的综合经营探索在不同时期形成了不同的发展模式，随着产业升级和社会条件、发展基础等的变化，有些模式已需要从功能上进行必要的梳理，以为进一步的规范化和资源有效整合创造条件。探索更多的模式，以适合不同发展阶段和不同发展条件的地区产业特点，确实有其必要性，但同时也存在明显的交叉重合要素、重复同质竞争等资源浪费的问题。

目前的各种一二三产业综合经营的模式，多是政府在总结部分地方实践经验基础上经试点、示范后推广并支持的，因此，在任何一种模式中都能看到政府主导的色彩。产业融合最终是市场决定的，在政府推动的模式中，如何有效处理政府、市场和社会的关系问题，是一个老问题，但在不同的领域与不同的时期其表现方式和内容又存在差别。

鼓励体制机制创新、打破体制机制的樊篱一直是中央改革部署的要求。任何制度都有其生命周期，都是当时的人根据当时社会条件解决自己所面临问题的方式，当制度的推进和社会的发展问题已被解决或者问题已发生转化，制度的生命周期也就到了临界点，制度要么需要废止，要么需要调整修改，要么根据所处的社会条件和面临的新问题重新创立制度。为避免进入制度陷阱，世界各主要国家都非常重视法律清理工作。我国在2010年左右基本摆脱了过去无法可依的困境，但同时因为社会发展条件的改善，不少法律、法规、规章开始进入修改期，此后在制定新法的同时，修改工作逐渐成为立法机关的主要工作，同时立法评估开始兴起。同样的道理，一二三产业融合的各种安排，也会随着社会发展条件的变化，面临着调整。

第二节　核心问题：城乡要素流通与共享

城乡融合与一二三产业融合是通过要素流通与共享实现的，上述各种结构性布局是要素流通与共享的基本平台。所谓融合，其实是现有要素的重新组合，就目前已成立的各种农业产业综合经营、运行平台来看，都是在为现有要素重新组合提供基本条件，其重新组合后形成的新型状态就是改革所要追求的目标状态。我们也把这一过程从认识论方面解读为：重新从制度上认识世界本来真相的过程，或者把制度调整为能够适应世界真相的过程。对要素的界定与流动轨迹的追踪，是关键问题。2019 年 11 月 26 日，中央全面深化改革委员会第十一次会议审议通过了《关于构建更加完善的要素市场化配置体制机制的意见》，该意见主要界定了土地、人力资源、资本、技术、数据信息等的要素市场及其运行机制。从市场要素的角度来说，除了土地、人力资源、资本、技术、数据信息这些关键要素外，还包括文化、管理、制度及机会等要素。这些要素能否在一二三产业和城乡融合有效配置、流通共享，显然是融合的核心内容。

一、要素界定与政策安排

《关于构建更加完善的要素市场化配置体制机制的意见》从基础制度、市场、服务、供给、开放、定价等方面界定了产业要素的基本内容。

（一）土地要素

土地是基础要素，也是稀缺资源，界定这种市场要素的制度至关重要。至 2020 年，经过多年的调整，我国的土地制度改革在整体上实现了转型，上升到更高使用率的新平台上，并已基本通过制度化的方式把改革取得的成果巩固下来，为下一阶段全面发展奠定了更加坚实的基础。这体现在如下方面：

第一，农村土地产权制度改革。通过修改《农村土地承包法》和《土地管理法》，把“三权分置”制度法律化，农村土地要素得到重新界定，土地经营权的法律化激活了土地要素的新动能，为土地要素的流动与共享奠定了基础，提供了条件。另外，宅基地的“三权分置”方案已经明确，即以所有权、资格权和使用权的结构重新界定宅基地这种重要的土地要素，为下一步发展提供了张力。

第二，在土地要素的流动方面。确定了“综合片区定价”的方式，为建设用地大规模流通奠定了法律基础。同时，多年来农村建设用地与城市建设用地之间的壁垒终于被打破，在一定条件下实现了流通。

第三，在土地要素的流通方式方面，经过多年探索，已形成整套的基础平台甚至规则和实践基础。2016 年 6 月 29 日，农业部出台《农村土地经营权流转交易市场运行规范（试行）》（农经发〔2016〕9 号），明确了农村土地经营权流转交易市场的交易品种（家庭承包方式取得的土地经营权、其他承包方式取得的土地经营权、集体经济组织未发包的土地经营权和其他依法可流转交易的土地经营权）和交易主体（农村集体经济组织、承包农户、家庭农场、专业大户、农民专业合作社、农业企业等各类农业经营主体，以及具备农业生产经营能力的其他组织或个人均可以依法在农村土地经营权流转交易市场进行交易）等关键问题，并重点就交易平台［农村土地经营权流转服务中心、农村集体资产管理交易中心、农村产权交易中心（所）等］和交易规则进行了规范化，在流入和流出这种交易方式外，还规定了土地经营权抵押的基本规则。尤其重要的是，2021 年 1 月 31 日中共中央办公厅、国务院办公厅印发的《建设高标准市场体系行动方案》明确了“土地指标跨区域交易”的改革方向，“探索建立全国性的建设用地指标跨区域交易机制。改进完善跨省域补充耕地国家统筹机制，稳妥推进补充耕地国家统筹实施。在有条件的地方探索建立省域内跨区域补充耕地指标交易市场，完善交易规则和服务体系”。

第四，原来的土地利用总体规划上升为国土空间规划，改变了过去单纯把土地视为单一要素的观念，从此在制度上为土地要素的全面、综合利用奠定了整体框架。《建设高标准市场体系行动方案》规定：“在符合国土空间规划和用途管制要求前提下，推动不同产业用地类型合理转换，探索增加混合产业用地供给。积极探索实施农村集体经营性建设用地入市制度。加快推进城乡统一的建设用地市场建设，统一交易规则和交易平台，完善城乡基准地价、标定地价的制定与发布制度，形成与市场价格挂钩的动态调整机制。”

通过上述四个方面，土地要素被重新界定，释放出了更大的动能。例如，前文所分析的十四种农村土地综合经营运营模式，在重新界定的土地要素基础上，具备了向社会和市场各个领域延展的各项制度空间和条件。

2020 年 5 月 11 日，中共中央、国务院出台的《中共中央　国务院关于新时代加快完善社会主义市场经济体制的意见》规定：“落实农村第二轮土地承包到期后再延长 30 年政策，完善农村承包地‘三权分置’制度。深化农村集体产权制度改革，完善产权权能，将经营性资产折股量化到集体经济组织成员，创新农村集体经济有效组织形式和运行机制，完善农村基本经营制度。”

（二）人力资源要素

人力资源是市场要素中唯一活的因素，既是要素也是目的，既是主体同时也被作为市场的核心要素对待，是一切资源中最为宝贵的资源，又被称为“第一资源”。我国在过去一向把人的因素放置在核心、以人为本的传统上，近年又从市场体系完善的角度对人力资源进行了新的界定，并从体制机制上打开了更大的制度空间，以释放人力资源的效能。

2008 年 3 月 31 日，第十一届国务院成立的第 13 天，在原中华人民共和国人事部与中华人民共和国劳动和社会保障部的基础上新组建中华人民共和国人力资源和社会保障部。在 2018 年党和国家机构改革方案落实过程中，2018 年 6 月 29 日，国务院从促进就业创业、人力资源合理流动和优化配置的角度出台了《人力资源市场暂行条例》。该条例适用于“境内通过人力资源市场求职、招聘和开展人力资源服务”并明确了具体的规则，强调“人力资源服务标准化建设，发挥人力资源服务标准在行业引导、服务规范、市场监管等方面的作用”，并具体规定了“人力资源市场培育”，着力于建立“统一开放、竞争有序的人力资源市场体系”，“发挥市场在人力资源配置中的决定性作用，健全人力资源开发机制，激发人力资源创新创造创业活力，促进人力资源市场繁荣发展”；在“人力资源服务机构”方面，明确“人力资源服务机构，包括公共人力资源服务机构和经营性人力资源服务机构”，除公共人力资源服务经费由财政负担外，还明确“通过政府购买服务等方式支持经营性人力资源服务机构提供公益性人力资源服务”；另外，还明确了部分人力资源市场活动规范和政府对人力资源市场的监督管理规则。

2019 年 11 月 26 日审议通过的《关于构建更加完善的要素市场化配置体制机制的意见》提出了，“推动公共资源按常住人口规模配置”，从根本上破除了户籍制度壁垒；在人力资源流动方面，明确“健全统一规范的人力资源市场体系，加快建立协调衔接的劳动力、人才流动政策体系和交流合作机制”；“创新评价标准，以职业能力为核心制定职业标准，进一步打破户籍、地域、身份、档案、人事关系等制约，畅通非公有制经济组织、社会组织、自由职业专业技术人员职称申报渠道”，并“为外籍高层次人才来华创新创业提供便利”。

2021 年 1 月 31 日，从“构建以国内大循环为主体、国内国际双循环相互促进的新发展格局”“进一步激发各类市场主体活力”的角度，中共中央办公厅、国务院办公厅印发《建设高标准市场体系行动方案》。该方案在人力资源市场建设方面着力于“推动户籍准入年限同城化累计互认”，以解决长期存在的城乡户籍和城市间户籍壁垒问题，并在提升人力资源服务质量方面作了部署。

至此，我国全面启动了由简单的劳动力管理与配置向市场核心要素的政策和制度的转型。但在如何界定市场人力资源要素方面，还有很长的路要走。作为唯一活的要素，人力资源最大的特性在其创造性和能动性，尤其在智能化时代很多传统的劳动被机器替代的情况下，人力资源的创造性和动能性是该市场要素最为珍贵的特性，如何在制度上激发和保护这些是未来立法的核心内容。在一二三产业融合过程中，如何实现人力资源要素的流通和增长，是关键问题，也是制度探索上难度较大的部分。

（三）资本要素

2019 年 11 月 26 日审议通过的《关于构建更加完善的要素市场化配置体

制机制的意见》指出，从股票、债券、金融服务供给与开放等方面部署资本要素的配置问题。

（四）技术要素

2021年1月31日，中共中央办公厅、国务院办公厅印发的《建设高标准市场体系行动方案》提出“创新促进科技成果转化机制”，并作出一系列部署：制定出台完善科技成果评价机制、促进科技成果转化的意见，提升技术要素市场化配置能力。修订发布技术合同认定规则及科技成果登记办法，加强对技术合同和科技成果的规范管理。完善国家技术转移体系，培育发展国家技术转移机构，建立国家技术转移人才培养体系，提高技术转移人员的技术评价与筛选、知识产权运营、商业化咨询等专业服务能力。

在2020年5月11日中共中央、国务院出台的《中共中央　国务院关于新时代加快完善社会主义市场经济体制的意见》中，明确了“完善和细化知识产权创造、运用、交易、保护制度规则，加快建立知识产权侵权惩罚性赔偿制度，加强企业商业秘密保护，完善新领域新业态知识产权保护制度”。

（五）数据信息要素

过去长期使用的“信息”概念很难市场化、要素化，但近年的发展把信息概念与数据概念相结合，为信息作为一种市场要素奠定了基础，使其要素性的特点、流通性的特点越加明确。2020年5月11日，中共中央、国务院出台的《中共中央　国务院关于新时代加快完善社会主义市场经济体制的意见》即提到数据要素的问题。在2021年1月31日中共中央办公厅、国务院办公厅印发的《建设高标准市场体系行动方案》进一步明确“加快培育发展数据要素市场。制定出台新一批数据共享责任清单，加强地区间、部门间数据共享交换。研究制定加快培育数据要素市场的意见，建立数据资源产权、交易流通、跨境传输和安全等基础制度和标准规范，推动数据资源开发利用。积极参与数字领域国际规则和标准制定”。

（六）其他要素

作为产业，到底为社会或市场提供什么样的产品或服务，是核心问题。这些问题在文件中一般被认为是常识问题，因而没有明确阐述。核心产品是农产品，在核心产品基础上形成的衍生产品，构成两大系列，并在两大系列的基础上与二三产业进行融合，进入整个产业链中。从市场要素的角度来说，除了土地、人力资源、资本、技术、数据信息这些关键要素外，还包括文化、管理、制度及机会等要素。

二、城乡要素流通与共享的背景与逻辑

产业融合是通过要素流通与共享实现的，一般来说，要素流通要先于产业融合，或者说产业融合是要素流通的结果。就我国的一二三产业融合而言，先是农村的各种要素向城市汇集，尤其是人力资源要素从 20 世纪 80 年代就开始了，表现为农村剩余劳动力向城市转移，这一过程甚至一直持续了四十余年，直到现在也没有停止。在农村人力资源大规模向城市转移的过程中，与城乡相关的各种制度受到挑战，也成为城乡结构调整与制度改革的基本社会动力。除了人们广泛关注的户籍制度外，其实还有更多的制度在这一人力资源要素流动过程中被调整。例如，《城市流浪乞讨人员收容遣送办法》和《城市流浪乞讨人员收容遣送办法实施细则》，就在这一大规模要素流动过程中被废止，结束长达二十余年的收容遣送制度。而城市人力资源向农村的转移，近些年主要靠“大学生下乡”的方式展开，主要是由政府推动，对于下乡的大学生来说则具有暂时性，这主要是由政策调整的结果。

而资本要素的城乡流动，则极为复杂。就过程来说，先是进城务工人员把工资收入寄回或带回乡村，对于乡村发展和农业的维系具有一定的补充作用，这基本是一种自发的行为选择，或者说是传统农业农村观念、生活方式的持续，但这一过程在第二代、第三代进城务工人员在城市购房、永久置业后就中断了。然而，城市资本向乡村的流动，则受到政策的限制，主要发生在城市扩大的城郊地区或者南方部分农村整体工业化、商业化的地区。向乡

村流动的资本主要是政府投入的，这一投入过程与乡村振兴计划和保证粮食安全的战略有极大关系，并且从来没有停止过，只是投入大小和密度在不同时期有所不同。例如，乡村基础设施建设投入、农业农机等的各种补贴、创业的小额贷款支持等。资本流通这一领域不仅政策门槛高，而且运行成本高，结果其流通方式主要是打工收入的返乡建房，而不是投资；对于城市资本来说，直到现在依然侧重于房地产开发，其他产业领域则市场动力不足。大型食品企业如蒙牛集团，只有真正把农地经营纳入其产业链条，才能从整体产业链中获利，而在牧场经营环节，其实基本没有利润甚至是亏损的。

技术要素的流动，其实主要是由政府体系有限度地完成的。技术要素的流通因其流通的门槛较高和技术运行的环境要求较高，其实并不顺畅。例如，农业技术管理站的长期设置与后来的废弃。但长期的积累，为后来合作社的大规模兴起提供了条件。

三、要素流通的制度条件

目前的各种综合经营模式，已具备一定的综合产业链条化的条件，但制度的供给则还有很多工作需要持续展开。政府在推动制度建设的过程中，如何与农民的选择相结合、如何有效地与市场运行机制相结合、在制度建设中如何为信息流通提供充分条件、与信息社会相匹配的管理方式如何在制度中体现出来等问题，都是制度建设中的新挑战。

应该说这些年影响城乡要素流动的关键性障碍是由过去长期形成的城乡二元体制造成的，这也成为改革的主要对象。例如，户籍制度、金融制度、人才制度、土地制度、乡村治理制度等。再具体一些来说，村民委员会到底是自治组织还是经济组织，在过去很长时间内是不明晰的，直到 2007 年《农民专业合作社法》的实施，明确了合作社的经济功能和地位。再经过十几年的发展，出现了村社分离与村社合一的现象，自治组织与经济组织的功能定位才日渐清晰，同时也为农村体系内部的产业整合提供了制度条件。另外，这一制度性发展也在一定程度上为促进乡村一二三产业与城市二三产业之间的进一步融合提供了制度条件，即在城乡一二三产业的融合过程中，在农村逐渐培养出能够与城市产业对接的经济主体。

《中共中央　国务院关于构建更加完善的要素市场化配置体制机制的意见》绘制了要素市场的整体框架，明确要素的定价方式、运行机制、结合方式等问题，以及如何制度化地解决城市和乡村要素的双向流动问题，例如，户籍制度改革一直以来侧重的是农村人口向城市的转移而很少涉及城市人口向农村的转移，或者在户籍之外寻找超越户籍限制的人口流动方式，为各种以人力资源流动为基础的要素流通与共享创造条件。

第三节　运行框架：市场化嵌入的进程

2020 年 5 月 11 日和 2021 年 1 月 31 日中共中央、国务院在更高的政策视野下相继出台了《中共中央　国务院关于新时代加快完善社会主义市场经济体制的意见》和《建设高标准市场体系行动方案》，这种对市场经济体制和市场运行体系更为深刻的总结与部署，为农地规模化经营、一二三产业和城乡融合指明了方向。

一、农业产业市场化的背景与逻辑

农业产业的市场化是 1978 年以来农村改革的重要发展方向，只是这一进程由于我国历史和国情的复杂性，是分段逐次展开的，直到目前，这一过程还处于持续探索之中，很多市场化的方式与核心要素的成长层次还处于较低的水平。

20 世纪七八十年代进行的家庭联产承包责任制的改革，就是把农村产业从政府计划中释放出来，开始向社会开放的市场化起步，至少农村出现的剩余劳动力（人力资源）被释放出来，为向城市的人力资源流动提供了条件。持续到 20 世纪 90 年代的家庭副业、乡镇企业的发展，则使农村产业的市场化往前又走了一大步。随着人力资源向城市的汇集和乡镇企业物资向城市的供应与转移，我国农村逐渐出现了“空心化”现象，而另外一个场景则是我国城市于此期间迅速扩大，城乡二元结构因为“人的城镇化”发生了历史性变化。这一轮的农村的市场化，其特点是以城市化的方式表现出来，而非农业产业自身的市场化，其核心又是人力资源的城市化和市场化。

至于资本要素、技术要素、信息要素、土地要素等则变化不大。资本要素其实主要是进城务工人员的工资回流乡村，引发了农村房舍和生活条件的变化，部分市场的低端繁荣（从另外一个方面来说，则是城市低端或过剩产品在农村的销售），城市资本和工业资本只在少数地区或者城市扩大的部分发生了转移（这与其说是城市资本向乡村转移，还不如说是城市自身的扩大）；技术要素向乡村转移是晚近才大规模发生的事情，主要是农村劳动力大量转移后农地闲置现象与留守人员不能有效承担经营任务，在国家政策的大力扶持下农机、农技等技术要素迅速发展起来；而土地要素的市场流转，则直到“三权分置”政策于 2015 年逐渐成形后，这一要素才重新进入城市流通环节。

在上述过程中，其核心的动力有两项：一是农民自己的生活选择，二是政府主导下的政策和制度部署。农民的选择是自发的，是不可逆转的历史趋势；而政府的主导，则是顺应历史的趋势作出的政策安排，但同时有部分安排是与这趋势不相适应的，或者是滞后的。例如，户籍制度改革、“三无”人员的强制遣送、土地入市制度的门槛设置等。这种不对称在进入 21 世纪后，客观上形成如下的历史场景：城市的快速高密度发展与乡村的空心化形成某种失衡，为各种市场要素向农村流动提供了历史条件，城乡一体化建设和城乡大市场的融合也因此无论是在国家整体层面还是社会层面都成为一种必然趋势。

二、市场化方式梳理与政策支持

与产业链条延伸相配套的市场化方式其实是农业产业化的一体两面，没有市场化的过程也就没有农业产业化的过程，或者说农业产业化的过程也就是农业市场化的过程。其中，市场化的方式是其核心问题。从已有的 15 个农业综合主营平台来看，主要布局了如下的方式：

（1）“农副产品”市场化方式。在传统上，农业产业的主要产品是农副产品，其市场化方式在过去很长时间内主要是生产和销售，而在销售环节又在很长时间内由政府统购统销和政府定价或指导价、保护价，深度市场化的空间并不大。反而是一些被称为“农副产品”的领域市场化程度较高，引领了农业产业市场化潮流，为整个社会无论城市还是乡村都提供了更为丰富的产品和服务。在产品（商品）或服务要素方面，过去长时间内甚至直到现在主粮依然不是完全市场化的，因此其市场化方式具有政府计划与市场两种方式在综合发挥作用。但我国长期支持农副产品的市场化，因此，在产品与服务的市场化方面，农副产品的市场化方式较为丰富。如果不是专门就某一地区或某一产品来看，而是从总体上进行合并同类项，农副产品的市场化方式几乎使用了目前世界市场上能够使用的所有方式，只是在规模、程度上还存在差别。例如，自产自销、联合经营、“公司 + 农户”、各种规模化经营（农场、大户、公司经营等）、股份制，甚至信托、期货等方式都有使用。应该说，在这一要素的市场化领域，我国在农业产业市场化融入方面已积累丰富的经验，为农业产业的市场融入和一二三产业的融合奠定了基础。需要思考的是如何进一步深化、规范化等继续完善的问题。

（2）土地要素市场化方式。农村土地要素的市场化问题是长期为社会各界所关注的重大问题，同时受到国家基本战略和制度的规制。在“三权分置”制度确立之前，农村集体土地相关要素的市场化问题极为有限。例如，集体土地的所有权者其实没有权利把所属的土地使用权直接投入市场，而只能发包给各农户承包经营或居住使用，少部分的四荒地、集体公共建设用地和预留土地等也不能直接进入市场，要经过严格的政府审批程序才能在规定的范围内使用，虽然在集体范围内可以互换、在极小的范围内可以出租给集体成员之外的主体临时使用，但就其要素市场化来说，基本处于封闭的状态。“三权分置”政策及其制度化后，实际上激活了农村承包土地的新要素，所释放出来的“土地经营权”成为可以直接进入市场的土地新要素。经过多年的试验、试点等探索，这一政策最终转化为法律制度，为农村土地要素的市场化奠定了制度基础，在市场化方式方面也开始逐步丰富起来。例如，入股、联营、转包、出租、退出等方式，在流转主体上也不再严格地限定在集体经济组织内部成员之间。现在已出现很多专门从事土地流转的服务信息平台和流转中心。

（3）人力资源要素市场化方式。这是所有市场要素中唯一活的要素，他们是市场的人力资源要素，也是国家的公民主体，享有宪法和法律上规定的所有公民权利。除这种双重特性外，人力资源要素还受到其条件的限制，如劳动能力、受教育水平、专长等，但这不是决定性的因素。决定性的因素还在于宪法和法律上公民权主体资格，其是可以自主决定自己选择的主体，除了受制度约束和本身条件限制外，几乎不受其他约束，也就是说他们可以在市场中自主选择和决定自己的行为。从一二三产业融合与城乡一体化角度来看，在整个人力资源要素流动的市场中，在过去的很长时间内是农村人力资源向城市、向二三产业的流动，而从城市向农村、从二三产业向第一产业的流动规模则小得多，在有些领域或地区甚至可以忽略不计。这一长期的要素流动方向，从另外一个方面也为城乡、一二三产业中人力资源要素的有效流动提供了条件，即已流向城市和二三产业的原农村人力资源成为介于城乡和一二三产业之间的人力资源，就历史发展的逻辑来看，目前已接近一二三产业融合的历史临界点。

（4）技术要素市场化方式。技术要素市场化在农业产业市场中属于范围较小、层次较高的领域，长期以来农业产业的技术供给主要是由政府组织提供的，后来通过建设农业技术高新区等的方式进行集中供给，尤其是很多企业、农技服务公司、农业大户等的出现，情况才发生根本性的变化。除政府通过供销社、农技站等提供的技术要素外，其他的技术要素的市场化一般是在规模经营主体之间展开，其市场化的方式相对较为多样。政府在提供农业技术服务的过程中，也逐渐在使用市场化的方式，如委托服务等。

（5）信息要素市场化方式。信息要素的市场化，在农业产业发展中主要是在放开市场较早的农副产品流通过程中，传统主粮领域则主要是靠政府提供信息。近年来，很多农业公司在大力使用信息化的方式提供服务或者从事经营，但信息要素本身作为商品或服务内容，则还没有太多的进展。例如，天气预报信息的定向服务或订制，在农业产业领域还很少发生，主要还是由政府提供这类信息，市场化程度较低，以农户为主体的农业产业经营模式决定了在支付信息成本方面明显乏力；至于定向的科技信息的购买，则只能由农业企业或者大型的农业合作社才能支付信息的成本，并有能力使用信息而获利。

（6）资本要素市场化方式。资本要素在农业产业中的流通与市场化方式，向来是该领域的难题，过去长期以来主要是由政府通过各种政策方式为该领域的资本运作提供支持，本行业自身的积累则较难。而其他行业的资本进入往往又受到政策的限制或者市场投入产出比的限制而影响了资本流动的决策，结果出现过去一些年中，看似资本向农业产业流动，其实主要是套取土地（如以租代征）进行房地产开发，而非真正的产业融合。而各种融资、担保、抵押等是这些年围绕土地要素展开的资本市场化方式，但核心的资本要素市场化方式则是对产业本身的投入。这些年，随着各种规模化经营主体的培育、成长，逐渐成为拉动一二三产业融合的主要资本要素流动领域。例如，田园综合体这种模式，往往会调动数十亿的资金投入。从农业产业向二三产业的融合的角度看，资本的构成越来越复杂，政府资金和社会资金在具体项目上进行融合，而金融资本、未来投资等方式也在大型农业产业项目中越发活跃。农业产业的长效性在过去资金匮乏、经营期限受到政策和制度限制较多的时期，该领域受资本的关注程度较低，近些年随着“三权分置”等政策的调整，情况正在发生变化。

仅就方式而言，是一个变化的过程，甚至是一个不断创新的过程，随着农业市场化规模壮大和要素增多，注定会产生各种各样的农业市场化方式。

三、制度供给与发展条件

一二三产业融合被全面提上日程是近几年的事情，目前主要是以中央政策和地方试点的方式展开的，系统的制度框架还没有成型。这种状况决定了该领域的制度供给方式是由其他领域或者普遍适用的已有制度规则决定的，多少带有“帽大头小”“脚大鞋小”的问题。就一二三产业融合来说，目前较为贴近的中央政策和地方做法已有很多。而法律上的制度供给，则是拼盘式的解决方案，即有一般规则而缺乏适用于本领域的特殊规则，其中的空间则通过政策来填补。

四、目前所处的阶段与面临的问题

最大的问题是目前农业产业的市场化方式采取与其他行业相同的方式，或者说与农业产业自身特点相结合的市场化方式还不明显，使农业处于一种末端的状态而很难真的在市场中有自己的话语权。这体现在如下几种不平衡的状态结构中：

（1）城乡产业之间。我国的农业还有相当一部分是建立在 20 世纪 80 年代形成的以家庭为单位的经营模式上，经过多年的发展虽有改变，但整体格局没有根本变化。在这种格局下，随着人口向城市转移，其实之前的农村家庭结构已发生巨大变化，部分地区的“留守”现象也从另一个侧面说明现在以家庭为单位的农业生产在人力资源配置上还没有 20 世纪 80 年代强，只是农业生产技术的应用掩盖了这一事实并维系了目前的农业规模或者家庭经营现状。近些年，随着农业合作社、种粮大户、农业公司、“公司 + 农户”等的出现，为农业生产环节与二三产业对接提供了新的基础，但在一二三产业的深度市场化方面还明显不足。解决这一问题的方案早已经开始实施，主要就是大力鼓励和推动各种规模经营主体的培育与成长。

（2）投入与资本。按照市场的投入产出比来看，单纯的农业本身产出并不高，从资本收益上看，很多投入还需要长期投入才能在总体上获得效益，例如，土地肥力保持就需要长周期并在其他环节才可能回收成本。这也是很多投入农业的社会资本其实不是为了投入农业生产，而是为了房地产开发或者其他能够迅速高产出事项的资本动因。这一问题或许只有一二三产业深度融合才能解决，即资本在农业工业和服务业上成为一个整体链条，即使在农业这一环节是亏损的，但是二三产业所获得的收益不但能弥补第一产业环节的损失，还能够获得持久的收益。这是市场的基本逻辑，但为了保证农业本身的发展，仅靠市场本身很难完成这一任务，还需要在制度和政策上设置必要的条件，以限制资本逐利中的“挑肥拣瘦”问题。

（3）运作与平台。分散经营、集中服务是一些地方已展开探索的有效模式，但其局限性也是明显的，因为其前提是要有充分的人力资源进行分散经营，如果这一条件能够满足，甚至可以建立全国通用的集中服务平台。“公司＋农户”的方式为分散经营与集中营销和服务在一定的时期内也提供了解决方案，但依然受制于分散的人力资源投入问题。规模化、集成化的规模经营模式正在成为解决这一问题的基本方案。我国这些年展开的各种规模化试点方式，即在为此做准备，或者已经发挥重要的作用。

（4）城市与乡村。近年的乡村振兴战略的全面实施，已从整体上极大改善了我国农村的基础设施条件，城乡在硬件上的差距在缩小。但我们正处在一个城乡一体化的转折点上，即与硬件相配套的软件建设还有待时日。在各种市场要素中，硬件的提升只是属于市场基础或环境的改变，本身不是市场要素，在经济学上属于政府主导解决的“外部性”问题，也就是说，硬件的提升为市场化和一二三产业融合提供了更好的条件。而软件建设则属于各种市场要素需被充分激活，这还需要在制度上、政策上甚至文化上作更深远的供给。

（5）文化失衡问题。社会如何认识一二三产业融合以及各产业在融合中的定位，是比政策和制度本身更为根本的问题。例如，在轻视农业的社会环境中，会直接影响第一产业人力资源的配置；过分强调一二三产业融合的旅游经济，使得具有战略安全地位的农业在观光层面被挤占了发展空间，甚至造成资本的浪费、资源的闲置等问题。农业本身发展好，观光的景象自然会好，不能为观光而发展农业，两者一旦倒置，就会出现偏差甚至畸形的融合局面。

第四节　深层问题：社会结构性融入与调整

城乡、农业与产业、农业产业链与二三产业链、中国产业链与世界产业链及其中的各种要素流动与共享，其任何变化都是在社会结构中展开的，它们的变化其实也是社会结构变化的重要动力源。就起点与发展方向而言，是要素的变化推动了社会结构的变化；而制度、法律和政策则往往偏好于稳定的社会结构，对于变化初期的要素往往怀有明显的偏见，这被称为制度、法律和政策的滞后性。一二三产业的融合显然只能在社会结构中展开，并对社会结构产生影响，而制度、法律和政策与社会结构变化之间如何有效互动、相互适应，则是更深层面的问题。触发农业产业发展的社会结构变化的主要动力源头与基本逻辑很复杂，有农民个人的选择、政府的推动、市场机制的作用、资本等要素流动等。我们的社会结构已经发生巨大变化，并随着产业的发展与升级，还将继续发生变化。具体表现在以下几个方面：

（1）乡村的结构变化。乡村自身结构的变化主要体现在两个方面：首先，最为主要的变化是人力资源向城市和二三产业的转移，这一过程持续了近四十年的时间。人力资源的转移改变了传统的乡村社会结构，体现在产业发展上是直接从事农业生产的人员在减少，而且随着时间的推移，剩余从事农业生产的人员年龄越来越大。从社会结构的延续上看，人口的再生产不再满足乡村自己发展的需要，而是开始大规模为城市和二三产业提供人口，这体现在乡村未成年人的教育和培养上，家长在子女教育方面已很少把孩子的未来寄托在承包地的生产和经营上。这些状况的直接后果是乡村社会结构的不可持续性，说得严重些，已形成结构性坍塌的局面。由此引发了社会结构其他领域全面的变化，例如，生活方式、生活来源、人际关系、观念转变等。其次，另一重要的变化是乡村治理的组织结构在变化，在人口大量转移之后，其实不少乡村的自治能力已在下降，例如，治安问题、基础设施建设问题、卫生问题等，仅靠乡村自己的力量已很难胜任，这部分变化的后果是只能由乡村之外的力量来承担——政府在乡村的介入力度越来越大，无论是在组织管理上还是在资金投入上，政府在乡村中的投入都在逐年加大。这构成了乡村振兴计划实施的社会基础，除了基础设施、社会保障、医疗服务等投入越来越大外，对乡村组织结构的人员构成方面也投入了支持。这构成了一种新的趋势，即政府正在把乡村治理按照城市治理的模式全面纳入视野，为实现城乡一体化发展做了大量的工作。

（2）综合经营平台的结构变化。从产业发展角度，一个重要的结构性变化是专业合作社的发展，这几乎是乡村经济和产业发展的重新组合，合作社成为与村委会这种自治组织并列的经济组织。农业专业合作社的大规模组建，改变了农村的产业社会结构。各种类型的合作社之间其实已在做着一二三产业融合的事情，例如，合作社以生产为基础，同时承担着加工、销售、服务等功能，已在很大程度整合了乡村的产业资源。而“公司 + 农户”这种产业平台模式，则直接把农业生产与二三产业联系起来，把农业产业带进了广阔的大市场中，成为农业产业链向二三产业链延伸的载体。大型、更加综合的经营平台甚至已发展到城乡完全融合的程度（已完全工业化、商业化和城镇化的东南部分地区其实不能算作乡村，而是已完成城镇化的区域，此处不作讨论），例如，杨凌农业高新技术产业示范区，已很难说其是传统的乡村结构，无论是管理还是技术和经营，其基本模式带有城市经营的特点，在农业高新技术主导下产学研用已高度融合。再如，农业产业融合发展示范园，其从一开始建设，就是定位于在一定区域范围内实施农村一二三产业融合的模式，以产业集聚的方式强化利益联结，提供全面的产业发展配套服务。

（3）城乡的结构变化。在一二三产业融合的历史过程中，城乡融合发展试验区的启动标志着一二三产业的融合直接进入了城乡融合、城乡一体化发展的范畴，产业融合与社会结构再造两者实现了结合。

另外，中国一二三产业在多大程度上实现与世界产业链链接并融入世界市场，同样需要各种综合经营主体的发展。这种情况已取得极大进展，例如，蒙牛集团等大型乳制品企业，其从生产源头到加工、销售等全链条的经营模式，已逐渐成为世界型企业；又如，大型养猪场的发展，已很难判断其是农业产业还是工业产业。

向社会放权、权利下沉是一二三产业融合过程进行社会结构调整的基本方式，该方面激活了社会结构中的各种要素，实现了要素的重新组合，迅速实现了发展模式的更新。中央这些年的政策安排和制度安排是清晰的，即“权力下放”和“权力下沉”，为激活社会活力提供各种各样的支持，同时通过进行制度改革和政策调整来适应变化的社会结构。为此做了大量的工作和准备，甚至可以说所有的工作都是为此而准备的。在市场决定资源配置和服务型政府建设方面，已作了最大限度的政策和制度性安排。其基础显然是从社会需求出发，政府和政策为社会需求服务，也就是为社会结构变化服务的。但问题是，把过去政府主导的各种思维定式转化为行为模式尤其是思维模式还需要各种条件。

农业安全和粮食安全是国家战略层面的安全问题，在全球还有 10 亿左右的人面临饥饿压力的背景下，农业安全与粮食安全其实已不仅仅是一国的问题，而是全球安全的基础性大问题，尤其是中国有 14 亿多人口的情况下，更需要在全球战略和国家安全战略层面分析农业和粮食安全问题。这是分析的基础和整体视野。在此视野下，农业产业与二三产业的融合定位才能看得更加清晰。例如，一二三产业融合的首要目的是解决农业产业在整体产业链中投入大、收益低，农业产业发展不充分影响到粮食安全这种发展基础的问题，其本质是通过第一产业向二三产业延伸，在整体产业链条中获取更多的收益，或者说是更加公平地实现整体产业链中的利益分配，以拉动农业产业发展这一基础性问题。一旦这一基础性问题得到解决，其他通过一二三产业融合所衍生的文化旅游、环境美化、丰富的经济发展形态等，都只是一二三产业融合的方式方法或者利益分配的方式方法问题，当然，这种融合也为二三产业的发展提供了机会和发展条件，总体上增加了社会财富与整体收益水平。

从人的发展和完善角度看，农业产业本身就是我们生存环境的一部分。通过新要素的加入与流通，是可以有效改变过去的农业产业发展方式的，除了创造更多的价值之外，还会衍生更多我们所需要的东西。

在政策部署上，近些年已日渐清晰，要素已基本具备，所欠缺的是还没有形成各种要素和各种制度之间的协同共生机制。例如，有金融制度，但农业产业在现有金融体系中则较难受到平等对待；有知识产权保护制度，但农业产业中的知识产权保护则处于受限状态；有人才培养制度，但为农业产业培养的人才体系则处于边缘环节；有文化旅游制度，但农业的文化旅游则处于“临时”性的状态，还不能达到舒展的程度。

第五节 产业布局：一二三产业融合的制度背景与指向

上述作为政府推动的各种农业产业运行模式，无不承载着一二三产业融合发展的使命。可以说，这是政府适应我国产业发展的客观需要所作的重要部署，农业产业已逐渐融入复杂的全球产业链，孤立的农业产业已没有发展的空间。相对于过去四十余年以家庭为经营单位的农业运营模式，其简单的小型模式已不能适应全球产业链发展的需要，而在复杂的全球产业体系中如何发展，则需要政府的支持和整体布局。

一、产业融合的背景与逻辑

把农业与工业相分离和把农村与城市相分离，是新中国成立初期国情和国家建设的政策选择。在当时工业基础薄弱、技术水平落后而国防压力巨大的条件下，选择优先发展工业尤其是重工业就成为当然之选，而工业发展又是以城市发展为条件的。1956 年随着三大改造的完成，工业农业和城市农村被划分为两种业态和社会形态，并在此后长期形成“以农补工”“以农补城”的政策框架，以此完成共和国最初的积累。就中国当时所处的世界环境来说，这种选择有其历史必然性与合理性。

然而，产业分离、城乡分治也造成了社会失衡和产业失衡，甚至一度到困难重重的境地[1]，这也成为1978年后实施改革开放的历史背景。新中国成立后的长期布局，构成1978年后改革的社会基础，同时也成为改革的内容，而城乡分治、农工分离的总体结构如何破解，则是农村农业改革中相对滞后的环节。

从一定程度上可以说，我国农村农业改革是优先发展城市整体框架下，农民纷纷选择走向城市后的结果。从2014年“三权分置”全面实施以来，我国城镇常住人口为74 916万人，占总人口比重为54.77%[2]，到2021年城镇常住人口91 425万人，占总人口比重为64.70%[3]，城镇常住人口增加了约22%。这一时期，形成另外一种历史图景：农民进城务工，把所得收益用于补贴农业生产，成为一种自发的“以工补农”的状态。但随着第二代进城务工人员的增加，更多的人选择了永久性脱离农业生产，而同期我国的城市化率也显示了这一历史趋势。

孤立的农业（种植养殖）产出低下，效益不高，是根本的经济动因。农民选择进入城市第二产业和第三产业，在一定程度上代表了一二三产业融合的历史趋势与需求。在产业无法融合的情况下，人们只能选择直接进入二三产业寻找更好的出路。但当人从第一产业中大量溢出后，剩下的就是第一产业的空心化问题。而这是十分危险的，因为农业是基础产业，它影响着整体

---

[1] 1981年6月27日中国共产党第十一届中央委员会第六次全体会议一致通过的《关于建国以来党的若干历史问题的决议》指出“要注意解决好国民经济重大比例严重失调的要求”。《中国共产党第十一届中央委员会第三次全体会议公报》指出“由于林彪、‘四人帮’的长期破坏，国民经济中还存在不少问题。一些重大的比例失调状况没有完全改变过来，生产、建设、流通、分配中的一些混乱现象没有完全消除，城乡人民生活中多年积累下来的一系列问题必须妥善解决。我们必须在这几年中认真地逐步地解决这些问题，切实做到综合平衡，以便为迅速发展奠定稳固的基础”。同时提到“农业这个国民经济的基础，这些年来受了严重的破坏，目前就整体来说还十分薄弱”。在评价从1957年到1978年经济发展情况时，邓小平同志说“就整个经济情况来说，实际上是处于缓慢发展和停滞状态”。参见《邓小平文选（第三卷）》:《思想更解放一些，改革的步子更快一些》，人民出版社，1993，第264页。《高举中国特色社会主义伟大旗帜 为夺取全面建设小康社会新胜利而奋斗——在中国共产党第十七次全国代表大会上的报告》指出，“我国经济从一度濒于崩溃的边缘发展到总量跃至世界第四”。

[2] 国家统计局:《2014年国民经济和社会发展统计公报》，http://www.stats.gov.cn/tjsj/zxfb/201502/t20150226_685799.html，访问日期：2021年5月18日。

[3] 国家统计局:《中华人民共和国2021年国民经济和社会发展统计公报》，http://www.stats.gov.cn/xxgk/sjfb/zxfb2020/202202/t20220228_1827971.html，访问日期：2022年3月16日。

安全和根本安全，危及国家整体战略基础。小农经济已缺乏发展动力，孤立、自足自给的农业失去了吸引力。一旦提供市场和社会流动的政策空间，农民即大量地选择离开农业生产和进入其他产业环节谋求发展。

其实，农业并非只是种植养殖，种植养殖形成的产品通过各种层次的加工再进入流通和消费环节，始终与第二产业、第三产业有天然的、密不可分的联系，如果从更远的产业发展历史来看，甚至可以说所谓第二产业和第三产业就是从农业这个第一产业中分解出来然后逐渐丰富起来并形成不同的产业体系的。如果从这个层面看问题，以产业划分社会群体、划分职业类别甚至再以这样的产业划分为基础，制定相对独立的产业政策，其不断划分的过程其实也在一定程度上人为割裂了世界本身的联系，最终把农业压缩到种植养殖这一环节封闭起来，而因为农业产出形成的其他利润或效益被划归到二三产业中去了，最终形成农业的困局，甚至一度农业被荒谬地称为“夕阳产业”。这种论调的出现，混淆了视听，助长了一股“轻农”“弃农”的歪风，对农业的基础作用产生了不良的影响。[1]

应该说，一二三产业的划分，是为了管理和统计的需要，并非要割裂事物本身的联系，其提出来的划分标准是“根据其在社会分工体系中出现的先后顺序和与人类需要的紧迫程度的关系”，按照这个标准，农业不仅是最早出现的产业也是人类需要最紧迫的产业。但此后在此社会分工标准之下形成的各种社会劳动部门的管理制度，则逐渐走向了人群划分、行业划分，最终也形成利润划分基础等，甚至形成严格的城乡界限。分类的目的是更细致地认识世界，而非割裂世界，这是基本的认识论前提；在分类基础上建立的制度，同样不应该割裂世界，而应更好地适应世界，当这一切走向反面，世界会因此被人为地分解，人群也会被人为地分裂，同样，利益的分配就会出现失衡。如果从生产到消费的整体流程来看，农业的各个方面本来就是与社会的各个环节密切联系在一起的，而不是分开的，同样，一二三产业本来就是融合的，而非分离的。例如，无论从事社会分工体系中第二产业还是第三产业的工作，都得消费农业形成的产品；其实反过来看二三产业与农业的关系，

[1] 古俊才:《农业不是夕阳产业》,《南方农村》1996 年第 4 期，第 33 页。

同样可以看到它们的密切联系，例如，越是高精度的研发实验，对环境的要求越高，在很大程度上依赖农业良性发展形成的良好自然环境，当工业污染破坏了农业环境和第三产业挤占了农业发展的资源条件，它们自身也将无法持续。

二、政策变迁轨迹与指向

2015 年 2 月 1 日发布的《中共中央　国务院关于加大改革创新力度加快农业现代化建设的若干意见》（中发〔2015〕1 号）首次提出“推进农村一二三产业融合发展”；2015 年 12 月 30 日，国务院办公厅专门出台了《国务院办公厅关于推进农村一二三产业融合发展的指导意见》（国办发〔2015〕93 号）。这两个文件的出台，标志着我国全面启动了一二三产业融合的发展进程，这是该领域划时代的两份文件。但当时的出发点和落脚点，主要在于“促进农业增效、农民增收和农村繁荣”，也从一个侧面反映出当时我国农业所处的困境，一二三产业融合是为农业寻找出路，“是拓宽农民增收渠道、构建现代农业产业体系的重要举措”。从“农业供给侧改革”出发，融合的主要方式有“着力推进新型城镇化”“加快农业结构调整”“延伸农业产业链”“拓展农业多种功能”“大力发展农业新型业态”“引导产业集聚发展”几种。在当时的环境中，所要解决的问题显然是“增加农民收入”，缓解快速城市化过程中出现的农村空心化问题和背后谁来种地的粮食安全等重大问题。在此基础上经过几年的发展，已取得举世瞩目的成就，同时也为我国一二三产业融合迈上更高的台阶奠定了基础。如前文所述，我国已形成规模庞大的一二三产业融合平台和通道，无论是从农业供给侧还是全部产业链布局，都具备了雄厚的实践基础、经验和社会环境。

具备如今的条件，是我国经过四十余年积累和政策探索的结果。基本过程简要如下：在实施家庭联产承包责任制方面，党和国家就注意到从土地上解放出来的部分农业劳动力新的发展需求，提出农地规模化经营的政策方向，但因为当时的条件不具备，直到 2010 年左右才整体展开。在这个过程中，寻找乡村发展之路经历了 20 世纪 80 年代后期的乡镇企业建设和 20 世纪 90 年代的小型城镇化建设、21 世纪初的十多年全面城镇化建设三个产业融合的发展阶段。

值得重点说明的是，2001 年中国加入世界贸易组织后在农业上的开放力度与国内农业不景气之间形成一定的改革压力，从另一侧面促进了我国该领域的改革探索力度。

第七章　制度建议：农地经营保障法立法建议方案

第一节　农地经营立法的必要性：农地依法承包后还需对农地经营立法

“三权分置”是高度凝练的政策话语，它是以各种复杂的集体土地类型为基础的；相应地，在不同类型的集体土地上设置的权利以及权利背后的利益大小存在很大差异，再加上近二十年来快速城市化带来的人口大规模流动也使集体土地三种权利的主体结构发生了重大变化，这都使农地规模经营实践面临巨大挑战。如何以“三权分置”为基础把这些问题以制度化的方式概括、提炼出来，无疑是本研究的难点问题。

如果说《农村土地承包法》规范和保障了两权分置中分置出来的土地承包经营权的话，那么对“三权分置”中分置出来的土地经营权也需要予以保障和规范。因此，在《农村土地承包法》的基础上进一步制定农地经营保障法在逻辑上和实践上都是可能的。因为两种立法的时代背景和需要发生了变化。2018 年修正的《农村土地承包法》最为重要的部分即以“三权分置”为基本框架，明确了土地经营权的地位，由此为农地的规模经营奠定了法律基础。至此就把“三权分置”的政策上升为了法律。

有学者认为，《农村土地承包法》的修改已“及时把实施‘三权分置’政策过程中的成功经验和做法上升为法律”，而下一步就需要“把中央提出的‘实施乡村振兴战略’的重大决定和重大部署，增补到相关的法律条款之中”[1]，这种建议则因《农村土地承包法》的立法重点一直是土地承包经营权，在处理集体土地所有权和土地经营权时其承载能力严重受到原有立法框架的限制，很难进行深度和全面规范。例如，《农村土地承包法修正案（草案）》受到原来立法框架的限制，在农地经营方面只在“第二章家庭承包”中增加了“第五节土地经营权的保护和流转”，侧重点是“保护和流转”，而对于如何经营则缺乏进一步的规范，修正案通过后，基本沿袭了这一方案。因此，农地规模经营和农业规模经营还有待于新的立法加以规范。为填补法律在农村土地经营权方面的空缺，有学者提出了制定农村土地经营法的建议。[2]就规范与保障经营权的实现角度而言，在内容上至少要对以下方面进行规定：其一，经营权主体范围包括享有土地承包权的农民、村集体经济组织成员和家庭农场、种植大户和农业龙头企业为主的新型农业经营主体等；其二，工商资本若想获得农村土地的经营权，必须向相关部门提交申请并待其审核，审核通过之后才能获取这一权利，审核的具体标准涵盖了能否保障农地的农业用途、是否具备农业经营的相关条件与经验等；其三，对转让经营权的最高与最低期限进行明确规定，期限范围内由经营权主体享有农村土地获取的经营利润，且部分情况下经营主体可将经营权用于抵押担保；其四，应基于依法、自愿及有偿等原则进行经营权的流转。

基于本书的研究内容和研究结论，谨于此处尝试草拟农地经营保障法，算作本研究的建议性方案。

---

[1] 宋才发、金璐：《三权分置：农村土地制度创新的法治基础》，《中南民族大学学报（人文社会科学版）》2018 年第 5 期，第 143 页。

[2] 陈金涛、刘文君：《农村土地“三权分置”的制度设计与实现路径探析》，《求实》2016 年第 1 期，第 87 页。

第二节　立法建议逻辑：制定农地经营保障法的立法逻辑、实践基础与建议方案 *

“保障国家粮食安全始终是头等大事”，随着我国经济由高速增长阶段转向高质量发展阶段，以及工业化、城镇化、信息化深入推进，乡村发展将处于大变革、大转型的关键时期。党的十九大以来，党和国家通过制定《乡村振兴战略规划（2018—2022年）》、修改《农村土地承包法》等在农地经营、农业经营方面采取了一系列重大举措。从制度建设上，还需在农地经营方面展开新的探索，以为农业发展提供制度保障。

一、《农村土地承包法》侧重于保障“土地承包权”，还需制定专门保障“土地经营权”的农地经营保障法才能全面实现“三权分置”的改革目标

早在1984年中央一号文件《中共中央关于一九八四年农村工作的通知》中就正式提出农地要“逐步形成适当的经营规模”，“形式与规模可以多种多样”，随后各地展开各种探索，至今已有四十余年的历史。

近年随着“三权分置”改革方案的日趋成熟，从制度上总结农地规模经营积累的经验、把成功的经验纳入法律保障范围已势在必行。为此，2018年《农村土地承包法》进行了修改，主旨是以“三权分置”理论完善农村土地承包制度，明确新分置出来的土地经营权的法律地位。

但《农村土地承包法》的立法重点一直是保障农民的土地承包经营权，在处理集体土地所有权和土地经营权时其承载能力受到原有立法框架的限制。

因此，农地规模经营和农业规模经营还有待于新的立法予以规范与保

* 该部分内容是对本书主要研究结论的整体回顾，同时也是向国家有关部门提交建议报告的主体内容，所以与前文内容略有重复。

障，修改《农村土地承包法》后还需要进一步制定专门保障土地经营权的农地经营保障法才能全面实现“三权分置”的改革目标。

二、目前立法失衡的逻辑模型

（一）“三权分置”基础上的集体土地权利架构

根据对《土地管理法》《农村土地承包法》《民法典》等有关农村土地权利规定的结构性分析发现，目前我国集体土地的权利结构如图 7-1 所示。

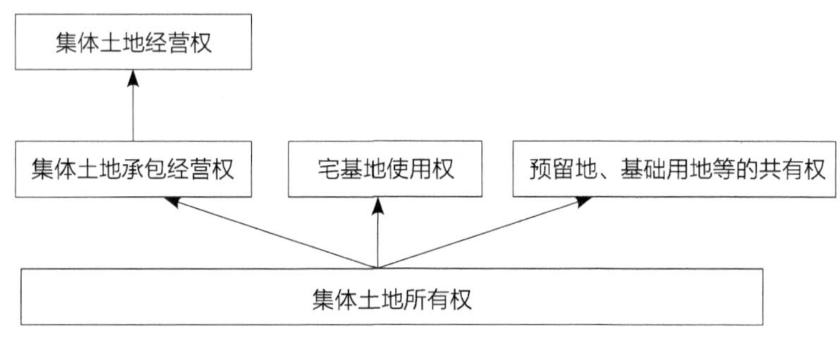

图 7-1　集体土地权利结构

这个制度结构显然是失衡的，它只沿着“集体土地所有权—集体土地承包经营权—集体土地经营权”方向发展，而对宅基地使用权和预留地、基础用地等的共有权的规定则有待进一步探索和完善。

（二）集体土地权利架构的社会延展空间及现行立法失衡状况

集体土地制度是内嵌于整体社会结构之中的，社会结构变化会对制度建设提出新的要求。根据《乡村振兴战略规划（2018—2022 年）》的数据，随着“城乡发展一体化迈出新步伐，5 年间 8000 多万农业转移人口成为城镇居民”；另据 2018 年 2 月 28 日发布的《中华人民共和国 2017 年国民经济和社会发展统计公报》显示，2017 年末我国城镇常住人口 81 347 万人，城镇人口

占总人口比重（城镇化率）为58.52%。[1]

这种社会结构的巨大变迁，客观上需要从制度上调整农地经营方式，以保障全民粮食安全，实现农业产业升级，推动城乡一体化建设，具体如图7-2所示。

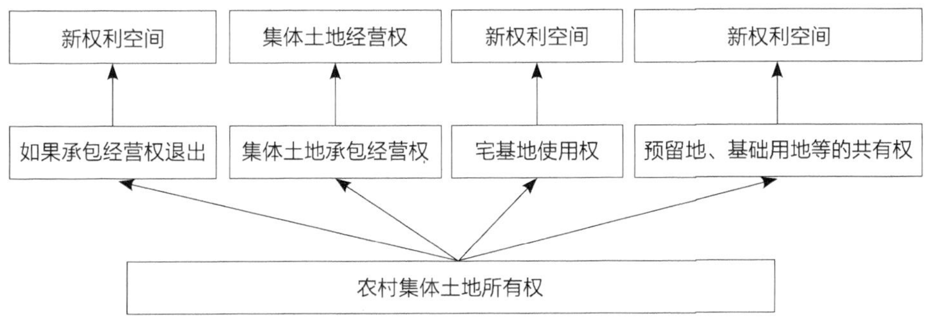

图7-2　现行集体土地权利结构的延展

上图中的新权利空间是指未来制度调整有待完善的空间，这些空间目前存在如下问题:（1）随着农村人口向城镇转移，以集体成员身份为基础的土地承包经营权面临新的选择，因部分农民选择加入城镇、退出承包经营权的这部分土地，在经营权上如何处置。（2）承包权中的经营权分置出去了，同为农民使用的集体土地——宅基地是否也可以分置出来，分置出来后，宅基地如何经营。（3）在过去两轮土地承包过程中，法律允许集体经济组织预留部分土地，还有必要的基础设施用地等并没有发包出去，这些土地在“三权分置”框架下如何处理，尤其在农地规模经营中如何处理。

上述问题都需要在“三权分置”理论指导下从制度建设层面继续予以回应、解决。

---

[1] 国家统计局:《中华人民共和国2017年国民经济和社会发展统计公报》，http://www.stats.gov.cn/tjsj/zxfb/201802/t20180228_1585631.html，访问日期：2021年3月16日。

（三）集体土地所有权主体从其土地中无法获取收益，在农地规模经营中难有作为

按照现行法律的规定，目前我国集体土地权利分配模型如图 7-3 所示。

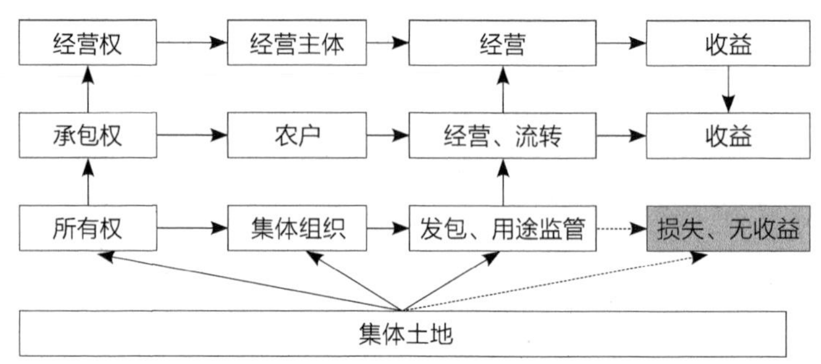

图 7-3　目前我国集体土地权利分配模型

注：图中虚线所示的逻辑是，按照《农村土地承包法》第 14 条的规定，发包方享有的权利是：“（一）发包本集体所有的或者国家所有依法由本集体使用的农村土地；（二）监督承包方依照承包合同约定的用途合理利用和保护土地；（三）制止承包方损害承包地和农业资源的行为；（四）法律、行政法规规定的其他权利。”并不包含明确的收益权，而发包过程中的支出、监督和制止等所发生的损耗，并不能通过发包行为获得的收益予以补平，而且还需要承担《农村土地承包法》第 15 条规定的如下义务：“（一）维护承包方的土地承包经营权，不得非法变更、解除承包合同；（二）尊重承包方的生产经营自主权，不得干涉承包方依法进行正常的生产经营活动；（三）依照承包合同约定为承包方提供生产、技术、信息等服务；（四）执行县、乡（镇）土地利用总体规划，组织本集体经济组织内的农业基础设施建设；（五）法律、行政法规规定的其他义务。”这些义务的履行，如“为承包方提供生产、技术、信息等服务”，同样会产生一定的成本。

根据《农村土地经营权流转管理办法》第 7 条“土地经营权流转收益归承包方所有，任何组织和个人不得擅自截留、扣缴”，结合上图结构，集体经济组织在土地经营中只有发包权和协助政府进行用途监管的职责，而没有从其土地中获取收益的权利。

这一失衡的后果是：集体经济组织对其所有的土地缺乏长远投入和关注的动力、能力，分散经营的农户又无力建设和维护土地经营所必需的各种公共设施、配套设施等，整体性的土壤改良也无人问津，导致农地经营效益下降，失去吸引力。

三、农地经营保障法立法的几个核心问题解决方案

土地就是土地，并不存在分散与集中的问题，是设置于土地上的权利过于分散导致了经营与管理的分散，降低了农业经营的效益。基于这一判断并结合目前的制度失衡状况，笔者认为制定农地经营保障法需要回应如下重大问题。

（一）把政府在农地规模经营和农民保障方面的责任法定化

集体土地所有权缺位的领域过去主要是由政府通过项目支持、基础设施投入、各种补贴等方式填补的，目前各地已形成由政府推动农地规模经营的工作模式。需进一步从法律上明确：保障粮食安全，推动农业生产经营方式升级，是政府的责任。

在推动农地经营方面，在那些农业经营效益较好的国家，政府都在承担着基础性保障职责。例如，1960 年法国在推动农地规模经营时通过制定《农业指导法》设立土地整治和农村安置公司，给停止农业活动或自愿让出农场的老年农民提供“离农终身津贴”等。1967 年英国的《农业法》规定政府对愿意放弃经营的小农场主每年发给“终身年奖”。德国则实行“改行奖金”和“提前退休奖金”鼓励小农户弃农转行或提前退休。可以看出以上各国并没有把农地规模经营中的农民权益保障完全推给市场和社会。

观察我国各地目前在土地流转和农地规模经营探索方面对农民的保障，主要还是依靠从新的农地经营主体的农地经营产出中分享收益的方式负担的。农地经营的利润率本来就较低，在国际农业竞争环境中经营风险又较高，新的农地经营主体很难甚至根本没有能力对流出土地的农民进行有效保障，现在能提供的部分也不足以保障农民权益。这一领域需要政府承担更多的责任。

（二）在推动农地经营制度建设过程中，要协调处理好不同法定土地类型之间的关系，以提升土地的整体利用效率

集体土地作为基础性资源，所承载的不只是农业产出功能，还涉及其他行业的非农用地问题。我们在研究过程中，对我国法律规定的集体土地使用类型进行了梳理（具体见本书附录 A.6“我国法定土地类型梳理表”）。制作法定土地类型梳理表的目的，是确定哪些集体土地适合流转、哪些不适合流转、哪些在流转中需同时满足其他方面对土地的使用需求等，同时根据不同的情况设定不同的农地流转和规模经营条件。

（三）鉴于实践中形态各异的农地经营主体状况，需根据发展目标设置科学、严格的农地经营主体资格审查机制

我们通过对 81 个省、市农地规模经营做法的分析与整理发现，目前在地方实践中关于“新型农地经营主体”的探索已形成个人类、家庭类、企业类、联合与协作类、平台类等形态，每一类中又细化为复杂的主体类型。如“个人类”又细分为农村实用人才、农村致富带头人、返乡创业人员、农产品经纪人、创业大学生、科技人员、城镇人员等 7 类；“平台类”有都市农庄、农业园区、农业产业化龙头企业建立的农产品基地、“大园区 + 小业主”等。为概括上述各种形态，我们甚至只能使用“公民、法人或其他组织”这种概念。

在农地经营立法中，一定需要根据既定的发展目标，设置科学、严格的农地经营主体资格审查机制，以减少农地资源浪费，防止各种形式的农地非农化。

（四）以“农地规模经营”与“农业服务规模化”双结构搭建制度的整体架构

经对各地实践的分析并与国际上农业经营模式进行比较，我们认为需要把农地规模经营与农业服务规模化两者结合起来进行制度建构。农地规模经营的行为结构应是“权利分配 + 要素组合 + 协同经营”；农业服务的行为

结构应是“全产业链的农业规模化服务”。前者是各地探索的重点，后者在少数地方已开始受到重视（如山东省）。后者非常重要，它决定着能否实现一二三产业的融合、农业产业链利益能否实现共享等重大问题，是弥补农业生产环节利润不足、解决农业发展动力不足、要素流失等问题的关键。

第三节　立法建议方案：农地经营保障法立法建议方案

根据前文论述内容和研究成果，现提出以下立法建议方案，供读者参考。

农地经营保障法立法建议方案

目录

第一章　总则

【立法目的】为促进农村土地经营权的依法流转，保障农地经营当事人的合法权益，推动要素跨界配置和产业有机融合，为建设现代化农业体系及经营体系奠定坚实基础。

【农地经营的范围】农民集体所有和国家所有依法由农民集体使用的耕地、林地、草地等农用地及相关配套设施用地和未利用地，或者其他依法用于农业的土地。

【**立法原则**】农村土地经营应当明晰集体土地所有权、稳定土地承包权、放活土地经营权，依照公平、公正、公开及有利于规模经营、发挥土地效益的原则，推动新型工业化、信息化、城镇化与农业现代化同步发展。

【**三权保护**】任何组织、单位和个人不得侵犯集体土地所有者的土地所有权、承包方的土地承包权和流转受让方或经营主体的土地经营权。

【**农地经营的管理体制**】国务院农业、林业行政主管部门分别依照国务院规定的职责负责全国农村土地经营及经营合同管理的指导；县级以上地方人民政府农业、林业等行政主管部门分别依照各自职责，负责本行政区域内农村土地经营及经营合同管理；乡（镇）人民政府负责本行政区域内农村土地经营及经营合同管理。

【**农地的用途管制制度**】农村土地经营应当遵守国家土地用途管制制度，保护土地资源的合理开发和可持续利用。未经依法批准不得将承包地用于非农建设。土地经营的单位和个人必须严格按照土地利用总体规划确定的用途使用土地。

【**激励机制**】可由县级以上人民政府组织设立农业规模经营发展扶持基金，对家庭农场、专业大户、农民合作社、农业企业等新型农业经营主体给予扶持，推进农业经营体系健康发展。

第二章　土地经营权流转

【**三权概念及关系**】以家庭承包方式取得的土地承包经营权在流转中分为土地承包权和土地经营权。土地承包权是指农村集体经济组织成员依法享有的承包土地的权利。土地经营权是指一定期限内占用农用地，自主组织生产耕作和处置产品以及从事相关农业服务取得相应收益的权利。农村土地属于集体所有，作为本集体经济组织成员的农民家庭享有承包经营权，土地经营权人对流转土地依法享有在一定期限内占有、耕作并取得相应收益的权利。

【**流转原则**】土地经营权流转应当遵循依法、自愿、有偿的原则。

【**流转范围**】土地经营权的流转，不能仅限于承包户的经营权流转范围，至少包括如下范围：（1）集体土地承包家庭有权依法自主决定所承包土地的经营权是否流转、流转的对象和方式等；（2）对集体经济组织预留的机动地、通过依法开垦等方式增加的土地和承包方依法自愿交回的土地，集体经济组织有权依法决定土地经营权是否流转、流转的对象和方式等；（3）土地经营权受让方再次进行经营权流转的，应当取得土地承包方、本集体经济组织的同意后在合同有效期内实施流转，并向县级以上土地行政主管部门备案。

【土地经营权的流转对象】符合法定条件的公民、法人或其他组织有权在自愿、平等的基础上取得土地经营权。国家实施新型农业经营主体培育工程，鼓励通过多种形式开展农地适度规模经营和农业规模化服务。国家鼓励、支持农民专业合作社、农业专业合作联合社等多种形式的协作团体依法从事农地适度规模经营和农业规模化服务。国家鼓励工商资本到农村投资适合产业化、规模化经营的农业项目，与当地农户形成产业共同体。

各级人民政府对新型农业经营主体应当给予财政、税收、土地、信贷、保险等政策支持。

【流转方式】土地经营权流转合同一般包括以下条款：

（一）双方当事人的姓名或名称、住所；

（二）流转土地的名称、坐落、面积、质量等级；

（三）流转的期限和起止日期；

（四）流转土地的用途；

（五）双方当事人的权利和义务；

（六）流转价款及支付方式；

（七）土地被依法征收、征用时，地上附着物及青苗补偿费的归属；

（八）违约责任。

土地经营权受让方再次进行经营权流转的，应当取得土地承包方、本集体经济组织的同意后在合同有效期内实施流转，并向县级以上土地行政主管部门备案。

【集体土地所有权保护】承包户与第三方签订土地流转合同时，本集体经济组织应作为一方当事人。

集体经济组织对其所有的土地，经过协商和约定向土地经营主体收取一定比例的收益用于农业基础设施、农村公益设施建设和农地土壤改良等，或者经其同意由土地经营主体依法投资改良土壤、建设必要的农业生产附属、配套设施等。

【对世权保障】国家实行土地经营权登记制度，未经登记的，不得对抗善意第三人。具体登记制度由省级人民政府制定。

【流转保证金制度】县级以上人民政府设立土地经营权流转风险基金，委托具有法定资质的中介组织或者银行负责管理，根据专款专业原则制定风险基金管理与使用章程，并由土地经营管理部门负责监管。

土地经营权受让方合同签订后，根据流入土地规模的多少和双方协定的结果，缴纳数额不等的风险保障金。

流转合同到期后，土地经营权受让方没有违约，可领回风险保障金的本金和利息。经营出现问题的，风险保障金首先要用于支付土地经营权出让方的租金和土地复耕费用等。

乡（镇）人民政府农村土地经营管理部门应当对农村土地承包经营权流转合同及有关文件、文本、资料等进行归档并妥善保管。

【退出与监管机制】流转受让方在合同期限届满前 3 个月，应当向出让方明确提出是否继续经营承包方的农村土地。继续承包的，应该在期限届满之日起 30 天内，签订土地经营合同；不再经营的，应当在期限届满前 30 天内，出让方应当退还流转受让方所缴纳的流转保证金，并就土地流转情况向集体经济组织备案。

县级以上地方人民政府建立工商企业等社会资本流转土地经营权的资格审查、项目审核和风险防范制度。工商企业等社会资本流转取得土地经营权的，本集体经济组织可以收取适量管理费用。具体办法由国务院农业、林业行政主管部门规定。

土地经营权受让方未经出让方、发包方同意，不得擅自流转土地经营权。

第三章　农地经营

【管理与规划】农地经营应坚持规模适度、兼顾效率与公平的原则，以家庭承包经营为基础，集体经营、合作经营、企业经营等多种方式共同发展，以提高劳动生产率、土地产出率和资源利用率。并由各级人民政府土地行政主管部门组织编制农地经营专项规划纳入本级人民政府的土地利用总体规划。

为此，县级人民政府应依据自然经济条件、农村劳动力转移情况、农业机械化水平等因素，确定本地区土地规模经营的适宜标准和土地经营规模。

【各方权利与义务】农民集体组织享有一定的土地收益分配权、用途监管权，有权对承包农户和经营主体使用土地进行监督并采取措施防止和纠正长期抛荒、毁损土地、非法改变土地用途等行为。

农民集体组织维护承包方的土地承包经营权，不得非法变更、解除承包合同；尊重承包方、土地经营主体的生产经营自主权，不得干涉承包方、土地经营主体依法进行正常的生产经营活动；执行县、乡（镇）土地利用总体规划，组织本集体经济组织内的农业基础设施建设；履行法律、行政法规规定的其他义务。

承包户享有并履行《农地土地承包法》第十六条、第十七条规定的权利和义务。

土地经营主体在依法保护集体所有权和农户农地经营权的前提下，可以依流转合同取得的土地经营权。经营主体有权使用流转土地自主从事农业生产经营并获得相应收益，经出让方同意，可依法依规改良土壤、提升地力，建设农业生产、附属、配套设施，并依照流转合同约定获得合理补偿；有权在流转合同到期后按照同等条件优先续流转土地；有权对土地经营权进行入股和抵押；还享有法律、行政法规规定的其他权利。

土地经营主体须维持土地的农业用途，不得用于非农建设；须依法保护和合理利用土地，不得给土地造成永久性损害；还应履行法律、行政法规规定的其他义务。

【土地流转、经营的中介组织与平台】鼓励和支持依法设立的社会组织与农村经营管理机构建立长久有效的合作机制，为土地经营权流转双方提供信息发布、政策咨询等服务。

农村经济组织可以设立专门的土地流转组织，统一负责本集体组织土地经营权流转事务。村级组织作为中介或者协调组织流转的，须由转出土地农户出具委托书，未经委托，不得代替农户转出土地。

土地经营管理部门应当建立土地经营权流转服务信息平台，提供流转信息、法律政策咨询、流转基准价格指导、合同签订指导等，为土地经营权流转提供服务。

国家支持建设农业高新技术产业示范区、农业科技园区等新型农业经营平台，培育农业高新技术企业，发展农业高新技术产业。

【各方的责任】受让方或土地经营主体擅自改变土地的农业用途、弃耕抛荒连续两年以上、给农地造成严重损害或者严重破坏土地生态环境的，土地经营权出让方、发包方或者承包方有权要求终止土地经营权流转合同，收回土地经营权。受让方对农地和生态环境造成的损害应当予以赔偿，并按照法律规定恢复原状。

严禁破坏、污染、圈占闲置耕地和损毁农田基础设施，防止土地荒漠化、盐渍化、水土流失和污染土地，禁止将耕地非农化。

【其他内容】县级以上人民政府制定农地规模经营的配套政策，建立地方性政策支持体系；建立政府投入、信贷支持、企业自筹、社会融资等多渠道、多层次的农地经营投融资体系。

省、市、县（区）人民政府设立农地经营专项资金，为农地经营提供支持。对以种植粮食作物为主、示范带动作用突出的农民合作社、家庭农场、专业大户给予重点扶持。

第四章　农业服务

【两种规模化经营方式】农地规模经营本身并不是目标，它是实现目标的方式，即农业生产要素的组合方式。就要素组合方式层面实现农地整体效益而言，实践中已逐渐出现两种行为方式，即通过农地集中型的规模经营和通过服务集中型的规模经营或者两者兼具的方式。前一种模式是指新型经营主体通过土地经营权流转达到生产的规模化，形成土地要素集中的规模经济效益，主要采取土地转包、出租、互换、股份合作、转让、临时代耕等方式；后一种模式是指根据各类农业生产主体在农业生产、加工、储藏、销售等各环节的服务需求，由农业服务主体向农业生产主体提供的单环节或多环节的规模化、集约化服务。

坚持以农户家庭经营为基础，支持新型农业经营主体和新型农业服务主体成为建设现代农业的骨干力量，充分发挥多种形式适度规模经营在农业机械、科技成果应用、绿色发展、市场开拓等方面的引领功能。

【以服务优化要素合理配置】提升农业服务规模化来实现生产要素的合理优化配置。

【农业生产性服务】建立贯穿农业生产的作业链条，直接完成或协助完成农业产前、产中、产后各环节作业的社会化服务，如市场信息服务、农资供应服务、农业绿色生产技术服务、农业废弃物资源化利用服务、农机作业及维修服务、农产品初加工服务和农产品营销服务等。

【农业综合服务】建立与农业开发和利用配套的环境资源、文化资源、历史资源、科技资源等立体化的服务机制，以为农业产业向社会全面延展和升级提供基本条件，同时也为这些资源的价值提升奠定基础。

【产业融合】农地经营方式的提升，除了农业生产环节提高效率以外，推动一二三产业融合才是出路。在一二三产业中，服务业是总体上提高一二三产业效益的关键行业。通过科技服务、信息服务、金融服务等可以提升一二三产业的效率，而与农业相关的旅游服务、文化艺术服务等则可以增加一二三产业的附加值。

从产业链延伸的角度看，农业服务规模化中的服务对象不应只限于农业生产环节，不仅要同时满足普通农户和新型经营主体的生产经营需要，还需从城乡一体发展的全行业视角确定服务对象，才能真正建立农业服务的规模化效应。

【服务范围】农业服务规模化中的服务对象，除了普通农户和土地经营主体服务外，至少需延伸至如下的主体：农业产业链中各种人才培养服务，各种产业主体的融资服务，创新创业、人员就业服务，基础设施服务，文化服务，生态服务，农业科技服务，等等。

第五章　农地经营和农业服务保障

【土地保障】实施土地经营权确权登记制度，颁发权属证书，保护受让者的土地经营权。确权登记颁证工作经费纳入地方财政预算，中央财政给予补助。省级人民政府根据实际情况，在年度建设用地指标中单列一定比例专门用于新型农业经营主体建设配套辅助设施，保障经营者对配套设施的用地权益。

【财政保障】将农地经营保障经费纳入地方各级政府年度财政预算编制。鼓励地方政府试点发行地方特色农地经营项目融资和收益自平衡的专项债券。设立农地经营专项奖补资金，奖励扶持新型农业经营主体和农业服务规模化经营主体发展。

对以发展粮食生产为主、示范带动作用突出的家庭农场、农民合作社、专业大户给予重点支持。鼓励工商资本投入农业农村，为农地经营提供综合性解决方案。鼓励利用外资开展现代农业、产业融合、生态修复、人居环境整治和农村基础设施等建设。

【金融保障】健全金融支农组织体系。银行业金融机构对经营实力强、资信好的经营主体提高授信额度，简化审贷流程，合理确定贷款利率水平；各类惠农贷款优先向专业大户、家庭农场、农民合作社和农业企业等规模经营主体安排；准许使用农村土地经营权进行抵押贷款，推广保单、仓单、商标权、知识产权、股权等质押贷款。鼓励证券、保险、担保、基金、期货、租赁、信托等金融资源聚焦服务农地经营。

【税收减免条件】农地经营实施以下税收优惠政策：符合不征税收入条件的财政性资金，不予征税；规模经营主体直接用于农、林、牧、渔业的生产用地免缴土地使用税；对发展农产品加工流通的农民合作社，税务部门要为家庭农场、农民合作社等经营主体提供优质便捷的服务；农产品初加工和农业灌溉用电执行农业生产电价标准。

【农民保障】设立农业经营风险保障基金。由土地转出方、流入方、集体三方共同出资设立风险保障基金，当经营业主因生产经营困难等客观原因不能按期支付农户流转金时，由风险保障金先予支付农户流转金，之后按责任主体予以追索，确保转出方农民的利益。

允许农户以土地承包权换城镇社会保障、以农村宅基地使用权及其房屋产权置换城镇社区住房，并禁止以退出土地承包权作为农民进城落户的条件。

允许并支持条件成熟的地方探索农民退休制度。

授权省级人民政府根据本地区农地流转情况决定是否把农村人口纳入城镇社会保障体系。

【科技保障】建立以政府为主导的多元化、多渠道农业科研投入体系，增加对农业科研的投入。国家科技计划向农业领域倾斜。安排农业科技成果转化资金。

建立农业科技创新体系，推进农业科技进步。加强国家农业科研基地、区域性科研中心的创新能力建设，推动现代农业产业技术体系建设，提升农业区域创新能力。构建以国家农技推广机构为主体、科研单位和大专院校广泛参与的农业科技成果推广体系。

引导和鼓励涉农企业、农民专业合作经济组织开展农业技术创新和推广活动，积极为农民提供科技服务。实施科技入户工程、新型职业农民培育工程，发展现代农业远程教育，调动农民的积极性。加强农业科技国际合作交流，增强自主创新能力。

【服务支持】建立省市（县）乡（镇）村四级土地经营权流转网络交易平台，健全服务功能，提供政策、资金、土地、法律、知识产权、财务等各项流转信息的服务。县（市）区、涉农乡镇（街道）、村分别建立农村土地流转服务中心、服务站和服务点，按照“有服务窗口、有服务设施、有发布土地流转信息、有开展政策咨询服务、有村级信息员、有备案合同”的“六个有”基本要求，进行土地流转服务。乡镇建立土地流转台账，实行土地流转合同鉴证制度。鼓励有条件的县级政府设立“绿色通道”，为资质优秀的经营者提供便利服务。

【保障责任】建立农地经营分级责任制，坚持分级负责，强化县乡两级对资金和项目的监督责任。对于克扣经营专项资金等违反农地经营保障的行为，依法实施行政处罚，构成犯罪的，依法追究刑事责任。

建立县级仲裁、乡村调解、司法保障的土地纠纷调处体系。仲裁员有索贿受贿、徇私舞弊、枉法裁决以及接受当事人请客送礼等违法违纪行为的，农村土地承包仲裁委员会应当将其除名，依法追究其行政责任与刑事责任。

【补贴规则】国家对农地经营进行补贴，将补贴资金纳入各级政府财政预算管理。补贴资金由政府财政预算外专户统一管理，专款专用。可以由各地区根据情况制定。

【打造新型农业经营文化】以各地资源禀赋和独特的历史文化为基础，发展特色产业，形成经营文化。建设经营文化服务品牌，形成特色农地经营文化服务项目。建设农耕文化产业展示区，打造特色文化产业乡镇、文化产业特色村和文化产业群。开展具有乡土特色的文化活动，推动文化与特色农业经营有机结合，提升农产品文化附加值。

第六章　法律责任

【调解、仲裁】因土地经营发生纠纷的，双方当事人可以通过协商解决，也可以请求村民委员会、乡（镇）人民政府等调解解决。当事人不愿协商、调解或者协商、调解不成的，可以向农村土地承包仲裁机构申请仲裁，也可以直接向人民法院起诉。

【行政诉讼】当事人对农村土地承包仲裁机构的仲裁裁决不服的，可以在收到裁决书之日起三十日内向人民法院起诉。逾期不起诉的，裁决书即发生法律效力。

【民事责任】任何组织和个人侵害流转受让方的土地经营权的，应当承担民事责任。

【侵害责任】有下列行为之一的，应当承担停止侵害、返还原物、恢复原状、排除妨害、消除危险、赔偿损失等民事责任：

（1）干涉流转受让方依法享有的生产经营自主权；

（2）强迫或者阻碍土地经营权流转；

（3）假借少数服从多数强迫承包方放弃或者变更土地经营权而进行土地经营权流转；

（4）以划分“口粮田”和“责任田”等为由收回承包地搞招标承包；

（5）剥夺、侵害妇女依法享有的土地经营权；

（6）其他侵害土地经营权的行为。

【无效约定】土地经营权流转合同中违背各方意愿或者违反法律、行政法规有关不得收回、调整承包地等强制性规定的约定无效。

【合同责任】当事人一方不履行合同义务或者履行义务不符合约定的，应当依照《中华人民共和国民法典》的规定承担违约责任。

【无效流转】任何组织和个人强迫土地经营主体进行土地经营权流转的，该流转无效。

【流转收益保护】任何组织和个人擅自截留、扣缴土地经营权流转收益的，应当退还。

【刑事责任】违反土地管理法规，非法征收、征用、占用土地或者贪污、挪用土地征收、征用补偿费用，构成犯罪的，依法追究刑事责任；造成他人损害的，应当承担损害赔偿等责任。

【行政处罚】流转受让方或农地经营主体违法将承包地用于非农建设的，由县级以上地方人民政府有关行政主管部门依法予以处罚。流转受让方或农地经营主体给承包地造成永久性损害的，土地流转方、发包方和承包方有权制止，并有权要求流转受让方赔偿由此造成的损失。

【行政惩戒】国家机关及其工作人员有利用职权干涉农村土地承包、经营、服务，变更、解除承包合同，干涉经营自主权，或者强迫、阻碍土地承包经营权流转等侵害土地经营权的行为，给当事人造成损失的，应当承担损害赔偿等责任；情节严重的，由上级机关或者所在单位给予直接责任人员行政处分；构成犯罪的，依法追究刑事责任。

第七章　附则

【概念界定】

【生效条款】

附录 A

附录 A.1　中央、地方农地规模经营政策文件

序号	发布时间	发布单位	文件名称
1	2014.11.20	中共中央办公厅、国务院办公厅	《关于引导农村土地经营权有序流转发展农业适度规模经营的意见》(中办发〔2014〕61 号)
2	2015.6.2	财政部	《农业综合开发推进农业适度规模经营的指导意见》(财发〔2015〕12 号)
3	2015.7.9	财政部	《关于支持多种形式适度规模经营促进转变农业发展方式的意见》(财农〔2015〕98 号)
4	2017.8.16	农业部、国家发展改革委、财政部	《关于加快发展农业生产性服务业的指导意见》(农经发〔2017〕6 号)
5	2017.5.31	中共中央办公厅、国务院办公厅	《关于加快构建政策体系培育新型农业经营主体的意见》
6	2014.2.24	农业部	《关于促进家庭农场发展的指导意见》(农经发〔2014〕1 号)
7	2015.11.2	中共中央办公厅、国务院办公厅	《深化农村改革综合性实施方案》
8	2016.10.30	中共中央办公厅、国务院办公厅	《关于完善农村土地所有权承包权经营权分置办法的意见》
9	2014.1.19	中共中央委员会、国务院	《关于全面深化农村改革加快推进农业现代化的若干意见》(中发〔2014〕1 号)
10	2018.9.30	厦门市人民政府办公厅	《进一步促进农村土地经营权有序流转发展农业适度规模经营实施意见》(厦府办〔2018〕180 号)
11	2017.11.3	海南省财政厅	《关于拨付 2017 年中央财政农业生产发展资金(适度规模经营)的通知》(琼财农〔2017〕1702 号)

续表

序号	发布时间	发布单位	文件名称
12	2017.6.15	眉山市人民政府	《关于加快农村土地流转推进农业适度规模经营的实施意见》（眉府发〔2017〕23号）
13	2017.6.1	中共海南省委办公厅、海南省人民政府办公厅	《关于完善农村土地所有权承包权经营权分置办法发展农业适度规模经营的实施意见》
14	2017.5.20	成都市人民政府办公厅	《关于推广“农业共营制”加快农业用地适度规模经营的实施意见》（成办函〔2017〕83号）
15	2017.5.5	青海省财政厅	《青海省农牧业适度规模经营主体担保贷款担保费财政补贴管理办法（试行）》（青财农字〔2017〕643号）
16	2016.6.14	南京市人民政府办公厅	《关于积极引导土地经营权有序流转推进农业适度规模经营的实施意见》（宁政办发〔2016〕81号）
17	2016.3.28	乌兰察布市人民政府办公厅	《引导农村牧区土地草原经营权有序流转发展农牧业规模经营实施意见》（乌政办字〔2016〕43号）
18	2015.11.2	福州市人民政府	《关于引导农村土地经营权有序流转发展农业适度规模经营的实施意见》（榕政综〔2015〕311号）
19	2015.9.23	湖北省财政厅、农业厅	《关于2015年支持新型粮食经营主体适度规模经营的指导意见》（鄂财商发〔2015〕83号）
20	2015.9.10	中共迪庆州委办公室、迪庆州人民政府办公室	《关于引导和规范农村土地经营权流转发展农业适度规模经营的实施意见》（迪办发〔2015〕21号）
21	2015.8.12	中共昆明市委办公厅、昆明市人民政府办公厅	《关于引导农村土地经营权有序流转发展农业适度规模经营的实施意见》（昆办发〔2015〕19号）
22	2015.7.20	邵阳市人民政府办公室	《关于引导农村土地经营权有序流转推进农业适度规模经营的意见》（市政办发〔2015〕12号）
23	2015.6.24	中共蚌埠市委办公室、蚌埠市人民政府办公室	《关于引导农村土地经营权有序流转发展农业适度规模经营的实施意见》
24	2015.6.23	龙岩市人民政府	《关于进一步引导农村土地经营权流转加快推进农业适度规模经营的实施意见》（龙政综〔2015〕150号）
25	2015.6.18	葫芦岛市人民政府办公室	《加快农村土地承包经营权流转促进农业规模经营发展实施方案》（葫政办发〔2015〕49号）
26	2015.5.15	保定市人民政府办公厅	《关于加快推进农村土地经营权流转促进农业适度规模经营的实施意见》（保政办发〔2015〕8号）
27	2015.4.21	庆阳市人民政府	《关于引导农村土地承包经营权有序流转发展农业适度规模经营的意见》（庆政发〔2015〕41号）

续表

序号	发布时间	发布单位	文件名称
28	2015.4.20	漳州市人民政府办公室	《关于引导农村土地经营权有序流转发展农业适度规模经营的实施意见》（漳政办〔2015〕75 号）
29	2015.4.10	中共甘肃省委办公厅、甘肃省人民政府办公厅	《关于引导农村土地经营权有序流转发展农业适度规模经营的实施意见》
30	2015.2.9	鞍山市人民政府	《2015 年引导农村土地经营权有序流转发展农业适度规模经营实施方案》（鞍政发〔2015〕4 号）
31	2015.1.21	兴安盟行政公署	《推进农村土地经营权有序流转发展农业适度规模经营的指导意见》（兴署发〔2015〕8 号）
32	2015.1.20	安徽省供销合作社联合社	《转发全国总社关于参与农村土地经营权有序流转推进农业适度规模经营的实施意见的通知》（供发合〔2015〕9 号）
33	2014.12.21	福建省人民政府办公厅	《关于引导农村土地经营权有序流转发展农业适度规模经营的实施意见》（闽政办〔2014〕162 号）
34	2014.12.1	驻马店市人民政府办公室	《驻马店市农业适度规模经营三年行动计划》（驻政办〔2014〕122 号）
35	2014.7.30	衡水市人民政府办公室	《关于规范农村土地经营权流转促进农业适度规模经营的意见》（衡政办〔2014〕15 号）
36	2014.6.30	石家庄市人民政府	《关于进一步推动农村土地承包经营权流转促进农业规模经营发展的意见》（石政发〔2014〕30 号）
37	2014.4.2	上海市宝山区人民政府办公室	《关于转发区农委等部门修订的〈宝山区农业产业化发展和农业规模经营专项资金使用管理办法〉的通知》（宝府办〔2014〕38 号）
38	2014.3.28	河北省人民政府办公厅	《关于加快农村土地经营权流转促进农业适度规模经营的意见》（冀政办〔2014〕6 号）
39	2014.3.22	赣州市人民政府	《关于加快推进农村承包土地规范流转促进农业适度规模经营的意见》（赣市府发〔2014〕4 号）
40	2013.10.21	邯郸市人民政府	《关于进一步加快农村土地承包经营权流转促进农业规模经营的意见》
41	2013.5.20	湘潭市人民政府办公室	《关于推进农村土地承包经营权流转培育农业规模经营主体的意见》（潭政办发〔2013〕33 号）
42	2013.2.21	上海市青浦区人民政府办公室	《转发区农委〈关于加快推进农业适度规模经营的实施意见〉的通知》（青府办发〔2013〕10 号）
43	2013.1.23	太原市人民政府	《关于加快农村土地承包经营权流转引导发展适度规模经营的意见》（并政发〔2013〕6 号）

续表

序号	发布时间	发布单位	文件名称
44	2012.11.23	随州市人民政府	《关于促进农村土地承包经营权流转发展农业适度规模经营的意见》
45	2012.10.26	天水市人民政府	《关于进一步加快农村土地承包经营权流转促进农业规模经营的意见》(天政发〔2012〕115号)
46	2012.9.30	开封市人民政府	《关于加快推进农村土地承包经营权流转促进适度规模经营的实施意见》(汴政〔2012〕99号)
47	2012.8.1	临汾市人民政府办公厅	《关于加快推进农村土地承包经营权流转工作促进农业适度规模经营的意见》(临政办发〔2012〕48号)
48	2012.7.28	长治市人民政府	《关于促进农村土地承包经营权流转引导发展适度规模经营的意见》(长政发〔2012〕62号)
49	2012.5.19	阜阳市人民政府办公室	《阜阳市鼓励支持规模经营发展现代农业暂行办法》(阜政办〔2012〕25号)
50	2012.5.9	三明市人民政府	《关于推进农业适度规模经营的实施意见》(明政文〔2012〕84号)
51	2012.4.13	杭州市财政局、市地方税务局	《杭州市农村土地承包经营权流转和规模经营项目及资金管理办法(试行)》(杭财农〔2012〕177号)
52	2011.12.20	辽阳县人民政府	《加快推进农村土地承包经营权流转促进规模经营发展的实施意见》(辽县政发〔2011〕121号)
53	2011.12.12	运城市人民政府办公厅	《关于加快推进农村土地承包经营权流转工作促进农业规模经营的意见》
54	2011.11.4	厦门市人民政府	《关于加大力度推进农业适度规模经营的实施意见》(厦府〔2011〕452号)
55	2011.6.16	福建省人民政府	《关于推进农业适度规模经营的若干意见》(闽政〔2011〕53号)
56	2011.2.26	上海市宝山区人民政府办公室	《关于转发区农委、区发展改革委制订的〈宝山区农业产业化发展和农业规模经营专项资金使用管理办法〉的通知》(宝府办〔2011〕25号)
57	2011.1.27	景宁畲族自治县人民政府办公室	《景宁畲族自治县加快集体林地流转促进林业规模经营实施意见》(景政办发〔2011〕8号)
58	2011.1.26	吕梁市人民政府办公厅	《关于进一步做好农村土地承包经营权流转工作正确引导发展适度规模经营的意见》(吕政办发〔2011〕11号)
59	2011.1.7	青岛市人民政府	《关于加快推进农村土地适度规模经营的意见》(青政字〔2011〕1号)
60	2010.11.3	中共南宁市委、南宁市人民政府	《关于稳步推进农村土地承包经营权流转和促进农业规模经营发展的意见》(南发〔2010〕36号)

续表

序号	发布时间	发布单位	文件名称
61	2010.5.12	厦门市人民政府办公厅	《转发市农业局〈关于规范农村土地承包经营权流转发展农业适度规模经营意见〉的通知》（厦府办〔2010〕109 号）
62	2010.4.30	山西省人民政府办公厅	《关于做好农村土地承包经营权流转工作引导发展适度规模经营的意见》（晋政办发〔2010〕32 号）
63	2010.2.23	毕节地区行政公署	《关于加快推进农村土地承包经营权流转促进土地规模经营的意见》（毕署发〔2010〕3 号）
64	2009.6.3	绍兴市人民政府办公室	《关于 2009 年绍兴市区农村土地流转及农业规模经营扶持政策的通知》（绍政办发〔2009〕91 号）
65	2009.5.14	广元市人民政府办公室	《关于推进农村土地流转发展适度规模经营的实施意见》（广府办发〔2009〕40 号）
66	2009.4.14	辽阳市人民政府	《批转市农委〈关于加快农村土地承包经营权流转促进规模经营发展的意见〉的通知》（辽市政发〔2009〕16 号）
67	2009.5.10	杭州市农办、市财政局	《杭州市农村土地承包经营权流转和规模经营专项资金管理办法（试行）》（市农办〔2009〕54 号）（杭财农〔2009〕521 号）
68	2009.4.28	中共湖南省委办公厅、省人民政府办公厅	《关于积极推进农村土地承包经营权流转促进农业适度规模经营的意见》（湘办发〔2009〕15 号）
69	2009.4.23	朔州市人民政府	《关于加大扶持种粮大户力度促进土地规模经营的意见》（朔政发〔2009〕59 号）
70	2011.12.20	辽阳县人民政府	《关于加快推进农村土地承包经营权流转促进规模经营发展的实施意见》（辽县政发〔2011〕121 号）
71	2009.4.2	石柱土家族自治县人民政府办公室	《关于加快农村土地流转促进规模经营发展的意见》
72	2009.3.27	淮北市人民政府办公室	《关于加快农村土地承包经营权流转推进农业规模经营的意见》（淮政办〔2009〕9 号）
73	2009.3.23	鸡西市人民政府	《鸡西市农村土地规模经营发展规划》（鸡政发〔2009〕10 号）
74	2009.3.11	宣城市人民政府	《关于加快农村土地流转推进农业适度规模经营有关问题的通知》（宣政〔2009〕20 号）
75	2009.3.7	中共台州市委办公室	《关于加快农村土地承包经营权流转推进农业规模经营的实施意见》（台市委办〔2009〕17 号）
76	2009.2.25	铜陵市人民政府	《关于加快农村土地承包经营权流转促进农业规模经营的实施意见》（铜政〔2009〕17 号）

续表

序号	发布时间	发布单位	文件名称
77	2009.2.14	金华市人民政府	《关于加快土地流转促进规模经营的意见》(金政发〔2009〕19号)
78	2009.1.9	枣庄市人民政府办公室	《关于建设农村土地流转服务平台促进农村土地适度规模经营的意见》(枣政办发〔2009〕4号)
79	2008.11.15	平顶山市人民政府	《关于加快推进农村土地承包经营权流转促进规模经营的实施意见》(平政〔2008〕55号)
80	2008.7.11	安庆市人民政府	《关于推进农村土地承包适度规模经营的意见》(宜政发〔2008〕9号)
81	2008.4.21	齐齐哈尔市人民政府办公厅	《转发市农委〈关于促进全市农村土地适度规模经营意见〉的通知》(齐政办发〔2008〕34号)
82	2007.9.12	重庆市人民政府办公厅	《关于加快农村土地流转促进规模经营发展的意见(试行)》(渝办发〔2007〕250号)
83	2008.1.21	宣城市人民政府	《关于进一步加快农村土地流转推进农业适度规模经营的意见》(宣政〔2008〕1号)
84	2008.1.4	上海市宝山区人民政府办公室	《关于转发〈关于推进农业集体规模经营的若干补充意见〉的通知》(宝府办〔2008〕3号)
85	2007.2.7	武汉市委办公厅、市政府办公厅	《关于引导农村土地承包经营权流转推进土地规模经营的意见》(武办发〔2007〕1号)
86	2007.7.17	上海市宝山区人民政府办公室	《宝山区农业集体规模经营扶持政策实施细则(试行)》(宝府办〔2007〕49号)
87	2006.11.28	宁波市人民政府	《关于进一步推进农村土地承包经营权流转加快发展规模经营的意见》(甬政发〔2006〕108号)
88	2006.10.11	上海市宝山区人民政府办公室	《关于转发〈宝山区加快土地流转推进农业规模经营实施意见〉的通知》(宝府办〔2006〕61号)
89	2005.4.4	上海市农业委员会、市财政局	《关于鼓励规划粮田向规模经营集中的政策意见》(沪农委〔2005〕50号)
90	1994.9.26	中共浙江省委、浙江省人民政府	《关于发展粮田适度规模经营的决定》(省委〔1994〕14号)

附录 A.2　农地流转与规模经营的管理与服务主体设置情况

时间和地点	设置情况
2017年海南省	1. 建立全省统一的农村土地承包管理信息数据库和管理信息系统。 2. 建立省市(县)乡(镇)村四级土地经营权流转交易市场(平台)

续表

时间和地点	设置情况
2017 年成都市	1. 积极对接在蓉涉农科研院所，采取政府补贴、有偿服务等方式组建农业专家团队，共建农业专家大院，构建“专家团队 + 科技推广团队 + 农业职业经理人团队”上下互通的农业科技服务体系。 2. 支持成立农业品牌管理委员会。 3. 完善农业农村投融资平台。 4. 依托基层农业综合服务站，搭建“农业服务超市”综合平台，采取“菜单式”公示服务项目、内容、质量、价格等，为各类经营业主提供“一站式”的农业综合服务
2017 年眉山市	1. 县（区）建立国有农业总公司（或土地流转服务总公司），各乡（镇）相应建立分公司，村设立流转信息员。 2. 建立县（区）农村产权流转交易中心。 3. 组建县（区）土地流转价值评估专家库。 4. 乡（镇）应建立土地流转台账，实行土地流转合同鉴证制度
2016 年乌兰察布市	1. 各地要依托农村经营管理机构健全土地草原流转（农村产权交易）服务平台，完善县乡村三级服务和管理网络，推动农村牧区土地草原经营权在公开市场向各类新型农牧业经营主体流转。 2. 加强旗县仲裁机构和乡村纠纷调解组织建设
2015 年湖北省	构建省级农业信贷担保平台
2015 年昆明市	1. 依托农村经营管理机构建立健全县、乡两级土地流转服务中心和交易大厅，村（居）委会建立土地流转服务站。 2. 建立完善县、乡、村三级土地流转服务体系，加快土地流转管理信息化平台建设，逐步实现土地流转信息的网络化管理。 3. 建立专业的中介服务组织和服务平台，搭建农村土地经营权流转服务市场
2015 年云南省迪庆藏族自治州	依托农村经营管理机构建立以县市级为中枢、乡（镇）级为平台、村为网点的土地流转服务平台和土地流转监测体系
2015 年湖南省邵阳市	1. 建立健全土地流转服务平台。 2. 完善县乡村三级服务和管理网络。 3. 加强农村土地承包经营纠纷调解仲裁机构队伍建设
2015 年福州市	1. 依托不动产登记信息管理系统，建立土地承包经营权信息应用平台。 2. 设立农村土地承包仲裁委员会，设立日常办事机构。 3. 有关县（市）区、涉农乡镇（街道）、村要分别建立农村土地流转服务中心、服务站和服务点。 4. 乡镇（街道）土地流转服务站要按照“有服务窗口、有服务设施、有发布土地流转信息、有开展政策咨询服务、有村级信息员、有备案合同”的“六个有”基本要求，搭建土地流转服务平台。 5. 村级配备土地流转信息员。 6. 鼓励有条件的地方建立土地托管公司或“土地银行”。 7. 分级建立家庭农场信息库

续表

时间和地点	设置情况
2015 年漳州市	1. 依托不动产登记信息管理系统，建立全市统一的土地承包经营权信息应用平台。 2. 完善县、乡、村三级土地流转管理和服务网络。 3. 鼓励社会中介组织和农村经纪人开展土地流转的信息沟通和委托流转等服务
2015 年龙岩市	1. 乡镇要建立土地流转台账，实行土地流转合同鉴证制度。 2. 建立以县级为中枢、乡级为平台、村为网点的土地流转服务平台和土地流转监测体系
2015 年葫芦岛市	1. 县（市）区、乡镇要建立本级农村土地流转服务中心。 2. 县、乡、村三级要设立专门的农村土地承包管理档案柜，建立土地流转台账。 3. 县（市）区设立农村土地承包纠纷仲裁委员会和仲裁庭，乡（镇）设立农村土地承包纠纷调解委员会，行政村设立农村土地承包纠纷调解小组
2015 年鞍山市	1. 建设农村综合产权交易市场。 2. 县级农村产权交易监督管理机构
2015 年保定市	1. 县、乡两级政府要建立健全农村土地流转管理、服务机构。 2. 村级设立农村土地流转服务信息员
2015 年兴安盟	1. 农村牧区土地承包经营纠纷仲裁委员会。 2. 各旗县市要成立土地流转服务中心。 3. 各苏木乡镇要建立土地流转工作站
2015 年甘肃省	依托农村经营管理机构建立土地流转服务平台，建立健全县有服务中心、乡镇有服务站、村有服务点的土地流转服务体系和县级仲裁、乡村调解、司法保障的土地纠纷调处体系
2015 年庆阳市	1. 依托农村经营管理机构建立土地流转服务平台，建立健全“县有中心、乡有站、村有社”的土地流转服务体系和县级仲裁、乡村调解、司法保障的土地纠纷调处体系。 2. 县级土地流转服务中心，要建立流转信息服务网络。 3. 鼓励有条件的县（区），建设集土地流转指导、农村产权登记评估、金融抵押贷款、合同公证、纠纷仲裁等服务功能为一体的“农村产权交易中心”；暂不具备条件的，可依托政府政务大厅设立土地流转服务窗口，暂行职能，逐步过渡完善。 4. 乡镇土地流转服务站。 5. 建立土地流转信息库。 6. 鼓励乡村建立“两社一队一司”（农机合作社、农资经销合作社，植保机防技术服务队、劳务中介服务公司）
2014 年河北省	县级要设立农村土地承包仲裁机构
2014 年石家庄市	1. 市设立土地流转指导中心。 2. 县、乡（镇）政府要设立土地流转服务机构。 3. 县级要设立农村土地承包仲裁机构

续表

时间和地点	设置情况
2014 年衡水市	1. 乡镇农村土地承包管理部门要建立流转合同鉴证制度。 2. 乡镇土地流转管理服务中心应当建立农村土地流转情况登记册。 3. 县级设立农村土地承包仲裁委员会
2014 年陕西省	依托农村经营管理机构健全土地流转服务平台，完善县乡村三级服务和管理网络
2014 年福建省	1. 依托农村经营管理机构健全土地流转服务平台，完善县、乡、村三级服务和管理网络。 2. 建立全省统一的集农村土地承包合同管理、流转服务管理、农村“三资”管理、土地纠纷仲裁管理于一体的农经信息管理平台
2014 年赣州市	1. 市、县、乡要建立农村土地管理指导服务中心。 2. 村级建立农村土地流转服务站。 3. 建立市、县、乡三级土地承包管理信息化平台。 4. 村级土地流转服务站建立台账。 5. 各县（市、区）要依法成立农村土地承包仲裁委员会
2013 年湘潭市	1. 市、县、乡三级建立农村土地流转服务中心。 2. 配备土地流转信息员。 3. 建立土地流转台账。 4. 县级成立农村土地承包仲裁委员会。 5. 在乡镇设立土地托管机构
2013 年邯郸市	县、乡农村土地流转服务中心
2013 年太原市	1. 建立农村土地流转信用合作社和农村土地承包经营权流转储备库。农户存入的土地可由合作社直接经营，也可由合作社与农业龙头企业合作经营。 2. 建立健全县乡村三级农村土地流转市场和县乡两级土地流转服务中心及交易大厅。 3. 县级建立仲裁庭、乡级建立调解室
2012 年开封市	1. 县（区）设置土地承包经营权流转服务中心和集中交易大厅。 2. 乡（镇）设置农业发展服务中心。 3. 加强土地流转机构建设，成立市农村土地承包经营权流转办公室
2012 年三明市	各乡镇要设立土地纠纷调解机构，各县（市、区）要设立农村土地承包仲裁委员会
2012 年长治市	1. 建立县级有市场、乡镇有中心、村级有站点的三级农村土地流转服务平台，建立土地流转服务大厅。 2. 县乡成立农村土地流转服务中心。 3. 设立农村土地承包仲裁委员会
2012 年临汾市	1. 县（市、区）设立农村土地承包纠纷仲裁委员会和仲裁庭以及农村土地流转综合服务大厅。 2. 乡镇设立农村土地承包纠纷调解庭以及农村土地流转交易服务大厅。 3. 村级设立农村土地承包纠纷调解小组以及土地承包经营权流转台账

续表

时间和地点	设置情况
2012 年随州市	1. 县（市、区）要依托经管局建立土地流转监管机构或农村集体产权交易所，乡镇要依托财经所建立土地流转服务中心，村要依托村“两委”建立土地流转服务站，构成县（市、区）、乡镇、村“三位一体”的土地流转服务体系。 2. 县（市、区）要设立农村土地承包仲裁委员会，乡镇要设立土地纠纷调解委员会，村设调解员
2012 年天水市	1. 县、乡两级要建立土地流转交易大厅。 2. 乡镇土地流转服务机构要建立土地流转合同鉴证制度。 3. 各县区要在普遍成立农村土地承包仲裁委员会，设立仲裁庭的基础上，根据实际需要，指导乡镇成立农村土地承包纠纷调解委员会，村级成立调解小组
2011 年福建省	1. 建设乡镇土地流转服务平台。 2. 依托乡镇农业服务中心开展土地流转服务
2011 年景宁畲族自治县	1. 县建立林权管理机构。 2. 乡镇（管理区）建立林业工作站。 3. 县建立林地流转工作领导小组办公室。 4. 乡镇（管理区）建立林地流转服务中心
2011 年辽阳县	1. 以县农村经济局经管办为依托，建立农村土地流转服务中心和网络平台。 2. 以乡（镇）经管站为依托，成立农村土地流转服务中心。 3. 村级设立服务站
2011 年吕梁市	1. 农村建立土地承包经营纠纷仲裁机构及仲裁厅。 2. 县（市、区）、乡（镇）建立土地流转服务中心
2011 年运城市	1. 市级要建立农村土地流转服务平台和农村土地流转信息数据库。 2. 各县（市、区）要建立农村土地流转综合服务大厅。 3. 乡（镇）要建立农村土地流转交易服务大厅
2011 年青岛市	各区市设立农村土地承包仲裁机构
2010 年山西省	1. 县、乡、村建立三级农村土地流转市场。 2. 县、乡建立两级土地流转服务组织和交易大厅。 3. 村级建立土地承包经营权流转台账。 4. 设立农村土地承包仲裁委员会
2010 年厦门市	1. 农村土地流转服务组织负责流转合同鉴证、建立流转档案。 2. 成立农村土地承包经营纠纷仲裁机构
2010 年南宁市	1. 明确县（区）农村土地承包经营权流转服务机构职责。 2. 明确乡（镇、街道）农村土地承包经营权流转服务机构职责。 3. 各村要依托村民委员会建立农村土地承包经营权流转服务站
2010 年毕节地区	1. 各县（市、区）建立农村土地流转管理服务中心。 2. 乡（镇）搞好土地流转服务。 3. 村级可根据需要建立农村土地流转工作站或设立信息联络员

续表

时间和地点	设置情况
2009 年安徽省	1. 农村设立土地承包仲裁机构。 2. 县（市、区）、乡镇人民政府和街道办事处为土地流转双方提供“一站式”便捷服务
2009 年铜陵市	1. 县、区以乡镇为单位，统一建立土地流转服务窗口，有条件的村要建立土地流转信息服务点。 2. 成立市农村土地流转工作领导小组，由市委、市政府分管领导为正副组长，市农委、财政局、国土资源局、市政府研究室、人力资源和社会保障局、公安局、中国人民银行铜陵分行、县（区）政府负责人为成员，领导小组办公室设在市农委，负责日常协调服务工作
2009 年宣城市	1. 建立农村土地流转交易信息平台。 2. 建立农村土地流转中介组织。 3. 建立土地流转纠纷仲裁机构
2009 年石柱土家族自治县	1. 成立县农村土地流转工作领导小组，由县政府分管农业的副县长任组长，县农办、农业局、国土房管局、财政局等单位负责人为成员。领导小组下设办公室在县农业局，由农业局局长兼任办公室主任，负责农村土地流转管理的日常工作。各乡镇成立相应机构。 2. 各乡镇建立农村土地流转服务中心。各行政村设立农村土地流转服务站
2009 年湖南省	各市县区建立相应的仲裁协调机构
2009 年台州市	乡、镇、街道政府（办事处）成立土地流转服务中心
2009 年杭州市	1. 区、县（市）建立土地流转市场。 2. 乡镇（街道）成立土地流转服务中心
2009 年金华市	1. 建立土地流转服务平台。市农业局建立农村土地流转指导中心，县、乡两级都要建立土地流转服务中心，有条件的村可建立土地流转服务站。 2. 建立农村土地承包纠纷仲裁委员会
2009 年枣庄市	1. 健全服务平台网络体系建设。 2. 建立农村土地流转服务大厅。服务大厅要设置工作服务区、信息发布区、交易洽谈区。 3. 建立区（市）农村土地承包纠纷仲裁庭和乡镇农村土地承包纠纷调解庭
2009 年广元市	1. 市组建农村土地流转服务中心。 2. 县区组建农村土地流转服务中心。 3. 乡镇依托农村经营管理机构组建乡镇农村土地流转服务中心。 4. 村依托村委会组建村土地流转服务站
2009 年鸡西市	为保证土地规模经营规划的顺利实施和有效推进，成立鸡西市土地规模经营领导小组
2009 年辽阳市	1. 建立市、县、乡、村四级土地流转服务网络。 2. 成立农村土地流转服务中心。 3. 加强建设县、乡两级农村土地承包仲裁委员会

续表

时间和地点	设置情况
2008 年平顶山市	1. 各乡（镇）要建立土地流转服务中心，村建立土地流转服务站。 2. 行政村要成立土地承包纠纷调解委员会。 3. 乡（镇）、县（市）区要成立土地纠纷仲裁委员会，建立土地纠纷仲裁庭
2008 年宣城市	建立县（市、区）乡（镇）村农村土地流转服务体系和信息平台
2008 年安庆市	有关涉农部门和科研单位要与规模经营大户或单位建立定点联系制度
2007 年上海市宝山区	1. 区农委和镇农业管理部门负责对农场的指导和管理。 2. 区财政局和镇财政所负责补贴资金筹措、拨付、检查和管理。 3. 村委会对农场录用的职工名单和农场土地流转收入总额及分配方案实行张榜公布，张榜公布无异议后将土地流转费如数发放给农民，并备好领款签字单。 4. 农场必须如实上报土地经营面积和在职职工人数。 5. 镇财政不统一办理农场职工银行工资卡的，区级财政将暂缓下拨职工工资补贴。 6. 二级政府的土地流转费补贴和职工工资补贴资金使用情况，每年年底由镇政府进行审计
2007 年武汉市	各区要以乡（镇、街）农村经管部门为主，选择有条件的地方建立农村土地承包经营权流转服务机构，培育和发展农村土地经营权流转的中介组织和服务机构
2007 年重庆市	1. 乡镇农业服务中心要增挂农村土地流转服务中心牌子。 2. 有条件的村可设立服务站。 3. 社会中介服务组织和经纪人参与农村土地流转服务
2006 年宁波市	1. 农业、农机、科研等部门要与规模经营主体建立定点联系制度。 2. 各镇（乡）都要建立土地流转服务中心，村建立土地流转服务站

附录 A.3　各地农地规模经营主体培育对象情况

时间和地点	培育对象
2018 年厦门市	1. 农民土地股份合作社，社区股份经济合作社。 2. 国有企业等市场主体
2017 年海南省	专业大户、家庭农场、农民合作社、农业企业
2017 年成都市	“土地股份合作社+农业职业经理人+农业综合服务体系”为核心的“农业共营制”
2016 年南京市	1. 农民以土地经营权入股的土地股份合作社。 2. 综合采用“公司 + 合作社 + 农户”“公司 + 农户”等订单生产模式。 3. 积极培育新型土地适度规模经营主体，引导土地经营权向专业大户、家庭农场、农民合作社、农业企业等新型经营主体集中。 4. 鼓励“服务组织 + 家庭农场”“服务组织 + 合作社 + 家庭农场”等服务模式创新
2016 年乌兰察布市	1. 土地股份合作社。 2. 专业大户、家庭农场、农牧民合作社和农业企业。 3. 鼓励发展“企业 + 合作社 + 农户”“企业 + 基地 + 农户”“企业 + 批发市场 + 农户”等多种产业经营模式

续表

时间和地点	培育对象
2015 年湖北省	对种粮大户、农民专业合作社、家庭农场、农产品加工龙头企业等新型粮食经营主体，用于粮食规模经营投入而发生的贷款给予适当贴息
2015 年昆明市	1. 专业大户、家庭农场、农民合作社、农业企业、都市农庄、农业园区等新型农业经营主体。 2. 采取“社会化服务 + 农户”方式
2015 年云南省迪庆藏族自治州	1. 农业企业与农户、家庭农场、农民合作社。 2. 龙头企业、农业社会化服务组织
2015 年湖南省邵阳市	1. 鼓励各地整合涉农资金建设连片高标准农田，并优先流向家庭农场、专业大户等规模经营农户。 2. 有条件的地方根据农民意愿，可以统一连片整理耕地，将土地折股量化、确权到户，经营所得收益按股分配，也可以引导农民以承包地入股组建土地股份合作社，通过自营或委托经营等方式发展农业规模经营。 3. 加快发展农户间的合作经营。 4. 鼓励农业产业化龙头企业等涉农企业重点从事农产品加工流通和农业社会化服务，带动农户和农民合作社发展规模经营
2015 年福州市	1. 推广“公司 + 基地 + 农户”等组织模式，通过订单形成利益共同体。 2. 重点培育以家庭成员为主要劳动力、以农业为主要收入来源，从事专业化、集约化农业生产的家庭农场，使之成为引领适度规模经营、发展现代农业的有生力量。 3. 鼓励和支持科研单位、科技人员通过技术承包、入股、转让等形式参与发展家庭农场。 4. 引导农业大中专毕业生、外出务工农民、个体工商户、农村经纪人等通过土地流转，返乡创办自主经营、自我发展、规模适度的家庭农场
2015 年漳州市	家庭农场、专业大户、农民合作社、农业企业、农业社会化服务组织
2015 年龙岩市	1. 农民的合作与联合、开展社会化服务。 2. 鼓励工商资本到农村发展良种种苗繁育、高标准设施农业、规模化养殖等适合企业化经营的现代种养业。 3. 当前我市探索的入股经营、托管经营、信托经营、合作经营等模式，可结合当地实际进行推广。 4. 加大对家庭农场、专业大户、农民合作社、龙头企业、农业社会化服务组织的扶持力度
2015 年葫芦岛市	1. 引导有资金、懂技术、会经营的乡村各类人才和返乡创业人员流转土地，形成专业大户和家庭农场，建立和发布示范家庭农场名录。 2. 大力发展农民专业合作社，发展“生产在家，服务在社”的新型规模经营发展模式。 3. 允许农业产业化龙头企业以租赁方式流转农户承包地

续表

时间和地点	培育对象
2015 年鞍山市	1. 支持农村实用人才、农村致富带头人和外出务工返乡农民通过土地流转等多种方式扩大生产规模，逐步发展成专业大户。 2. 鼓励农户以土地承包经营权入股的形式组建土地股份合作社，形成利益共同体。鼓励农业产业化龙头企业重点从事农产品加工流通和农业社会化服务，带动农户和农民合作社发展规模经营
2015 年保定市	1. 以农业大户、家庭农场经营者、农民合作社带头人和农业社会化服务人员等新型农业经营主体骨干为重点培育对象。 2. 培育开展土地流转服务的示范典型
2015 年兴安盟	1. 积极培育扶持专业大户、家庭农牧场、农牧民专业合作社、农业股份公司等新型生产经营主体。 2. 支持村社集体经济组织参与土地流转。 3. 积极鼓励社会资本、城市工商企业、城镇人员、大中专毕业生到农村承接、承租流转的土地
2015 年蚌埠市	1. 家庭农场、专业大户等规模经营主体。 2. 农民合作社。 3. 推广“企业 + 基地 + 农户”等组织模式。 4. 积极探索“专业化服务公司 + 合作社 + 专业大户”“专业化服务队 + 农户”“农业经济技术部门 + 龙头企业 + 农户”等多种服务模式
2015 年甘肃省	1. 土地股份合作组织。 2. 联合社、股份合作社及信用合作社。 3. 专业大户、农民合作社、龙头企业、农业社会化服务组织。 4. 推行“公司 + 基地 + 农户”“公司 + 家庭农场（合作社）”等经营模式
2015 年庆阳市	1. 大力培育专业大户和家庭农场。 2. 建立农民合作社联席会议制度，分级建立示范社名录。 3. 推行“公司 + 基地 + 农户”“公司 + 家庭农场（合作社）”等经营模式
2014 年河北省	1. 鼓励农民以土地经营权入股、托管、租赁等方式开展土地合作。 2. 大力培育发展家庭农场和专业大户。 3. 为新型农业经营主体发展提供有效服务
2014 年石家庄市	1. 鼓励专业大户、种养能人、农产品经纪人、创业大学生和规模经营业主等引领创办农民合作组织。 2. 农户以承包经营权入股、托管、租赁等方式开展土地股份合作。 3. 开展“五统一”生产经营服务（统一种植养殖品种、统一农资采购供应、统一生产技术标准、统一病虫害防治、统一品牌包装销售）。 4. 引导同类农民合作社之间、农民合作社与相关市场主体之间进行多领域、多方式、多层次的联合与合作
2014 年衡水市	优先扶持专业大户、家庭农场、农民合作社等新型农业经营主体
2014 年陕西省	专业大户、家庭农场经营者、农民合作社带头人、农业企业经营管理人员、农业社会化服务人员和返乡农民工

续表

时间和地点	培育对象
2014 年福建省	1. 家庭农场、专业大户、农民合作社、龙头企业、农业社会化服务组织。 2. 支持专业大户、家庭农场、农民合作社以土地、资金等生产要素与龙头企业进行合作经营
2014 年驻马店市	1. 积极鼓励农业大户、家庭农场、农民合作社等经营主体发展多种形式的适度规模经营。 2. 鼓励城市资本流向农业。 3. 鼓励经营主体联合、联动，依据各自特色、特长，上下游联合共闯市场。 4. 鼓励涉农企业、大专院校科研院所、农民合作社等进入农村进行社会化服务。 5. 引导农民通过土地经营权入股的方式成立土地股份合作社
2014 年赣州市	1. 鼓励引导农户采用土地承包经营权作价入股、保底分红的方式，组建土地股份合作社或参与其他农业经营主体合作经营。 2. 支持发展“土地托管”合作社。 3. 鼓励探索成立土地承包经营权信托公司，实行统一委托、统一流转、统一分配
2013 年上海市青浦区	1. 对本地散户种植水稻实行“六统一”管理（统一耕作、统一供种、统一供药、统一供肥、统一收割、统一技术指导），服务面积在 1000 亩以上的；种植蔬菜实行“五统一”管理（统一布局、统一供种、统一供药、统一监管、统一技术指导），服务面积在 300 亩以上的农民专业合作社或村集体经济组织。 2. 农民专业合作社、村集体经济组织与社员签订服务协议，统一开展“产前、产中、产后”服务
2013 年湘潭市	1. 奖励带动耕地流转的农民合作社、专业大户等农业规模经营主体，以及创建农民合作社部、省、市级示范社。 2. 合理安排农业龙头产业化企业、农民合作社和专业大户的加工项目用地。 3. 支持有条件的合作社开展信用合作，采取成员联保、信用互助等办法
2013 年邯郸市	培育壮大农业产业化龙头企业、农业公司、专业大户、家庭农场、农民合作社等规模经营主体
2013 市太原市	培育农业龙头企业和农民专业合作社等新型经营主体，引导发展高效农业、生态农业和休闲农业
2012 年开封市	专业大户、家庭农场、农民专业合作社、农机专业合作社、龙头企业
2012 年三明市	1.“公司 + 基地 + 农户”等组织模式。 2. 引导农民专业合作社以租赁、股份合作等形式参与土地流转，加快特色优势产业的规模化、集约化经营。 3. 鼓励农村专业大户、种养能手通过转包、转让和租赁等形式参与土地流转，创办家庭农场、合伙企业等规模经营主体。 4. 综合运用信贷、贴息、奖励等手段，引导各类社会资金采取股份合作制、租赁制等多种方式投资设施农业

续表

时间和地点	培育对象
2012年长治市	1. 专业大户和家庭农场与农业产业化龙头企业对接。 2. 建立农技人员联系制度，对专业大户和家庭农场优先开展先进适用技术培训。 3. 推行农户以土地承包经营权入股设立农民专业合作社。 4. 允许农业产业化龙头企业以租赁方式流转农户承包地，建立农产品基地。 5. 农业产业化龙头企业以企业法人资格领办创办合作社
2012年临汾市	1. 农业龙头企业、农民专业合作社、科技人员、专业大户。 2. 允许以农村土地承包经营权出资入股设立土地流转的农民专业合作社
2012年随州市	1. 推广“企业 + 基地 + 农户”等组织模式。 2. 农民专业合作社用市场化手段进行资本运作和资产经营，以承租土地、土地入股等形式开展土地流转规模经营。 3. 专业大户、种养能手向农户承租土地开展规模经营。
2012年天水市	积极培育种养大户、龙头企业、农民专业合作社等规模经营主体
2011年福建省	1. 农村专业大户和农民专业合作社、农业龙头企业等适度规模经营主体受让农户流转的土地。 2. 支持专业大户、家庭农场、农民专业合作社、农业龙头企业以土地、资金等生产要素进行合作经营
2011年厦门市	1. 各农村金融机构要构建与农村专业大户、农民专业合作社和农业龙头企业等规模经营主体的合作机制。 2. 支持合作社与大型连锁超市企业建立稳定的产销合作关系，开展鲜活农产品“农超对接”
2011年上海市宝山区	专项资金扶持农业企业、集体农场、合作社
2011年景宁畲族自治县	对集中连片流转集体林地面积连片（户）100亩以上（含100亩）、流转期限25年以上（含25年）纳入林业投资计划进行毛竹、用材林、油茶、中药材、珍贵树种等新造林规模化基地经营
2011年辽阳县	1. 推广“企业 + 基地 + 农户”组织模式。 2. 专业大户流转、农民专业合作社流转、客商流转
2011年吕梁市	1. 鼓励种养大户和农民专业合作社等通过接包、租赁、股份合作等形式连片经营农户流转的土地。 2. 统一作物布局、统一生产质量标准、统一投入品采购和供应、统一技术培训、统一品牌、统一销售，形成“生产在家，服务在社”的模式
2011年运城市	农业龙头企业、农民专业合作社、种养大户
2011年青岛市	专业大户模式、家庭农场模式、农民专业合作社模式、土地股份合作社模式、委托经营模式、农业龙头企业办基地模式

续表

时间和地点	培育对象
2010 年山西省	1. 专业大户和家庭农场与农业产业化龙头企业对接。 2. 建立农技人员联系制度，对专业大户和家庭农场优先开展先进适用技术培训。 3. 推行农户以土地承包经营权作价出资设立农民专业合作社。 4. 允许农业产业化龙头企业以租赁方式流转农户承包地，建立农产品基地。 5. 农业产业化龙头企业以企业法人资格领办创办合作社
2010 年成都市	1. 土地股份合作社经营模式。农户以土地承包经营权入股，组建合作社。 2. 土地股份公司经营模式。农民以土地承包经营权量化入股，组建土地股份制公司；或由龙头企业和村集体经济组织出资金，农户以土地承包经营权折价入股，建立农业股份制公司。 3. 家庭适度规模经营模式。将承包土地流转给种植大户或经营能手。 4. "土地银行"经营模式。 5. 业主租赁经营模式。 6. "大园区 + 小业主"经营模式。 7. "两股一改"经营模式
2010 年厦门市	培育发展专业大户、农业企业等农业规模经营主体
2010 年毕节地区	1. 鼓励农业龙头企业开展土地规模经营。 2. 鼓励农村集体经济组织开展土地规模经营。 3. 鼓励农民专业合作经济组织开展土地规模经营。 4. 引导社会资本投入农业
2009 年安徽省	1. 农村专业大户、农业产业化龙头企业、农民专业合作社、外出务工经商回乡创业者等经营主体。 2. 工商企业参与土地流转时，主要采取"公司 + 基地 + 农户""公司 + 合作经济组织 + 农户"或订单农业的方式，带动农户发展产业化经营。 3. 基层农技推广人员利用技术承包、技术参股和组建专业化"农田保姆"服务队等形式参与农村土地流转
2009 年宣城市	农业产业化龙头企业、农民专业合作社、家庭农场主、专业大户等本地和外来的各类经营主体
2009 年淮北市	种养大户、工商企业、农业龙头企业、农民专业合作社、农业科技人员和外出务工返乡创业者
2009 年湖南省	1. 各类经营主体参与农村土地承包经营权流转。 2. 支持农民专业合作社承租和连片开发经营农民流转土地
2009 年台州市	种养大户以及农民专业合作社、工商企业、农业龙头企业、农业科技人员等现代农业经营主体
2009 年金华市	村级组织、承包农户委托发包方和土地流转中介服务组织
2009 年绍兴市	专业大户、家庭农场、农业龙头企业等经营主体集中连片受让农民土地承包经营权

续表

时间和地点	培育对象
2009 年广元市	鼓励种养大户、龙头企业、农民专业合作社等经营主体通过土地流转建立农产品生产基地，发展农业规模经营
2009 年朔州市	加大扶持力度，让种粮大户在发展现代农业中大显身手
2009 年鸡西市	1. 股份制合作农场模式。农场或企业以资金入股，吸纳农户以土地承包经营权入股。 2. 合作社土地入股模式。把合作社的土地集中起来，由合作社统一经营。 3. 委托经营模式。农户将所承包的耕地委托给合作社统一经营，生产计划和技术措施等由合作社统一安排并组织实施，达到“六统一”模式
2009 年辽阳市	专业大户、家庭农场、农民专业合作社等各类农业经营主体
2008 年齐齐哈尔市	1. 联合经营体制，是指由农户自行组织（家庭、亲属等之间的联合）将农户分散经营的土地通过置换方式达到集中连片形成规模，采取统种统管分收或统种分管分收等经营。 2. 大户经营体制，是指种田能手、科技户或有一定经济实力的人，以租赁、承包形式把土地经营权转入过来，实行归方连片，达到适度规模经营。 3. 企业经营体制，是指以企业为生产经营主体，将农户土地经营权以租赁形式承包过来建立原料基地；或者由农户将土地经营权作价入股，与企业合作，由企业直接统一经营。 4. 股份合作经营体制，是由种植业合作社、农机合作社、专业协会等农村各类合作经济组织以及自然人吸纳农户自愿将土地承包经营权入股，实行股份合作统一经营。 5. 家庭农场经营体制，是指大户经营资本积累发展到更高的阶段，先进的生产工具得到广泛应用，土地经营规模逐步扩大，生产要素得到合理组合，在农场内部实行各生产项目的分工分业，从而使土地产出率、劳动生产率得到进一步提高。 6. 集体经营体制，是由村民委员会等集体经济组织把转移过来的土地统种、统管、统收，创造的效益作为村集体积累，用于发展社会公益事业；或村集体经济组织按照规模经营、科学种田的要求，实行统种、统管、分收的经营体制。 7. 场县共建经营体制，是指农民把自己承包的土地直接转租给农场经营，农场按当地亩平均效益付给农民租金；或者农民把从播种到收获的全过程交给农场作业，农民按价付费，成果归己
2008 年平顶山市	专业大户、家庭农场、农村经纪人、农业科研单位、新型科技农民、农业企业、农民专业合作组织
2008 年宣城市	农业龙头企业、农民专业合作社、农业专业大户、农场主等规模经营主体
2008 年安庆市	1. 成立“土地规模经营者协会”组织。 2. 探索农户土地入股等流转方式，自主开发经营农业项目

续表

时间和地点	培育对象
2007 年上海市宝山区	一、农场的组建 1. 集体农场必须是经过工商登记注册、有明确法人代表、自负盈亏的农业企业。 2. 农场要选配具有较强事业心、责任心、能吃苦耐劳的人担任负责人，并配备专（兼）职财务人员和农业技术人员。 二、农场职工录用及工资 1. 农场录用的职工必须是具有本区户籍、年龄不超过 65 周岁的农民。优先录用经营土地所在地的农民。 2. 农场录用职工须填报“农场录用职工人员表”报镇政府审核确认，镇政府审核确认后报区农委审定。此表一式五份，农场、村委会、镇政府、区农委、区财政局各执一份。 3. 农场辞退或新录用人员，须重新填报“农场录用职工人员表”报镇政府审核确认，镇政府审核确认后报区农委审定。 4. 农场要制定职工考核、管理规章制度。 5. 农场职工的工资由两部分组成，政府补贴工资和经营效益的分配
2007 年武汉市	农户、专业合作组织、经济合作联合社或股份合作联合社和农业企业
2007 年重庆市	1. 农村合作经济组织和农民专业合作社。农民专业合作社承接和连片开发经营农民流转的土地。 2. 允许社会资本和城市工商企业到农村承接、承租土地，单独兴办或与农民联办农业企业。 3. 注重发挥种养大户、龙头企业和农技服务机构的作用，围绕当地优势特色产品，把农民组织起来，通过统一布局、统一质量标准、统一技术培训、统一品牌、统一销售，达到规模经营的目的
2006 年上海市宝山区	镇农业服务部门、村级集体组织
2006 年宁波市	种养大户、农业龙头企业、农民专业合作社
2005 年上海市	粮田经营规模在 2 公顷以上的专业粮农或粮田经营规模在 20 公顷以上的专业合作社和合作农场
1994 年浙江省	1. 农机生产和经营部门建立定点联系制度，对农机具实行保质保量，包修包换。 2. 省里每年安排一笔扶持种粮大户的农机专项补助资金。 3. 补助资金主要用于购置联合收割机、插秧机、工厂化育秧设备等大中型农机具，由县（市、区）先提出报告，报省审定后，按省、县（市、区）、农户 1∶1∶1 的比例，给以补助。这项工作，具体由省财政厅、省农村政策研究室、省农业厅组织实施

附录 A.4 各地土地流转后的农民保障措施

时间和地点	农民保障措施
2017 年眉山市	1. 当经营业主因生产经营困难等原因不能按期支付农户流转金时，可动用风险保障金先予支付农户流转金，再按责任主体予以追索。 2. 实行先交租金后用地，通过流转合同约定，受让方一次性支付租金，也可以先交一季或一年以上租金再使用土地，确保农民按时足额获得流转金，切实保护农民利益
2015 年昆明市	建立和完善被征地农民养老保障、新型农村社会养老保险、新型农村合作医疗、农村最低生活保障、农民子女教育、农民工合法权益保护等社会保障制度和优惠政策
2015 年龙岩市	开展农户承包地有偿退出试点，建立农户承包地退出补偿长效机制
2015 年鞍山市	选择有条件的村，将集体财产评估折股，量化到人，赋予农民对集体资产股份占有、收益、有偿退出及抵押、担保、继承权
2014 年石家庄市	1. 逐步建立土地承包经营权退出补偿机制。 2. 探索土地承包经营权置换城镇社会保障的做法
2014 年驻马店市	落实土地流转农户落户小城镇，应享受的就医、子女上学、养老保险等优惠政策
2013 年太原市	1. 流转价格由流转双方协商确定，流转收益归转出户所有。 2. 弃耕抛荒的耕地，发包方可依法组织种养大户、农民专业合作社等代为耕种，耕作收益归代耕者
2012 年三明市	1. 加快农村劳动力向非农产业转移。 2. 引导农户到城镇就业居住。承包农户全家迁入小城镇落户的，要依法保留其土地承包经营权；自愿放弃承包地的，应享受与迁入地城镇居民同等待遇和社会保障
2012 年长治市	1. 加强对流出农户的培训；抓好劳务输出指导和服务，建立稳定的劳务输出基地。 2. 承包期内，承包方全家转为城镇户口或迁入小城镇落户的，依法保留其土地承包经营权并允许依法进行土地流转。 3. 实行流出土地农户与社保、医保挂钩政策，保障流出土地农户的生产生活。 4. 对于承包土地全部流出的农户和返乡农民工优先纳入各类就业计划，在同等条件下，要优先将流出土地的农民纳入农村养老保险范畴
2012 年临汾市	1. 建立健全政策性农业保险制度。 2. 要通过转出方、受让方、集体三方共同出资设立风险保障金制度的办法，确保转出方农民的利益
2012 年天水市	1. 结合新农村建设，社会保障、民政、卫生等有关部门协调配合，建立健全农村养老保险、农村最低生活保障、农村合作医疗等多层次的农村社会保障体系。 2. 对参与土地流转的农户要通过项目扶持和科技、劳务培训等多种方式予以支持，为进入二三产业的农民转岗就业创造条件
2011 年厦门市	1. 积极探索建立以农民缴费为主，政府补贴为辅、村集体经济组织适当补助的多层次农村养老保险制度。 2. 对流转出全部承包地且合同年限在 10 年以上的农民就业，经认定，在流转年限内享受与被征地农民同等的就业优惠政策

续表

时间和地点	农民保障措施
2011 年吕梁市	1. 对流转期限在三年以上、形成集中连片面积在 100 亩以上并签订规范流转合同的转出土地农户，根据土地类别每亩给予一定的补助。 2. 健全适合农村特点的就业、养老保险、合作医疗等社会保障体系
2011 年青岛市	各区市要根据不同产业和不同片区制定好指导价，形成农村土地流转价格自然增长机制，保护农民土地收益
2010 年山西省	1. 加强对流出土地农户的培训；抓好劳务输出指导和服务，建立稳定的劳务输出基地。 2. 承包期内，承包方全家迁入小城镇落户的，依法保留其土地承包经营权并允许依法进行土地流转。 3. 实行流出土地农户与社保挂钩政策，以社保换流转。 4. 对于承包土地全部流出的农户和返乡农民工优先纳入各类就业计划；在同等条件下，各地要优先将流出土地的农民纳入农村养老保险范畴
2010 年南宁市	1. 受让的规模经营主体应优先吸纳土地全部流转且年限在 5 年以上的农户劳动力，并建立相对稳定的劳动关系。 2. 对于土地承包经营权整村、整组流转的农户，经审核确认后，纳入我市新型农村社会养老保险参保范围。 3. 已流转的土地被国家征用，其土地补偿费和安置补助费按规定足额补偿发包方，由发包方依法依规合理分配和使用，地上附着物及青苗补助费支付给相关权利人
2010 年毕节地区	健全完善农村社会保障制度。要全面落实农村新型合作医疗制度，对符合享受农村最低生活保障和农村养老保险待遇的人员，将其纳入农村最低生活保障、农村养老保险范围
2009 年安徽省	承包土地经营权全部转出的农户，经乡（镇）人民政府或者街道办事处认定，在参加就业培训、接受岗位推介以及其他社会保障等方面，享受被征地农户同等待遇；在自主创业时，可参照执行城镇下岗职工的有关优惠政策
2009 年宣城市	各地可探索试行在城镇有稳定收入和固定住所的农民以土地承包经营权置换城镇社会保障、以农村宅基地使用权及其房屋产权置换城镇社区住房（简称“双置换”），其宅基地交还原集体经济组织复垦耕种，或经报批征用，按照土地利用总体规划、城镇建设规划，纳入城市土地储备库，重新配置使用。自愿实行“双置换”的农民所获得的经济补偿优先用于办理养老、医疗等社会保险，享受与迁入地城镇居民同等的社会保障和公共服务
2009 年淮北市	建立健全流出土地承包经营权农户的社会保障机制和劳动力转岗就业扶持政策。对流出全部土地承包经营权、期限 5 年以上的农户，经县区有关部门认定，参加就业培训和职业介绍享受被征地人员同等待遇；进入城镇自主创业的，参照城镇失业人员享受相关税费优惠政策
2009 年台州市	建立多层次的农村社会保障制度。积极探索土地长期流出农民的养老保障方式，逐步弱化土地的福利和社会保障功能
2009 年杭州市	对当年通过土地股份制、土地信托及土地流转市场流转农村土地承包经营权的农户，若其参与的流转组织符合当年奖励条件的，给予每亩 80 元的一次性奖励

续表

时间和地点	农民保障措施
2009 年金华市	1. 建立和完善农村社会保障制度。全面落实农村新型合作医疗制度、农村最低生活保障制度、农村养老保险制度，逐步弱化土地的社会保障功能。 2. 对承包土地全部委托乡镇、村土地流转服务组织，且流转年限超过 5 年以上的农户，各地要给予适当的养老保险补贴。对迁入城镇定居、有稳定职业和固定住所的农民，纳入城镇社会保障体系。 3. 对流出全部土地承包经营权 10 年以上（承包期内）、在城镇进行创业的农民，享受下岗工人创业政策
2009 年绍兴市	1. 对招用流出全部土地承包经营权且年限在 10 年以上（承包期内）的农民，并与其签订 1 年以上期限劳动合同的企业，在相应期限内给予养老、医疗、失业三项社会保险补贴。 2. 对承包土地全部流转且合同期限 5 年以上的农户，允许按非农户籍参保人员政策参加市区城乡居民社会养老保险
2009 年广元市	改革耕地保护制度，探索建立有效的耕地保护基金和农村社会保障机制。对自愿转让宅基地和承包地的农民实行宅基地换住房和土地换社保
2008 年平顶山市	尽快制定和实施农民工养老保险关系转移接续办法，扩大农民工工伤、医疗、养老保险覆盖面，逐步弱化土地的保障功能
2008 年安庆市	多渠道、多层次、多形式建立农村最低生活保障，逐步弱化土地的福利和社会保障功能
2007 年重庆市	1. 自愿放弃承包地并迁入城镇定居的农民，应享受与迁入地城镇居民同等的待遇和社会保障。 2. 积极探索建立有效的农村社会保障机制。各地可开展农民以土地承包权换城镇社会保障、以农村宅基地使用权及其房屋产权置换城镇社区住房试点
2006 年上海市宝山区	为保护农民在土地承包经营权流转过程中的利益，土地流转费的最低指导价为：用于粮食生产的每亩每年 500 元；用于蔬菜等经济作物的每亩每年 800 元
1994 年浙江省	发展粮田适度规模经营，必须尊重农民的意愿，承认农民对现有承包土地的实际权益。可以采取发给“土地承包权证”或将承包权量化到户记入档案的办法，保留农户的承包权，消除他们的后顾之忧。对不愿转让土地的农户，应继续允许其自己耕种

附录 A.5　各地土地流转与规模经营目标设置情况

时间和地点	目标任务
2017 年成都市	确保 2020 年全市新型职业农民超过 10 万人，农业职业经理人超过 2 万人，农村土地适度规模经营率达 80%
2016 年乌兰察布市	1. 年内各地必须建成县乡村三级农村牧区土地草原流转（农村产权交易）管理服务中心（站）。 2. 到 2020 年，全市土地经营规模化率达到 50% 以上
2015 年昆明市	确保 2017 年全市基本完成农村土地承包经营权确权登记工作

续表

时间和地点	目标任务
2015 年云南省迪庆藏族自治州	1. 确保到 2017 年底全州基本完成农村土地承包经营权确权登记颁证工作。 2. 从 2015 年起到 2020 年，全州培训新型职业农民 1000 人。 3. 到 2020 年力争全州认定家庭农场达到 50 个以上
2015 年福州市	2015 年完成福清市整市，罗源县飞竹镇和闽清县雄江镇 2 个乡镇，及闽侯县白沙镇新坡村等 10 个村农村土地承包经营权确权登记颁证工作试点任务并同步全面推开，2017 年基本完成全市确权登记颁证工作目标任务
2015 年漳州市	2015 年完成漳浦县南浦乡和东山县前楼镇、其他县（市、区）各 2 个村的确权登记颁证试点工作并适时全面推开，2017 年全市基本完成确权登记颁证工作
2015 年葫芦岛市	到 2016 年，经营土地面积 30 亩以上主体数量显著增加，到 2017 年，全市农村土地流转率力争达到全省平均水平
2015 年保定市	力争 2015 年我市土地流转率提高 6 个百分点，到 2016 年初步达到全省平均水平
2015 年蚌埠市	1.2015 年全市整体推进农村土地承包经营权确权登记颁证工作，力争用一年时间基本完成确权登记颁证工作任务。 2. 力争 2016 年底建成市县乡互联互通的农村土地承包经营权信息管理平台。 3. 力争到 2020 年，通过引导土地流转，全市规模经营面积占土地流转总面积的 50% 以上；200 亩以上规模经营运用农业科技知识和信息化手段服务生产全程，粮食等农作物生产主要环节全面实现机械化，规模经营主体的综合生产能力、经济效益显著提升，土地产出率高于当地平均水平 10% 以上。 4. 力争到 2020 年，全市发展农民合作社 3000 家，入社农户占全市总农户 60% 以上，市级以上示范合作社达 150 家以上，成立农民合作社联合社 5 家以上
2015 年甘肃省	争取用 3 年左右时间基本完成确权登记颁证工作任务，妥善解决农户承包地块面积不准、四至不清等问题
2015 年庆阳市	用 3 年时间全面完成确权登记颁证工作任务，妥善解决农户承包地块面积不准、四至不清等问题
2014 年河北省	鼓励土地经营权向专业大户、家庭农场、农民合作社等新型农业经营主体流转
2014 年石家庄市	到 2017 年，全市农村土地流转率力争达到 30% 以上，城郊现代都市农业区域带农村土地流转率力争达到 50%，“四个新市镇”农村土地流转率力争达到 80% 以上
2014 年衡水市	力争到 2017 年，土地流转率达到 34.7%；2020 年，土地流转率达到 41.3%
2014 年福建省	2015 年完成农村土地承包经营权确权登记颁证工作试点任务并在全省范围内全面推开，2017 年基本完成全省确权登记颁证工作
2014 年驻马店市	2014 年底适度规模经营面积占全市耕地面积的 30%，2015 年底适度规模经营面积占全市耕地面积的 40%，2016 年底适度规模经营面积占全市耕地面积的 50%

续表

时间和地点	目标任务
2013年湘潭市	到2013年底，确保我市耕地流转面积累计达60万亩以上，流转比例达36%以上；到2015年，流转比例达50%以上
2013年邯郸市	全市农村土地流转率每年增长3个百分点以上，到2015年，土地流转面积达到220万亩以上，流转率达到25%以上，其中规模经营面积达到160万亩以上，规模经营率达到70%以上
2013年太原市	促进农村土地向种粮大户、农民专业合作社和农业龙头企业集中，传统农业向都市现代农业、分散经营向集约化经营转变，实现规模化生产、集约化经营和品牌化销售
2012年杭州市	到“十二五”期末，全市以土地流转为主要形式的规模经营面积达到120万亩以上
2012年阜阳市	鼓励支持发展规模种植、养殖，培育农业产业化龙头企业
2012年开封市	到2015年，全市土地流转面积达到150万亩，2020年达到300万亩
2012年三明市	到2015年，全市农村耕地承包经营权流转面积达80万亩，占农户家庭承包总面积的35%左右；50亩以上适度规模经营面积占流转总面积的50%以上，占家庭承包耕地面积的20%左右
2012年随州市	经过3～5年的努力，全市土地流转率达到30%，规模经营面积达到60万亩（不含主城区发展控制范围的土地）
2012年天水市	力争“十二五”末，全市农村土地流转面积达80万亩以上，流转率达到14%以上
2011年辽阳县	力争到2013年末，全县土地流转率达30%以上，各经营主体的产业规模明显提高
2011年青岛市	到2012年，全市农村土地适度规模经营总面积占耕地面积的比重达到15%左右；到2015年，全市农村土地适度规模经营总面积占耕地面积的比重达到30%以上
2010年南宁市	通过5～10年的努力，使全市农村土地承包经营权流转面积和农业规模经营面积（100亩以上）比2010年有较大幅度增长
2010年毕节地区	到2010年底，土地流转合同签订率占土地流转面积的50%以上
2009年石柱土家族自治县	2009年，全县农村土地流转达到18%以上，规模经营达到16%以上
2009年杭州市	力争到2011年底，全市农村土地承包经营权流转面积达到80万亩，土地规模经营面积达到100万亩

续表

时间和地点	目标任务
2009 年金华市	1. 力争到 2009 年底，各县（市、区）均建立农村土地承包纠纷仲裁委员会。 2. 到 2012 年底，土地流转和规模经营的比例明显提高，农业土地资源得到有效配置：经济发达地区土地流转比例达到 50% 以上，其他地区土地流转比例达到 30% 以上；全市农业规模经营（100 亩以上）率达到 25% 以上；主导产业、特色优势产业规模经营率达到 60% 以上。到 2020 年底，全市农业主导产业、特色优势产业基本实现规模经营
2009 年鸡西市	1.2009 年全市农村土地规模经营面积 160 万亩。 2.2010 年全市农村土地规模经营面积达到 205 万亩。 3.2011 年全市农村土地规模经营面积达到 260 万亩。 4.2012 年全市农村土地规模经营面积达到 330 万亩
2009 年辽阳市	经过 7 年努力，力争实现 40% 的土地承包经营权规范有序流转，1/3 农村劳动力脱离土地转移到二三产业。到 2010 年底，全市土地流转面积达到 20 万亩；以后每年至少增加 10 万亩，到 2015 年达到 80 万亩以上；全面实施土地流转合同制和备案制，流转规范化率达到 100%
2008 年平顶山市	全市土地流转面积 2010 年达到 50 万亩，2010—2015 年每年增加 20 万亩，2015 年达到 150 万亩
2008 年宣城市	到 2010 年，全市水稻、小麦规模经营面积达到 6 万亩、经济作物规模经营面积达到 4 万亩、烟叶规模经营面积达到 2 万亩、水面养殖规模经营面积达到 15 万亩、林地营林规模经营面积达到 41 万亩、畜牧养殖类规模经营占地面积达到 1000 万平方米（合 1.5 万亩）
2007 年武汉市	力争在未来 5 年，全市农村土地规模经营面积占农村土地面积的 40% 以上
2007 年重庆市	到 2012 年，全市农村土地规模经营在“一圈”内达到 30% 以上，“两翼”达到 20% 以上。农业产业化经营整体水平处于西部地区前列
2007 年成都市	对 2005 年以来全市农用地流转规模达到 1000 亩以上的业主及其项目进行一次核实认定
2006 年上海市宝山区	2007 年全区实行集体规模经营面积不少于 2 万亩，粮食作物全部实行集体规模经营
2006 年宁波市	市级特色农业产业基地的规模经营率应达到 80% 以上

附录 A.6　我国法定土地类型梳理表

法律名称	土地类型	相关条文
《宪法》	1. 法律规定属于集体所有的森林和山岭、草原、荒地、滩涂。 2. 农村和城市郊区的土地（法律规定国家所有的除外）。 3. 宅基地、自留地、自留山	第 9 条 第 10 条

续表

法律名称	土地类型	相关条文
《民法典》	1. 国家对耕地实行特殊保护，严格限制农用地转为建设用地，控制建设用地总量。 2. 森林、山岭、草原、荒地、滩涂等自然资源，属于国家所有，但是法律规定属于集体所有的除外。 3. 法律规定属于集体所有的土地和森林、山岭、草原、荒地、滩涂。 4. 土地承包经营权人依法对其承包经营的耕地、林地、草地等享有占有、使用和收益的权利，有权从事种植业、林业、畜牧业等农业生产。 5. 建设用地使用权人依法对国家所有的土地享有占有、使用和收益的权利，有权利用该土地建造建筑物、构筑物及其附属设施。 6. 工业、商业、旅游、娱乐和商品住宅等经营性用地以及同一土地有两个以上意向用地者的，应当采取招标、拍卖等公开竞价的方式出让。 7. 住宅建设用地使用权期限届满的，自动续期。非住宅建设用地使用权期限届满后的续期，依照法律规定办理。 8. 地役权人有权按照合同约定，利用他人的不动产，以提高自己的不动产的效益。前款所称他人的不动产为供役地，自己的不动产为需役地	第 244 条 第 250 条 第 260 条 第 331 条 第 344 条 第 347 条 第 359 条 第 372 条
《土壤污染防治法》	1. 以污染重点监测区为标准将农用地划分为六大类，建设用地划分为四大类。 2. 按照土壤污染程度和相关标准，将农用地划分为优先保护类、安全利用类和严格管控类。 3. 将符合条件的优先保护类耕地划为永久基本农田。 4. 未利用地、复垦土地等拟开垦为耕地的土地	第 16 条 第 17 条 第 49 条 第 50 条 第 51 条
《旅游法》	交通、通信、供水、供电、环保等基础设施和公共服务设施用地	第 20 条
《防沙治沙法》	沙化土地	第 25 条
《公路法》	公路用地	第 2 条
《测绘法》	永久性测量标志用地、临时性测量标志用地	第 41 条
《电影产业促进法》	电影院用地	第 39 条
《慈善法》	慈善服务设施用地	第 85 条
《防洪法》	1. 防洪区内的土地：河道整治计划用地、规划建设的堤防用地范围内的土地。 2. 河道、湖泊管理范围内的土地。 3. 人工排洪道用地	第 16 条 第 22 条

续表

法律名称	土地类型	相关条文
《固体废物污染环境防治法》	工业固体废物集中处置的场所	第 35 条
《水法》	水工程设施用地、水库用地	第 25 条
《老年人权益保障法》	公益性养老服务设施用地	第 40 条
《电力法》	变电设施用地、输电线路走廊和电缆通道	第 11 条
《铁路法》	铁路建设用地	第 35 条
《畜牧法》	畜禽养殖场、养殖小区用地	第 37 条
《军事设施保护法》	地下、水下军用管线用地	第 36 条
《渔业法》	水域、滩涂	第 11 条
《草原法》	畜牧业生产用地、非畜牧业生产用地	第 41 条
《石油天然气管道保护法》	管道建设用地	第 12 条
《水土保持法》	荒山、荒沟、荒丘、荒滩、水土流失严重地区的农村土地	第 34 条
《农村土地承包法》	1. 耕地、林地、草地以及其他依法用于农业的土地。 2. 流转土地。 3. 集体经济组织预留的机动地、通过依法开垦等方式增加的土地、发包方依法收回和承包方依法自愿交回的土地	第 2 条 第 10 条 第 29 条
《森林法》	林地、宜林荒山荒地荒滩	第 3 条 第 20 条
《人民防空法》	防空工程建设用地	第 24 条
《防震减灾法》	过渡性安置用地	第 61 条
《土地管理法》	1. 农用地——耕地、林地、草地、农田水利用地、养殖水面等。 2. 建设用地——城乡住宅和公共设施用地、工矿用地、交通水利设施用地、旅游用地、军事设施用地等。 3. 未利用地。 4. 基本农田和非农业建设用地。 5. 乡镇企业、乡（镇）村公共设施、公益事业、农村村民住宅等乡（镇）村建设用地。 6. 宅基地和自留地、自留山、荒山、荒沟、荒丘、荒滩	第 4 条 第 9 条 第 13 条 第 17 条 第 59 条

附录 A.7　集体土地权利的立法表述情况

法律名称	集体土地有关权利	权利行使方式	相关条文
《土地管理法》	农村集体所有权	1. 农民集体所有的土地依法属于村农民集体所有的，由村集体经济组织或者村民委员会经营、管理；已经分别属于村内两个以上农村集体经济组织的农民集体所有的，由村内各该农村集体经济组织或者村民小组经营、管理；已经属于乡（镇）农民集体所有的，由乡（镇）农村集体经济组织经营、管理。 2. 土地的所有权和使用权的登记，依照有关不动产登记的法律、行政法规执行	第 11 条 第 12 条
	建设用地使用权	1. 土地利用总体规划、城乡规划确定为工业、商业等经营性用途，并经依法登记的集体经营性建设用地，土地所有权人可以通过出让、出租等方式交由单位或者个人使用，并应当签订书面合同，载明土地界址、面积、动工期限、使用期限、土地用途、规划条件和双方其他权利义务。前款规定的集体经营性建设用地出让、出租等，应当经本集体经济组织成员的村民会议 2/3 以上成员或者 2/3 以上村民代表的同意。通过出让等方式取得的集体经营性建设用地使用权可以转让、互换、出资、赠与或者抵押，但法律、行政法规另有规定或者土地所有权人、土地使用权人签订的书面合同另有约定的除外。集体经营性建设用地的出租，集体建设用地使用权的出让及其最高年限、转让、互换、出资、赠与、抵押等，参照同类用途的国有建设用地执行。具体办法由国务院制定。 2. 集体建设用地的使用者应当严格按照土地利用总体规划、城乡规划确定的用途使用土地	第 63 条 第 64 条
	土地承包经营权	农民集体所有和国家所有依法由农民集体使用的耕地、林地、草地，以及其他依法用于农业的土地，采取农村集体经济组织内部的家庭承包方式承包，不宜采取家庭承包方式的荒山、荒沟、荒丘、荒滩等，可以采取招标、拍卖、公开协商等方式承包，从事种植业、林业、畜牧业、渔业生产。家庭承包的耕地的承包期为 30 年，草地的承包期为 30 年至 50 年，林地的承包期为 30 年至 70 年；耕地承包期届满后再延长 30 年，草地、林地承包期届满后依法相应延长。国家所有依法用于农业的土地可以由单位或者个人承包经营，从事种植业、林业、畜牧业、渔业生产。发包方和承包方应当依法订立承包合同，约定双方的权利和义务。承包经营土地的单位和个人，有保护和按照承包合同约定的用途合理利用土地的义务	第 13 条

续表

法律名称	集体土地有关权利	权利行使方式	相关条文
《土地管理法》	征收土地补偿权	征收土地应当给予公平、合理的补偿，保障被征地农民原有生活水平不降低、长远生计有保障。征收土地应当依法及时足额支付土地补偿费、安置补助费以及农村村民住宅、其他地上附着物和青苗等的补偿费用，并安排被征地农民的社会保障费用。征收农用地的土地补偿费、安置补助费标准由省、自治区、直辖市通过制定公布区片综合地价确定。制定区片综合地价应当综合考虑土地原用途、土地资源条件、土地产值、土地区位、土地供求关系、人口以及经济社会发展水平等因素，并至少每三年调整或者重新公布一次。征收农用地以外的其他土地、地上附着物和青苗等的补偿标准，由省、自治区、直辖市制定。对其中的农村村民住宅，应当按照先补偿后搬迁、居住条件有改善的原则，尊重农村村民意愿，采取重新安排宅基地建房、提供安置房或者货币补偿等方式给予公平、合理的补偿，并对因征收造成的搬迁、临时安置等费用予以补偿，保障农村村民居住的权利和合法的住房财产权益	第 48 条
	宅基地使用权	农村村民一户只能拥有一处宅基地，其宅基地的面积不得超过省、自治区、直辖市规定的标准。人均土地少、不能保障一户拥有一处宅基地的地区，县级人民政府在充分尊重农村村民意愿的基础上，可以采取措施，按照省、自治区、直辖市规定的标准保障农村村民实现户有所居。农村村民建住宅，应当符合乡（镇）土地利用总体规划、村庄规划，不得占用永久基本农田，并尽量使用原有的宅基地和村内空闲地。编制乡（镇）土地利用总体规划、村庄规划应当统筹并合理安排宅基地用地，改善农村村民居住环境和条件。农村村民住宅用地，由乡（镇）人民政府审核批准；其中，涉及占用农用地的，依照本法第 44 条的规定办理审批手续。农村村民出卖、出租、赠与住宅后，再申请宅基地的，不予批准。国家允许进城落户的农村村民依法自愿有偿退出宅基地，鼓励农村集体经济组织及其成员盘活利用闲置宅基地和闲置住宅。国务院农业农村主管部门负责全国农村宅基地改革和管理有关工作	第 62 条

续表

法律名称	集体土地有关权利	权利行使方式	相关条文
《农村土地承包法》	土地承包经营权	1. 国家实行农村土地承包经营制度。农村土地承包采取农村集体经济组织内部的家庭承包方式，不宜采取家庭承包方式的荒山、荒沟、荒丘、荒滩等农村土地，可以采取招标、拍卖、公开协商等方式承包。 2. 农村集体经济组织成员有权依法承包由本集体经济组织发包的农村土地。任何组织和个人不得剥夺和非法限制农村集体经济组织成员承包土地的权利	第 3 条 第 5 条
	土地经营权	1. 承包方可以自主决定依法采取出租（转包）、入股或者其他方式向他人流转土地经营权，并向发包方备案。 2. 土地经营权人有权在合同约定的期限内占有农村土地，自主开展农业生产经营并取得收益。 3. 经承包方书面同意，并向本集体经济组织备案，受让方可以再流转土地经营权。 4. 承包方可以用承包地的土地经营权向金融机构融资担保，并向发包方备案。受让方通过流转取得的土地经营权，经承包方书面同意并向发包方备案，可以向金融机构融资担保。 担保物权自融资担保合同生效时设立。当事人可以向登记机构申请登记；未经登记，不得对抗善意第三人。实现担保物权时，担保物权人有权就土地经营权优先受偿	第 36 条 第 37 条 第 46 条 第 47 条
	优先承包权	以其他方式承包农村土地，在同等条件下，本集体经济组织成员有权优先承包	第 51 条
	土地承包经营权的继承	1. 承包人应得的承包收益，依照继承法的规定继承。 2. 土地承包经营权通过招标、拍卖、公开协商等方式取得的，该承包人死亡，其应得的承包收益，依照继承法的规定继承；在承包期内，其继承人可以继续承包	第 32 条 第 54 条
《民法典》	农村集体所有权	1. 法律规定属于集体所有的土地和森林、山岭、草原、荒地、滩涂。 2. 对于集体所有的土地和森林、山岭、草原、荒地、滩涂等，依照下列规定行使所有权：（1）属于村农民集体所有的，由村集体经济组织或者村民委员会代表集体行使所有权；（2）分别属于村内两个以上农民集体所有的，由村内各该集体经济组织或者村民小组依法代表集体行使所有权；（3）属于乡镇农民集体所有的，由乡镇集体经济组织代表集体行使所有权	第 260 条 第 262 条

续表

法律名称	集体土地有关权利	权利行使方式	相关条文
《民法典》	土地承包经营权	1. 农民集体所有和国家所有由农民集体使用的耕地、林地、草地以及其他用于农业的土地，依法实行土地承包经营制度。 2. 农村集体经济组织的成员，依法取得农村土地承包经营权，从事家庭承包经营的，为农村承包经营户。 3. 土地承包经营权人依法对其承包经营的耕地、林地、草地等享有占有、使用和收益的权利，有权从事种植业、林业、畜牧业等农业生产。 4. 土地承包经营权人依照法律规定，有权将土地承包经营权互换、转让。未经依法批准，不得将承包地用于非农建设	第 330 条 第 55 条 第 331 条 第 334 条
	用地征收补偿权	1. 征收集体所有的土地，应当依法及时足额支付土地补偿费、安置补助费以及农村村民住宅、其他地上附着物和青苗等的补偿费用，并安排被征地农民的社会保障费用，保障被征地农民的生活，维护被征地农民的合法权益。征收组织、个人的房屋以及其他不动产，应当依法给予征收补偿，维护被征收人的合法权益；征收个人住宅的，还应当保障被征收人的居住条件。 2. 承包地被征收的，土地承包经营权人有权依据本法第 243 条的规定获得相应补偿	第 243 条 第 338 条
	建设用地使用权	集体所有的土地作为建设用地的，应当依照土地管理的法律规定办理	第 361 条
	宅基地使用权	1. 宅基地使用权人依法对集体所有的土地享有占有和使用的权利，有权依法利用该土地建造住宅及其附属设施。 2. 宅基地使用权的取得、行使和转让，适用土地管理的法律和国家有关规定。 3. 宅基地因自然灾害等原因灭失的，宅基地使用权消灭。对失去宅基地的村民，应当依法重新分配宅基地。 4. 已经登记的宅基地使用权转让或者消灭的，应当及时办理变更登记或者注销登记	第 362 条 第 363 条 第 364 条 第 365 条

续表

法律名称	集体土地有关权利	权利行使方式	相关条文
《民法典》	地役权	1. 地役权自地役权合同生效时设立。当事人要求登记的，可以向登记机构申请地役权登记；未经登记，不得对抗善意第三人。 2. 土地所有权人享有地役权或者负担地役权的，设立土地承包经营权、宅基地使用权等用益物权时，该用益物权人继续享有或者负担已经设立的地役权。 3. 土地上已经设立土地承包经营权、建设用地使用权、宅基地使用权等用益物权的，未经用益物权人同意，土地所有权人不得设立地役权。 4. 地役权不得单独转让。土地承包经营权、建设用地使用权等转让的，地役权一并转让，但是合同另有约定的除外。 5. 需役地以及需役地上的土地承包经营权、建设用地使用权等部分转让时，转让部分涉及地役权的，受让人同时享有地役权。 6. 供役地以及供役地上的土地承包经营权、建设用地使用权等部分转让时，转让部分涉及地役权的，地役权对受让人具有法律约束力	第 374 条 第 378 条 第 379 条 第 380 条 第 382 条 第 383 条
	抵押权	1. 通过招标、拍卖、公开协商等方式承包农村土地，经依法登记取得权属证书的，可以依法采取出租、入股、抵押或者其他方式流转土地经营权。 2. 宅基地、自留地、自留山等集体所有的土地使用权，不得抵押，但法律规定可以抵押的除外。 3. 以集体所有土地的使用权依法抵押的，实现抵押权后，未经法定程序，不得改变土地所有权的性质和土地用途	第 342 条 第 399 条 第 418 条

主要参考文献

曾红萍．托管经营：小农经营现代化的新走向［J］．西北农林科技大学学报（社会科学版），2018（5）：40-41.

熊金武．农村土地三权分置改革的理论逻辑与历史逻辑［J］．求索，2018（4）：86.

杨正万．农地三权分置：政策变迁、理论前沿和规范设计［J］．贵州民族大学学报（哲学社会科学版），2018（4）：133.

印子．农村集体产权变迁的政治逻辑［J］．北京社会科学，2018（11）：115，120.

管媛媛．农地"三权分置"风险的法律规制研究［J］．河南牧业经济学院学报（政法与社会），2018（3）：72，74-75.

陈靖，冯小．农业服务规模化供给之道：来自国有农场的启示［J］．农村经济，2018（8）：92-93，95，97.

刘卫柏，顾永昆．"三权"分置中农地适度规模经营剖析［J］．理论探索，2018（3）：106.

姚长林．日本脱离农地零碎化实践及对中国的启示［J］．世界农业，2018（6）：156.

郭素芳．城乡要素双向流动框架下乡村振兴的内在逻辑与保障机制［J］．天津行政学院学报，2018（3）：33-34.

王亚华．什么阻碍了小农户和现代农业发展有机衔接［J］．农村经营管理，2018（4）：16.

石华灵．我国农业3.0模式的全产业链分析、问题与对策研究［J］．农村金融研究，2018（3）：65.

任正委．中国城镇家庭户数量、"家庭户城镇化率"变动及其贡献因素分析：1995～2015［J］．西北人口，2018（3）：54.

陈炜伟．我国城镇化率升至58.52%［J］．农村·农业·农民（A版），2018（3）：8.

宋才发，金璐．三权分置：农村土地制度创新的法治基础［J］．中南民族大学学报（人文社会科学版），2018（5）：143.

苏玉娥．农业现代化背景下农地流转风险分析与防范［J］．河北科技大学学报（社会科学版），2018（1）：31，34.

程世勇，蔡继明．乡村振兴视阈下我国农地适度规模经营研究［J］．社会科学辑刊，2018（4）：153.

耿宁，尚旭东．产权细分、功能让渡与农村土地资本化创新：基于土地“三权分置”视角［J］．东岳论丛，2018（9）：162.

王锋．新时期中国农地制度变革及三权分置完善研究［J］．中国集体经济，2018（34）：59-60.

孙宪忠，张静．推进农地三权分置的核心是经营权物权化［N］．光明日报，2017-02-14（11）.

唐轲．农户农地流转与经营规模对粮食生产的影响［D］．北京：中国农业科学院，2017：88.

周娟．土地流转与规模经营的重新解读：新型农业服务模式的发展与意义［J］．华中农业大学学报（社会科学版），2017（4）：88.

孙新华．村社主导、农民组织化与农业服务规模化：基于土地托管和联耕联种实践的分析［J］．南京农业大学学报（社会科学版），2017（6）：134，136-137.

王蔚，徐勤航，周雪．土地托管与农业服务规模化经营研究：以山东省供销社实践为例［J］．山东财经大学学报，2017（5）：95.

李灿．农地规模流转中的利益相关者绩效考量：冲突、平衡与共生［J］．江西财经大学学报，2017（3）：74.

丁德昌．农地产权的制度困境及法治保障［J］．河北科技大学学报（社会科学版），2017（4）：49.

陈胜祥．农地“三权”分置的路径选择［J］．中国土地科学，2017（2）.

姜楠．农地三权分置制度法律问题研究［D］．吉林：吉林大学，2017：42.

朱道林．“三权分置”的理论实质与路径［J］．改革，2017（10）：117.

杨遂全，韩作轩．“三权分置”下农地经营权主体成员权身份探究［J］．中国土地科学，2017（6）：23，25.

单平基．“三权分置”理论反思与土地承包经营权困境的解决路径［J］．法学，2016

（9）：58.

肖卫东，梁春梅．农村土地“三权分置”的内涵、基本要义及权利关系［J］．中国农村经济，2016（11）.

高圣平．承包土地的经营权抵押规则之构建：兼评重庆城乡统筹综合配套改革试点模式［J］．法商研究，2016（1）.

楼建波．农户承包经营的农地流转的三权分置：一个功能主义的分析路径［J］．南开学报（哲学社会科学版），2016（4）.

陈金涛，刘文君．农村土地“三权分置”的制度设计与实现路径探析［J］．求实，2016（1）：87.

王敬尧，魏来．当代中国农地制度的存续与变迁［J］．中国社会科学，2016（2）：73，84，92.

申惠文．农地三权分离改革的法学反思与批判［J］．河北法学，2015（4）：3.

丁文．论土地承包权与土地承包经营权的分离［J］．中国法学，2015（3）.

侯成君．以服务规模化推进农业现代化的实践探索［N］．中国经济时报，2015-09-15（5）.

李国强．论农地流转中“三权分置”的法律关系［J］．法律科学，2015（6）.

薛建良，郭新宇．欧盟主要国家农地流转与土地规模经营的经验与启示［J］．农业部管理干部学院学报，2015（19）：21.

程晓兵，方银来．我国农村耕地撂荒原因及对策研究［J］．现代农业科技,2015（10）：343.

郧宛琪，朱道林，梁梦茵．解决土地碎片化的制度框架设计［J］．地域研究与开发，2015（4）：112.

辜胜阻，吴永斌，李睿．当前农地产权与流转制度改革研究［J］．经济与管理，2015（4）：6.

刘征峰．农地“三权分置”改革的私法逻辑［J］．西北农林科技大学学报，2015（5）.

张力，郑志峰．推进农村土地承包权与经营权再分离的法制构造研究［J］．农业经济问题，2015（1）：80.

吴兴国．承包权与经营权分离框架下债权性流转经营权人权益保护研究［J］．江淮论坛，2014（5）.

刘守英．中共十八届三中全会后的土地制度改革及其实施［J］．法商研究，2014（2）．

陈小君．我国农村土地法律制度变革的思路与框架：十八届三中全会《决定》相关内容解读［J］．法学研究，2014（4）：12.

温世扬．农地流转：困境与出路［J］．法商研究，2014（2）．

高圣平．新型农业经营体系下农地产权结构的法律逻辑［J］．法学研究，2014（4）．

方文．中国农村集体土地产权问题的若干解读［J］．浙江科技学院学报，2014（2）：90.

曹勤顺．对农村耕地撂荒现象的思考［J］．国土资源，2013（1）：84.

刘国平．农地撂荒并非仅因种粮效益低［N］．粮油市场报，2012-10-13（B03）．

何宏莲，韩学平，姚亮．黑龙江省农地规模经营制度性影响因素分析［J］．东北农业大学学报（社会科学版），2011（6）：15.

朱小平．虚化所有权：我国农地制度变迁的突破口［J］．改革与战略，2011（7）：93.

吴毅．理想抑或常态：农地配置探索的世纪之摆：理解20世纪中国农地制度变迁史的一个视角［J］．社会学研究，2009（3）：232.

朱显荣．完善我国农地所有权问题研究［J］．武汉大学学报（哲学社会科学版），2008（1）：119.

朱艳，王玉霞．我国农村土地产权的制度变迁［J］．中国集体经济，2008（8）．

陈怡竹．论农村集体土地所有权的失落与回归［J］．科技信息，2008（22）．

安东尼·吉登斯．社会学［M］．赵旭东，齐心，等译．北京：北京大学出版社，2003：57.

白呈明．走出农地所有权困境的现实选择［J］．当代法学，2002（9）：3.

邓大才．论农村土地所有权的归属［J］．财经问题研究，2002（2）．

江平．中国土地立法研究［M］．北京：中国政法大学出版社，1999：309.

斯韦托扎尔·平乔维奇．产权经济学：一种关于比较体制的理论［M］．蒋琳琦，译．北京：经济科学出版社，1999：4-6.

温世扬，林晓镍．农村集体土地产权的法律思考［J］．法制与社会发展，1997（3）．

中国社会科学院法学研究所物权法研究课题组．制定中国物权法的基本思路［J］．法学研究，1995（3）．

冯玉华，张文方．论农村土地的“三权分离”［J］．经济纵横，1992（9）．